U0022461

蔡蔭恩著
梁宇賢修訂

商事法概要

三民書局印行

自序

商事法爲大專院校法律及商事各系科之必修之學科，亦爲經商者所應曉之法。目前我國因工商業之發達，原有商事法規，已不能適應，政府有鑒於斯，乃積極研究修改，以資配合。去冬承三民書局劉總經理振強之雅囑，編著本書，以應實際需要。爰將本書編輯體例略述於後：

一、本書定名爲「商事法概要」，共分五編，大多依照原法所編「章」、「節」敘述之。首編爲緒論，申述商事法之意義、特質、沿革及與其他法律關係；其餘四編爲本論，依部定範圍，包括公司、票據、海商及保險四法，就其法條意義，分別加以扼要闡釋，並舉實例說明。

二、本書取材，完全以現行法令爲依據，惟對外國法例及名家學說，凡具有重要參考價值者，亦略加論列。

三、本書對法典條文之引用，均於文末括弧內註明之，並冠其名稱之首字，以資識別，而便查考。例如公司法第二條第一項第二款簡註（公二Ⅰ2）是。

本書付梓，承甘講師添貴、石講師大霖之協助，特此誌謝！又其中疏漏錯誤，雖經精密校正，仍恐難免，尚乞先進及讀者賜予指正爲幸。

蔡蔭恩　識於臺北

中華民國六十二年七月

商事法概要 目次

第一編 緒 論

第二編　公司法

第一章　總　則

第二章　無限公司

第三章　有限公司

第四章　兩合公司

第四編　海商法

第一章　通　則

第二章　船　舶

第三章　船　長

第四章　海　員

第五章　運送契約

第五編　保險法

第一章　總則

第二章　保險契約

第四章　人身保險

第五章 保險業

商事法概要

第一編　緒　論

第一章　商事法之意義與特質

第一節　商事法之意義

商事法者，爲規定關於商事之法律也。有形式意義與實質意義之分。形式之商事法，乃專指商法法典而言。在採民商分立制之國家，如法、德、荷、比、日諸國，皆於民法之外，另有商法法典。我國現採民商合一制，雖無以商法命名之法典，但有關商事之法律，則仍散見於民法法典及其他單行法規中，如公司、票據、海商及保險等法是。實質之商事法，則指一切商事法規而言。有廣義與狹義之別。廣義之商事法，爲關於一切商事法規之總稱，兼指國際商法與國內商法而言。所謂國際商法，乃國際公法上關於商事之法規，如國際郵政協約、電訊協約與其他國際商約是。此外國際上之商務慣例亦屬之。所謂國內商法，則爲關於國內之商事法規，又分商公法與商私法二種。商公法者，指公法上關於商事之法規，如銀行法、合作社法及交易所法等是。商私法者，指私法上關於商事之法規，如商事單行法及商事習慣法等是。狹義之商事法，則專指國內商法中之商私法而言，亦即通常所稱之商事法。

第二節　商事法之特質

一、公法性　法律有公法與私法之分，商事法爲私法，已如前述。近代法律，因受社會本位思想之影響，私法已日趨公法化，商事法亦然。例如我國公司法關於公司登記之規定、票據法關於支票不能兌現處罰之規定、海商法與保險法中有關各種罰則之規定，幾與行政法或刑法有不可分離之關係。

二、技術性　商事法之規定，泰半深富技術性，而與一般私法偏於倫理規範者，頗異其趣。例如公司法關於公司設立登記之程序、募集公司債之手續等規定，票據法關於發票、背書、承兌等規定，海商法關於貨物及旅客之運送等規定，以及保險法關於損害賠償額之估定等規定，在在均足以表示商事法係爲達某種目的之高度技術規範。

三、國際性　法律有國際法與國內法之別，商事法原屬國內法之範疇。自近代交通發達，國際貿易繁盛，各國對於國內商法，多感難以應付。爲適應實際需要，國與國間，大都訂有商事協約，而商事法遂亦日趨具有國際性。

四、**營利性**　商事法與民法雖同爲規定國民經濟生活之法律，惟商事法所規定者，乃在於維護自然人或法人之營利；民法所規定者，則偏重於保護一般社會公眾之利益。

五、**進步性**　商事行爲重在敏捷活潑，加以現時國際貿易繁興，經濟競爭日趨激烈，商事法規須配合經濟情勢，而力求進步，始能適應需要，促進商業之發展與繁榮。此觀之我國對於商事法規，修改頻繁，即可瞭然。

第二章　商事法之沿革

第一節　公司法之沿革

一、歐陸公司法之沿革

商事公司起源於中世紀意大利沿海都市之家族企業團體之康孟達（Commenda）組織。前者乃中世紀初期之個人企業，由其家屬共同或繼承經營之商業團體；後者係一種契約，乃由資本家將金錢或商品委託於他方，他方藉其財物以營業，所獲之盈利，則依契約分配於雙方。此兩種企業型態，初行於海上，漸推廣於陸上，在中世紀後半葉，甚爲發達。其後家族企業團體，漸及於親族之外，而爲資本家之結合，發生無限責任制，而形成合夥團體，此爲無限公司之濫觴。繼之因合夥團體，需集更多之資本，乃採康孟達之出資方式，擴大其組織，其構成員有執行業務者與不執行業務者之分。前者承合夥團體之原則，須負無限責任；後者依康孟達之制度，僅負有限責任。是卽爲兩合公司之創始。迨中世紀末期，大企業制度發達，企業家爲籌謀鉅資，率多採康孟達制度，合夥團體無限責任制，則漸趨沒落，寖假而成爲股份有限公司。厥後，一般企業家因感於股份有限公司之設立，限制綦嚴，乃於十八世紀之頃，創立股份兩合公司。至十九世紀末期，德國爲適應企業需要，又首創有限公司。自是公司制度燦然大備。

二、我國公司法之沿革

我國古時，重農輕商，且閉關自守，商事不繁，故歷代典章，均偏於刑名。自清末海禁大開，歐風東漸，爲適應商業情勢，爰於光緒二十九年頒布大淸商律，是爲我國商法之嚆矢。該商律爲戴振、伍廷芳所起草，僅有商人通例九條及公司律一百三十一條。公司律所規定之公司種類，分爲合資公司、合資有限公司、股份公司及股份有限公司。規定簡陋，缺陷亦多。民國肇建，凡清代法律，不與國體牴觸者，悉爲有效，故光緒廿九年之商律，復資沿用。民國三年，農商部又以清代資政院未議決之商律草案，略加修改，命名爲公司條例、商人通例，於同年一月及三月分別公布，九月一日起施行。公司條例所規定之公司，分爲無限公司、兩合公司、股份有限公司及股份兩合公司四種。雖其內容仍多掛漏與不備，惟公司類型，卻因之而奠立。迨民國十六年國民政府成立，中央政治會議決議編制民商統一法典，將商事與民事有關部分併入民法法典，其特殊者，則分別另訂單行法。而公司法於十八年十二月二十六日公布，二十年七月一日施行。

對日抗戰勝利後，國家之經濟情勢大變，政府乃於民國三十五年四月十二日將公司法大加修正，公布施行，共分十章，分公司爲無限公司、兩合公司、有限公司、股份有限公司、股份兩合公司及外國公司六種，我國公司制度於此奠立。政府遷臺後，經濟情勢又變，爲配合環境需要，曾先後於民國五十五年、五十七年、五十八年、五十九年、六十九年及七十二年等之修正。玆將民國七十二年修正之重點簡述於下：㈠提高罰金、罰鍰之數額；㈡增訂虛設公司者之處罰規定；㈢增訂對於不發行股票及董事、監察人任期屆滿而不改選者得連續處罰之規定；㈣根據實際需要作必要之修正，如配合證券管理委員會改隸財政部後，有關股票公開發行或公司債發行之審核機關及科處罰鍰機關之修正，以及增訂省建設廳受經濟部委託辦理之業務。必要時得將部分事項授權縣（市）政府辦理；㈤刪除直轄市社會局爲公司之主管機關；㈥修訂公司只要依其他法律或公司章程規定，得爲保證者，卽得爲保證人；㈦刪除公司向公司主管機關申報財務報表之規定；㈧增訂特別議案股東會決議之方法；㈨修正股東訴權之規定；㈩修正董事、監察人之選舉方法；⑪修正股份有限公司虧損達實收資本二分之一時，董事會應卽召集股東會；⑫增訂法院受理公司重整之聲請時，亦應將聲請書副本，檢送證券管理機關並徵詢其意見。

第二節　票據法之沿革

一、歐陸票據法之沿革

歐洲當十二世紀初期，已有利用票據，爲滙款之工具。彼時貿易極盛，貨幣兌換，頗爲重要，兌換商不僅以即時兌換貨幣爲限，且兼營滙款業務。當兌換商於收受商人貨幣時，即發行一種兌換證書，商人可持此證書，向該兌換商在他地之支店或代理店，領取通用貨幣。此種證書相當於今日之他地付款本票，咸認爲歐陸國家本票制度之濫觴。迨至十二世紀中葉，兌換商於主要證書外，復附以一種付款委託證書，執票人於請求付款之時，須同時提示兩書。至十三世紀後，因商業發達，隔地滙款，爲數漸增，該付款委託證書，行之既久，遂獨立發生付款之效力，發行者即依付款委託書而負其責任。歐陸各國今日之滙票制度，殆淵源於此。至支票制度，則導源於十三、十四世紀之意大利與德國。當時之王侯，嘗以其出納官或債務人爲支付人，署其姓名於支付命令書，是爲支票制度之初胎。迨至十七世紀，在意大利之兌換商，同時皆經營銀錢業，往往預收現金而發行支付委託書，委託其支店或素有往來之同業，憑此委託書，支付現金，支票之行使，遂逐漸普及於民間。

二、我國票據法之沿革

我國票據之起源，按諸史乘所載，大抵淵源於唐之飛錢與宋之便錢交子。唐憲宗時，許人民入錢京師，於諸州便換，入錢者得以輕裝趨四方，合券而取之，是謂飛錢。降至宋太祖開寶三年，置便錢務，凡商人入錢者給以券，並飭諸州凡商人齎券至，當日卽付，不得住滯，違者科罰，謂之便錢。是爲我國滙票之雛形。至南宋時代，蜀民以鐵錢重，乃私爲券，謂之交子，以便貿易。交子初由十六富戶經營，後商人衰，乃由國家設交子務主之，是爲我國本票之濫觴。太平御覽所錄唐逸史，謂某書法貧甚，乞貸於尉遲敬德，尉遲敬德令書生執筆曰：「錢付某乙五百貫，具月日，署名於后」，書生旣得帖，卽至庫中，見保管尉遲敬德金錢之金甲人，呈之取錢。是則唐代之帖，亦可謂爲我國支票之嚆矢也。我國票據起源，雖較各國爲早，但因陋就簡，殊鮮進步。昔日流行之票據，如滙券、滙兌券，屬於滙票之一類；莊票、期票、紅票屬於本票之一類；劃條、兌條、支單，屬於支票之一類。旣無統一之名稱，亦無劃一之款式，大抵皆依各地方習慣行之，直至票據法施行後，各種複雜名目，始歸於統一。現行票據法於民國十八年十月三十日公布同日施行；復於四十九年三月三十一日修正公布同日施行。施行以來，迄今已十餘載，由於社會變遷，經濟繁榮，工商貿易日見發達，票據流通，亦愈益普遍，原規定漸不能適應社會經濟之需求，有再加以修正之必要。行政院爰於六十一年二月十日函請立法院審議，立法院於六十二年五月十五日經院會三讀通過，完成修正案之立法程序，咨由 總統於同月二十八日命令公布施行。玆將其修正重點。列述於後：㈠增訂空白票據授權記載之規定；㈡分期付款票據之准許；㈢禁止支票執票人於票載發票日前爲付款之提示；㈣加重支票不能兌現之處罰；㈤廢止票據法施行法，授權行政院制定施行細則。民國六十六年七月二十三日總統令修正第四條第一二七條第一三九條及第一四一條條文，卽經財政部核准辦理存款業務之農會，亦得爲支票之付款人。民國七十五年六月二十日立法院通過修正票據法並經　總統公布共計四條，其重點在於漁會亦得爲支票之付款人。因此修正票據法第四條規定爲，稱支票者，謂發票人簽發一定之金額，委託金融業者於見票時，無條件支付與受款人或執票人之票據。稱金融業者，係指經財政部核准辦理支票存款業務之銀行、信用合作社、農會及漁會。又修正本法第一二七條、一三九條之規定，以資配合第四條之規定。其次，增訂票據法第一四四條之一，明訂民國七十五年十二月三十一日爲票據刑罰規定之施行屆滿期限。在施行期限內之犯罪，仍依行爲時法律追訴處罰，不適用刑法第二條之規定。但發票人於辯論終結前淸償支票金額之一部或全部者，減輕或免除其刑。

第三節　海商法之沿革

一、歐陸海商法之沿革

海商法最早發跡於地中海附近之羅地海法（Lex Rhodia）。相傳公曆紀元前九百年間，羅地人(Rhodians)從事海上貿易，足跡遍歷歐、亞、非三洲，由航海習慣相沿成例，制成羅地海法。中世紀時，海上貿易，更見繁興，海事習慣法，亦日益發達。如行於地中海沿岸者，有康索拉度海法（Consulado）；行於大西洋沿岸者，有亞勒倫海法（Oleron）；行於波羅的海及北海者，有威斯比海法（Wisby），是其最著名者。十七世紀時，法皇路易十四鑒於其國左右臨海，一方爲亞勒倫法所支配，一方爲康索拉度法所支配，解決海事，至感困難。遂於一六八一年頒布海事條例，分爲海上裁判所、海員與船舶、海上契約、港灣警察及海上漁獵等五編，包括海上公私法規。至一八〇七年，拿破崙編纂商法法典時，將海事條例併入，成爲近代商法之鼻祖。厥後，法、比、意諸國均先後倣效編訂。

二、我國海商法之沿革

我國於前清光緒三十四年間，設立修訂法律館，曾聘日人志田鉀太郎起草商法，其中有「海船」之規定，但未施行。民國八年重加釐訂，十五年十一月，北京政府司法部命令暫行參酌採用。十六年國民政府奠都南京後，立法院賡續前業，從事海商法之編訂，於十八年十二月三十日公布，二十年一月一日施行。另於十九年十二月二十五日公布之海商法施行法九條，亦於同日施行。政府遷臺後，爲配合當前情勢，於五十一年七月二十五日修正公布施行。修正要旨乃將船員僱傭契約，撫恤、退休及貨物運送之載貨證券，旅客運送之意外保險，共同海損之分擔等項，就原有海商法予以修訂補充，以資適用。其中立法原則，參考英、美、法、德等國先例及國際公約之處甚多，堪爲我國進步之立法。

第四節　保險法之沿革

一、歐陸保險法之沿革

近代保險制度，海上保險起源最早，但始於何時，則傳說不一。就營利保險言，通說應溯源於古羅馬時代之海上貸借。迨至十四世紀中葉，意大利盛行所謂海上冒險借貸，即由資本家以高利貸與海上貿易者資金，以船舶及貨物爲抵押，約定船貨安全抵埠後，償還本息，若中途遇險出事，船貨損失，則不負償還本息之責。此種制度，主要在於資金之融通，而附帶有海上危險轉嫁之機能。而此項機能，嗣後則轉化爲獨立保險契約之主要因素。故營利的海上冒險借貸，爲近代保險制度之嚆矢。此種原始形態之海上保險，在十四世紀季葉，已蔚成意大利商業都市之新興事業，稍後透過意大利商人之貿易，漸次推及於法國、西班牙與波羅的海沿岸諸都市。至其見之於保險法令，始於一四三五年西班牙之巴塞隆納（Barcelona）條款。繼之者則有一六八一年法國海事條例、一七三一年德國漢堡保險及海損條例、一七九四年普魯士普通法，均有規定及之。迺後，各國紛紛以單行法或於商法法典中加以規定。

二、我國保險法之沿革

我國近代保險制度，肇始於前清末年之大清商律草案商行爲編。該編設有損害保險及生命保險兩章，計五十七條，係參照日本商法編成。國民政府奠都南京後，立法院商法起草委員會擬具保險契約法草案，提經該院會議討論，結果將標題內契約二字刪除，改稱保險法，於十八年十二月三十日公布。該法全文計八十二條，共分三章，第一章總則，第二章損害保險及第三章人身保險。海上保險仍歸屬海商法內，亦於同日公布。其後，立法院於討論修正保險業法時，以損害保險，不能包括保險標的「滅失」之意義在內，且與傷害保險在字面不免混淆，又改稱財產保險。修正保險法時，復以財產保險不能包括無形之責任及利益在內，並爲與民法上損害賠償之觀念有所區別起見，又改損害保險爲損失保險。修正後之保險法，共九十八條，於民國二十六年一月十一日公布，但未施行。

我國對於保險業之設立及其業務之監督，早經有保險業法之制定，於民國二十四年七月五日公布，旋於二十六年一月十一日又修正公布，但亦未付諸施行。抗戰期間，行政院曾於三十二年十二月二十五日公布施行戰時保險業管理辦法，三十九年十一月十三日又加以修正，全文共二十五條，爲現行保險法施行前對保險業監督之唯一法規。

政府遷臺以來，對保險事業，力加整頓，因之保險業大爲發展，關於保險法之施行，需要迫切。爰根據保險理論與實務，參酌各國法例，將原有保險法及保險業法加以修正，送請立法院審議。立法院乃將保險業法修正草案重要部分，併入保險法修正草案，合稱保險法，共一七八條，於民國五十二年八月二十日修正通過，同年九月二日正式公布施行。至於海上保險，修正後之保險法僅列第八十三條及第八十四條兩條，以指明海上保險仍應適用海商法海上保險章之規定。茲將其修正要點，列述如下：㈠營業保險與社會保險劃分，㈡保險法與保險業法合併，㈢保險法與海商法相互適用，㈣保險業資金管理與運用之限制，㈤火險賠償金額採用定值與不定值平行規定及㈥相互保險制度採用保險合作社及分紅保單並用。迨至民國六十二年，財政部為加強管理保險業之需要，特將保險法第五章「保險業」一章加以研究提出修正草案，旋於民國六十三年經立法院討論通過，於同年十一月三十日經總統命令修正公布。

第三章　商事法與其他法律之關係

第一節　商事法與民法

商事法與民法同為規律人民社會經濟生活之法律，惟其性質，則有差異。一般言之，民法係就一般私法上行為而為規定，商事法則為關於商事之特別規定。職是，關於商事法之立法制度，向有民商分立與民商合一之別。前者係於民法之外，另行制定商法，使民商法分別獨立，自成法典；後者則將民商法訂爲統一法典，關於商事之規定，除在民法法典中規定外，其不能合併於民法者，另行訂定單行法規。我國現採行商合一制，將屬於商人通例之經理人、代辦商及屬於商行爲之買賣、交互計算、行紀、倉庫與承攬運送等規定於民法，而於公司、票據、海商、保險等，則另訂商事法典。因此，商事法對於民法之關係，係處於特別法之地位，依特別法優先於普通法適用之原則，凡關於公司、票據、海商、保險等商事之事項，應先適用商事法，商事法無規定時，始得適用民法。反面言之，民法既爲普通法，則民法總則及其他民法中之規定，自仍須適用，例如民法中有關行爲能力、意思表示、代理、無效與撤銷、期日與期間、消滅時效以及權利濫用之禁止等等規定是。

第二節　商事法與刑法

刑法爲規定犯罪構成要件及刑罰範圍之法律。商事法中有關刑罰之規定，不勝枚舉。例如公司法中有關處罰公司負責人之規定（公一五、二四、二七、二八、三四、……）等；票據法中有關支票不能兌現處罰之規定（票一四一、一四二）；海商法中有關船長違反義務之規定（海四三、五三、一四九）等；保險法中有關人壽保險契約訂立之規定（保一〇七）等是。此等規定，具有特別刑罰之性質，除商事法有特別規定（如票一四二）外，仍應適用刑法總則之規定（刑十一）如追訴權之時效是。

第三節　商事法與行政法

行政法爲規定行政組織及其職權與作用之法律。因現代國家之任務加強，行政範圍擴大，商事法與行政法間，遂亦發生密切之關係。例如公司之登記與認許，主管官署之權限，船舶之登記以及罰鍰之處分等，均爲關於行政權作用之規定，屬於行政法之領域。商事主體對於行政官署所爲處分，如有不服時，須適用訴願法及行政訴訟法之規定，卽其適例。

第四節　商事法與訴訟法

訴訟法爲規定訴訟程序之法律。而商事法則爲規定公司、票據、海商、保險等商事權利義務之實體法律，其內容並包括有各商事主體之民事責任、刑事責任曁行政罰責任。關係人難免不無因有權義或責任發生爭執而涉訟者。此類訴訟自須分別依其性質適用民事、刑事及行政訴訟法所定之程序以解決紛爭。如公司負責人違反法令執行業務致他人受有損害之連帶賠償責任（公二三）、發票人應照滙票文義擔保付款之責任（票二九）、共同海損之分擔責任（海一五〇）、保險人對保險事故發生之賠償責任（保二九——三三）等有爭執而涉訟者，應依民事訴訟法規定之程序以確定之。至公司負責人對公司設立登記或其他登記事項有違法或虛僞情事（公九Ⅰ）、支票發票人發票時，故意將金額超過其存數或超過付款人允許墊借之金額（票一四一Ⅱ）、船長放棄船舶時違反救出人物之義務（海四三Ⅲ）、保險人或要保人故意以十四歲以下之未成年人或心神喪失或精神耗弱之人爲被保險人而訂立死亡保險契約（保一〇七Ⅱ）等應負之刑事責任，須依刑事訴訟法規定之訴訟程序追訴處罰。又商事主體受主管官署之不當行政罰處分，自得提起訴願、再訴願，而依行政訴訟法提起行政訴訟以求救濟已如前述。足見商事法與訴訟法之關係密切也。

第五節　商事法與商業登記法

商業登記法爲規定一般商業登記事項之法律，原包括於商事法之內，惟目前部定商事法範圍，商業登記法則不與焉。該法登記範圍限於獨資組織或合夥組織之商業。如爲公司組織之商業，即應依公司法之規定爲之。故商業登記法，爲關於商業登記之普通法，而公司法爲商業登記法之特別法，關於公司登記之事項，應優先適用公司法之規定。關於商業登記制度，在採民商分立制之立法例如德國及日本，其商業登記規定於商法總編則，對於各種商業登記包括公司登記，均可適用之；而我國採民商合一制，於商業登記法外，另有公司法。一般商業登記規定於商業登記法，而公司登記則規定於公司法。茲僅就兩者關於登記之主管機關及其審查權限，略述其差異如次：

一、就登記之主管機關言，一般商業登記，係由縣(市)政府主管；而公司登記，則由中央經濟部主管。

二、就登記之審查權限言，一般商業登記，除其聲請如有違反法令，得飭令更正後，始行登記外，僅以審查聲請人所送之證件為限，係採形式審查主義。而公司登記，不僅對於公司章程虛偽之記載，課以罰金，且對於公司資本之冒濫，得予裁減，如登記事項有違法或虛偽情事，並得撤銷其登記，斯則採實質審查主義。

第二編　公司法

第一章　總　則

第一節　公司之概念

公司者，乃以營利爲目的，依照公司法組織登記成立之社團法人也（公一）。析言之：

一、**公司爲法人**　所謂法人，指非自然人，而依法律規定成立之社會組織體，其在法律上，與自然人同得爲權利義務之主體。故公司有其本身之人格，與股東之人格各自獨立，不相混合。

二、**公司爲社團法人**　法人有社團法人與財團法人之分。前者，乃人之結合；後者，則爲財產之結合。公司既爲股東結合之團體，得由股東全體之同意變更章程（公四七）或解散公司（公七一Ｉ3），故公司爲社團法人。

三、**公司爲營利社團法人**　社團法人有營利社團法人與公益社團法人之別。前者係以謀取營利爲目的；後者則專以公益爲依歸。公司經營之最終目的，在於獲取利潤，分配於股東，故公司爲營利社團法人。

四、**公司為依公司法組織登記成立之營利社團法人**　以營利為目的之社團，其取得法人之資格，須依特別法之規定（民四五）。公司法乃民法之特別法，公司係營利社團法人，故非依公司法組織登記及在中央主管機關登記並發給執照後，不得成立（公六）。

第二節　公司之種類

一、**法律上之分類**　公司法以股東責任為分類標準，分公司為左列四種（公二）：

㈠無限公司　指二人以上之股東所組織，對公司債務負連帶無限清償責任之公司。無限公司之股東須有二人以上，於公司資產不足清償債務時，由股東負連帶清償之責（公六十）。

㈡有限公司　指五人以上二十一人以下之股東所組織，就其出資額為限，對公司負其責任之公司。有限公司之股東，最少為五人，最高為二十一人，惟因繼承或遺贈而變更時，則不受二十一人之限制（公九八Ⅱ）。其股票對於公司之責任，僅以其出資額為限（公九九）。

㈢兩合公司　指一人以上之無限責任股東，與一人以上之有限責任股東所組織，其無限責任股東對公司債務負連帶無限清償責任；有限責任股東就其出資額為限，對於公司負其責任之公司。兩合公司之股東亦為二人以上，其中至少一人為無限責任股東，對公司債務負連帶無限清償責任，至少一人為有限責任股東，對公司債務，負有限責任（公一一四）。

㈣股份有限公司　指七人以上之股東所組織，全部資本分爲股份，股東就其所認股份，對公司負其責任之公司。股份有限公司之股東最少爲七人，最高則無限制。其資本應分爲股份，股東對於公司之責任，以繳清其股份之金額爲限（公一五四）。

二、信用上之分類　公司以本身信用爲分類標準，可分爲左列三種：

㈠人合公司　指公司之信用基礎，着重於股東個人之條件者而言。如無限公司是。無限公司之股東得以信用、勞務或其他權利爲出資（公四三），即表示以股東信用可代替出資之人合性也。

㈡資合公司　指公司之信用基礎，着重於資本數額者而言。如股份有限公司是。股份有限公司之信用，全在其資本數額，第三人與之交易，祇考慮其資本是否雄厚，而不問其股東個人之信用爲何。

㈢人合兼資合公司　指公司之信用基礎，以資本之信用及股東個人之信用並重者而言。如兩合公司是。按兩合公司有其有限責任股東及無限責任股東二種，一則可取信於資本，一則可取信於股東個人。

三、國籍上之分類　公司以所隸屬之國籍爲分類標準，可分爲左列二種：

㈠本國公司　指公司之國籍隸屬於本國者而言。申言之，即以營利爲目的，依照我國公司法組織登記成立之公司。

㈡外國公司　指公司之國籍隸屬於外國者而言。申言之，即以營利爲目的，準據他國法律，在該國設立登記營業，經我國政府認許，在中國境內營業之公司。

四、管轄系統上之分類　公司以內部管轄之系統爲分類標準，可分爲左列二種：

㈠本公司　乃依法首先設立，以管轄全部組織之總機構（公三Ⅱ前段）。本公司爲公司全部機構之總樞紐，舉凡公司業務之經營、資金之調度等，均由其統籌指揮管理。

㈡分公司　乃受本公司管轄之分支機構（公三Ⅱ後段）。公司設立分公司者，應於設立後十五日內，向主管機關申請登記（公三九九Ⅰ）。分公司係受本公司之管轄，惟若分公司之業務範圍較大於本公司，或與本公司在同一地區者，均爲法所不禁。

第三節　公司之名稱及住所

第一項　公司之名稱

公司之名稱者，即公司之稱呼。公司既具有法律上之人格，得爲權利義務之主體，當須有別於他公司之名稱，以作爲權利義務之歸屬，否則，主體不明，權義必亂，法律關係亦無由確立，故公司法明定公司之名稱應載明於章程，並爲向主管機關申請設立登記之必要登記事項。公司名稱得由當事人任意選定，惟應標明公司之種類（公二Ⅱ）。所謂種類，係指本法第二條所定之四種公司而言，如某某無限公司、某某有限公司等是。

公司名稱一經登記，即受法律之保護，而有名稱專用權。同類業務之公司，不問是否同一種類，是否同在一省市區域以內，不得使用相同或類似之名稱（公一八Ⅰ）。不同類業務之公司，使用相同名稱時，登記在後之公司，應於名稱中加記可資區別之文字，二公司名稱中標明不同業務種類者，其公司名稱視為不相同或不類似（公一八Ⅱ）。公司名稱標明業務種類者，除法令另有規定外，其所登記經營業務範圍不以所標明之業務種類為限（公一八Ⅲ）。公司不得使用易於使人誤認為與政府機關、公益團體有關或有妨害公共秩序或善良風俗之名稱（公一八Ⅵ）。未經設立登記，不得以公司名義經營業務或為其他法律行為。違反前述規定者，行為人各處一年以下有期徒刑、拘役或科或併科五萬元以下罰金，並自負其責，行為人有二人以上者，連帶負責，並由主管機關禁止其使用公司名稱（公一九）。

經我國政府認許營業之外國公司，其名稱，應譯成中文，除標明其種類外，並應標明其國籍（公三七〇），如英商德記洋行有限公司是。且本法第十八條規定有關公司名稱專用之效力及第十九條公司名稱冒用之禁止，對外國公司亦準用之（公三七七）。

第二項　公司之住所

公司以其本公司所在地為住所（公三Ⅰ）。蓋公司依法登記成立後，與自然人同具有人格，自須一如自然人有其住所，以作爲處理法律關係之中心。

公司之住所，應載明於公司章程，並爲設立登記之必要登記事項。公司住所一經登記後，可發生種種效果，玆舉其犖犖大者於後：

㈠爲確定債務履行地之標準（民三一四Ⅱ）。

㈡爲確定審判籍之標準（民訴二、九）。

㈢爲確定書狀送達之標準（民訴一三六）。

㈣爲確定行使或保全票據權利處所之標準（票二〇）。

第四節　公司之能力

第一項　公司之權利能力

權利能力者，乃得享受權利負擔義務之能力。申言之，卽取得權利或義務主體之資格。公司爲法人，自應享有權利能力，惟依民法第二十六條之規定，法人僅於法令限制內，有享受權利，負擔義務之能力，若專屬於自然人之權利義務，法人則不得享有之。故公司之權利能力，應受左列限制：

㈠性質上之限制　法人雖與自然人同爲法律上之人格者，惟不若自然人具有五官四肢之肉體，故舉凡自然人天然性質上所專屬之權利義務，如生命權、身體權、自由權、親權、扶養義務等，公司概不能享有或負擔。至自然人人格權中與生命身體無關者，如名譽權、名稱權、信用權等，公司在性質上則仍得享有。

㈡法令上之限制　公司僅在法令限制範圍內，有其權利能力。爰就公司法上之限制規定，分述於後：

1.轉投資之限制　公司不得爲他公司之無限責任股東或合夥人，如爲他公司之有限責任股東時，其所有投資總額除以投資爲專業者或公司章程另有規定或經依左列各款規定，取得股東同意或股東會決議者外，不得超過本公司實收股本百分之四十：

一、無限公司、兩合公司經全體無限責任股東同意。

二、有限公司經全體股東同意。

三、股份有限公司經代表已發行股份總數三分之二以上股東出席，以出席股東表決權過半數同意之股東會決議（公一三Ⅰ）。

公司因接受被投資公司以盈餘或公積增資配股所得之股份，不計入前項投資總額（公一三Ⅱ）。公司負責人違反此項轉投資之限制時，各科二萬元以下罰金，並賠償公司因此所受之損害（公一三Ⅲ）。

2.為保證人之限制　公司除依其他法律或公司章程規定以保證為業務者外，不得為任何保證人（公一六Ⅰ），以免公司受有不測之損害。公司負責人違反上述規定時，應自負保證責任，並各科二萬元以下罰金，如公司受有損害時，亦應負賠償責任（公一六Ⅱ）。

3.目的上之限制　公司不得經營其登記範圍以外之業務（公一五Ⅰ）。蓋公司所營事業，應載明於章程，且為設立登記之必要登記事項，一經合法登記，即具有公示效力，不容任意變更，或超業經營，以免影響股東或公衆之利益。公司之資金，除因公司間業務交易行為有融通資金之必要者外，不得貸與股東或任何他人（公一五Ⅱ）。公司負責人若有違反上述規定時，各處一年以下有期徒刑、拘役或科或併科五萬元以下罰金，並賠償公司因此所受之損害（公一五Ⅲ）。倘公司有經營登記範圍以外業務之必要時，自得依法定程序修改章程及變更登記，自不待言。

第二項　公司之意思能力及行為能力

意思能力者，又稱為識別能力，乃對於自己之行為或其效果，能正常判斷、識別及預期之精神能力。行為能力者，乃以獨自之意思表示，得使其行為發生法律上效果之資格。公司有無意思能力及行為能力，因對法人本質所採之學說不同而異。採法人擬制說者，謂法人乃法律上之擬制，法人之董事係法人之法定代理人，法人因其代理行為而享受權利負擔義務，故法人無意思能力及行為能力。採法人實在說者，謂法人乃實質存在，法人之董事即法人之代表，董事執行職務之行爲卽法人之行爲，故法人有意思能力及行爲能力。我國學者均從後說，故公司具有意思能力及行爲能力。

第三項 公司之侵權行爲能力

公司有無侵權行爲能力，向爲學者所爭論。依法人擬制說，認法人無意思能力（卽無識別力），自無侵權行爲能力。依法人實在說，認法人有意思能力，自有侵權行爲能力。公司具有意思能力及行爲能力，已如上述，故公司亦應有侵權行爲能力。凡公司負責人對於公司業務之執行，如有違反法令致他人受有損害時，對他人應與公司負連帶賠償之責（公二三）。

第五節 公司之負責人

公司爲法人，須有自然人代表其活動，此代表公司活動之自然人，卽爲公司之負責人。依本法規定，公司負責人有當然負責人與職務範圍內負責人二種。所謂當然負責人，在無限公司、兩合公司爲執行業務或代表公司之股東；在有限公司、股份有限公司爲董事（公八Ⅰ）。所謂職務範圍內負責人，卽非當然負責人，僅在執行職務範圍內，亦爲公司負責人，如公司之經理或清算人，股份有限公司之發起人、監察人、檢查人、重整人或重整監督人（公八Ⅱ）。此外，政府或法人，有時亦得爲公司之負責人。蓋政府或法人亦得爲公司之股東，且得被推爲執行業務股東或當選爲董事或監察人。惟政府或法人爲股東而被爲執行業務股東或當選爲董事或監察人者，須指定自然人代表行使職務。政府或法人爲股東時，亦得由其代表人被推爲執行業務股東或當選爲董事或監察人，代表有數人時得分別被推或當選。上述二項代表，政府或法人得依其職務關係，隨時改派補足原任期，或就其代表權加以限制。惟所加之代表權限制，不得對抗善意第三人（公二七）。

公司負責人對於公司業務之執行，如有違反法令致他人受有損害時，對他人應與公司負連帶賠償之責（公二三）。

第六節　公司之設立

第一項　公司設立之概念

公司爲法人，非若自然人因出生卽享有權利能力（民六）。須俟依法設立登記並經中央主管機關發給執照後（民二五、公一、三、六），始能取得人格。故公司之設立者，乃爲取得公司法人人格，依法律規定程序，所爲之行爲。此項行爲，概稱公司設立行爲。其法律性質爲何，學說不一，向有契約說、單獨行爲說、共同行爲說及合併行爲說等四說。我國學者咸以爲公司之設立，係各設立人以取得公司法人人格爲目的所爲之共同行爲，故採共同行爲說。

第二項　公司設立之立法主義

關於公司設立之主義，立法上，向有左列四種：

一、放任主義　又稱爲自由主義，謂公司之設立，國家對之不予任何限制，悉任設立人之自由。此種主義，失之過寬，易造成公司濫設及國家監督困難，故現今各國鮮有採用。

二、特許主義　謂公司之設立，須得國家元首或法律之特許。此種主義失之過嚴，阻礙社會企業之發展，故現今各國亦鮮於採用。

三、許可主義　謂公司之設立，除依據有關法令規定條件外，仍須經行政官署之許可。此種主義亦因須經行政官署之審查許可，難免煩累遲滯，不足以因應企業之實際需要。因此現今各國除蘇俄、荷蘭外，亦鮮有採用者。

四、準則主義　謂國家就公司設立之要件，預先以法律規定一定之準則，如合乎準則，即可取得公司法人之人格。此種主義因須預定公司設立之準則，若無詳密釐訂，易生弊端，故大多數國家除嚴定公司設立之要件外，復加重發起人之責任。此卽學者所謂嚴格準則主義，我國採之。

第七節　公司之設立登記

第一項　設立登記之概念

設立登記者，即將公司成立之事實，記載於登記簿，以備公衆閱覽抄錄。我國對公司之管制干涉，採行政監督及中央集權主義。公司非在中央主管機關登記並發給執照後，不得成立（公六）。公司業務，依法律或基於法律授權所定之命令，須經政府許可者，於領得許可證後，方得申請公司登記。上述業務之許可，經目的事業主管機關撤銷後，應由各該目的事業主管機關，通知中央主管機關撤銷其公司登記或部分登記事項（公一七）。公司之經營有違反法令受勒令歇業處分者，應由處分機關通知中央主管機關，撤銷其公司登記或部分登記事項（公一七之一）。

本法對公司之設立登記採強制主義，對各類公司之設立登記，均規定有聲請登記之期限，凡未依限聲請登記者，須受罰鍰之處分。其詳容後述之。

第二項　設立登記之機關

公司應向中央主管機關聲請設立登記，或報由地方主管機關轉呈中央主管機關核辦（公六、三八七）。中央主管機關亦得委託地方主管機關審核之（公七Ⅰ）。所謂主管機關，在中央爲經濟部；在省爲建設廳，直轄市爲建設局（公五）。

第三項　設立登記之期限

聲請設立登記之期限，在無限公司、有限公司、兩合公司，應自章程訂立後十五日內爲之（公四〇五Ⅰ、四一〇、四一二）；在股份有限公司，以發起設立者，應由董事、監察人於就任後十五日內爲之；以招募設立者，應於創立會結束後十五日內爲之（公四一九、四二〇）。設立分公司者，應於設立後十五日內向主管機關申請登記（公三九九Ⅰ）。外國公司經認許後，在我國境內設立分公司者，亦應於設立後十五日，向主管機關聲請登記（公四三六Ⅰ）。

公司負責人違反上述聲請登記之期限時，各處一千元以上五千元以下之罰鍰（公四三六Ⅱ）。

第四項　設立登記之效力

一、創設法人人格之效力　公司經設立登記後，始取得法人之人格。若公司未經核准設立登記，即不能認爲有獨立之人格，祇應視爲普通組織之商號，其所負債務，應視爲合夥債務，由各合夥人負連帶清償之責（22上一七四三）。惟本法復明定股份有限公司不能成立時，由各發起人負連帶清償責任（公一五〇）。

二、得使用公司名稱之效力　公司經設立登記後，始得使用公司名稱。若未經設立登記，不得以公司名義經營業務或爲其他法律行爲。違反前述規定者，行爲人各處一年以下有期徒刑、拘役或科或併科五萬元以下罰金，並自負其責，行爲人有二人以上者，連帶負責，並由主管機關禁止其使用公司名稱（公十九）。

三、對抗他人之效力　公司設立登記後，有應登記之事項而不登記，或已登記之事項有變更而不爲變更之登記者，不得以其事項對抗第三人（公十二）。

四、公司名稱專用之效力 公司經設立登記後，卽受法律之保護，可取得名稱之專用權。同類業務之公司，不問是否同一種類，是否同在一省（市）區域以內，不得使用相同或類似之名稱（公十八Ⅰ）。

第八節 公司之監督

第一項 監督之機關

公司之監督，可分爲清算監督與業務監督二種。前者由法院負責監督（公八三、三二六、三三五）；後者，則由主管機關負責爲之。所謂主管機關，在中央爲經濟部，在省爲建設廳，直轄市爲建設局（公五）。

第二項 監督之事項

主管機關對公司之監督事項，因公司種類不同而異。玆就其共通事項，分述於後：

一、登記申請之改正 主管機關對於公司登記之申請，認爲有違反法令或不合法定程式者，應令其改正，非俟改正合法後，不予登記（公三八八）。

二、法院判決撤銷登記 公司設立登記後，如發現其設立登記或其他登記事項，有違法或虛僞情事時，公司負責人各處一年以下有期徒刑、拘役或科或併科二萬元以下罰金。公司負責人對於前述登記事項，爲虛僞之記載者，依刑法或特別刑法有關規定處罰。公司應收之股款，股東並未實際繳納，而以申請文件表明收足或股東雖已繳納而於登記後將股款發還股東，或任由股東收回者，公司負責人各處五年以下有期徒刑、拘役或科或併科二萬元以下罰金。前述裁判確定後，由法院檢察處通知中央主管機關撤銷其登記（公九）。

三、平時業務之檢查　主管機關得會同目的事業主管機關隨時派員檢查公司業務及財務狀況，公司負責人不得妨礙或拒絕（公二一Ｉ）。公司負責人妨礙或拒絕前述檢查者，各處三千元以上二萬元以下罰鍰；連續妨礙或拒絕者，並按次連續各處六千元以上四萬元以下罰鍰（公二一Ⅱ）。主管機關派員檢查時，得視需要選任會計師或律師或其他專業人員協助辦理(公二一Ⅲ)。

四、決算表册之查核　公司每屆營業年度終了，應將營業報告書、資產負債表、主要財產之財產目標、損益表、股東權益變動表、現金流量表及盈餘分配或虧損撥補之議案，提請股東同意或股東會承認。

公司資本額達中央主管機關所定一定數額以上者，其資產負債表、損益表、股東權益變動表及現金流量表，除公營事業外，並應先經會計師查核簽證。公司負責人違反第一項、第二項規定時，各處二千元以上一萬元以下罰鍰；妨礙、拒絕前項查核或逾期不申報時，各處三千元以上二萬元以下罰鍰；對於表册爲虛僞記載者，依刑法或特別刑法有關規定處罰。前述會計師之委任、解任及報酬，準用第二十九條第二項規定。前述書表，主管機關得隨時派員查核或令其限期申報；其辦法由中央主管機關定之（公二〇）。主管機關查核前述所定各項書表，或依前條檢查公司業務及財務狀況時，得令公司提出證明文件、單據、表册及有關資料。但應保守秘密，並於收受後三十日內，查閱發還（公二二Ⅰ）。

公司負責人違反前述規定，拒絕提出時，各處三千元以上二萬元以下罰鍰；提出之證明文件、單據、表册及有關資料有虛僞記載者，依刑法或特別刑法有關規定處罰（公二二Ⅱ）。

五、主管機關命令解散　公司有左列情形之一者，中央主管機關，得依職權或據地方主管機關報請或利害關係人之申請，命令解散之（公一〇）：

㈠公司設立登記後滿六個月尚未開始營業或開始營業後自行停止營業六個月以上者。但有正當理由者，得申請延展。

㈡公司設立或變更登記後六個月尚未辦妥營利事業登記者。但有正當理由者，不在此限。

公司有違反法令或章程之行爲，足以影響正常經營者，主管機關得訂定期限命其改正；不於期限內改正者，公司負責人各處二千元以上一萬元以下罰鍰，並再次定期命其改正；期滿仍未改正者，中央主管機關得依職權或據地方主管機關報請命令解散之，但其違反法令或章程情節重大者，中央主管機關得依職權或據地方主管機關報請或利害關係人申請，逕行命令解散之。

第九節 公司資金運用之限制

公司法爲穩固公司資本，對公司資金之借貸，設有左列限制：

一、**對於借款方面之限制** 公司因擴充生產設備而增加固定資產，其所需資金，不得以短期債款支應（公一四Ⅰ）。蓋擴充生產設備而增加固定資產，公司流動資產必然相對減少，如以短期債款支應，易導致資金週轉失靈，影響公司營運。至短期債款之期限，本法未設明文規定，授權行政院斟酌實際情形以命令定之（公一四Ⅱ）。此項命令規定，以不滿二年者，爲短期債款之期限。公司負責人違反前述之規定時，各科二萬元以下罰金，並賠償公司因此所受之損害（公一四Ⅲ）。

二、**對於貸款方面之限制** 公司不得經營其登記範圍以外之業務（公一五Ⅰ）。公司之資金，除因公司間業務交易行爲有融通資金之必要者外，不得貸與股東或任何他人（公一五Ⅱ）。公司負責人違反前二項規定時，各處一年以下有期徒刑、拘役或科或併科五萬元以下罰金，並賠償公司因此所受之損害（公一五Ⅲ）。

第十節 公司之公告

本法爲確保交易安全，杜絕紛爭，特規定公司有關事項如公司合併、發行新股、解散、清算人之選解任、重整等，須以公示方式公告週知，俾利害關係人獲悉其內容。關於公告之方法，本法並明確規定，除主管機關之公告，應登載政府公報外，其他公告，應登載於本公司所在之縣（市）或省（市）之日報顯著部分（公二八）。在有限公司、股份有限公司，關於公司爲公告之方法，並應記載於章程（公一〇一Ⅰ9、一二九5）。主管機關依法應送達於公司之公文書，遇有公司他遷不明或其他原因，致無從送達者，改向公司負責人送達之。公司負責人行踪不明，致亦無從送達者，得以公告代之（公二八之一）。

第十一節　公司之解散

第一項　解散之概念

公司之解散者，指已成立之公司，因章程規定或法定事由之發生，而停止積極活動，並依法定清算程序處理未了之事務。公司一經解散者，本應一如自然人之死亡，喪失人格。惟因公司無所謂繼承問題，若一經解散，即喪失人格，其對內對外之法律關係，必懸擱不決，利害關係人亦將遭受不測。故解散之公司，除因合併、破產而解散者外，應行清算，以處理公司未了之事務（公二四）。公司在解散後清算中之法律性質爲何，向有人格消滅說、清算公司說、擬制說、存續說等四說。我公司法採存續說，認解散之公司，於清算範圍內，視爲尚未解散（公二五），並在清算時期中，得爲了結現務及便利清算之目的，暫時經營業務（公二六）。故公司之解散，乃公司法人人格之消滅原因，公司法人人格並非於解散時，即歸消滅。

第二項　解散之原因

公司法總則章對各類公司共通解散之原因，規定如左：

一、**法院判決撤銷登記**　公司負責人有公司法第九條之違法或虛偽設立登記情事，經法院裁判處以徒刑、拘役或罰金確定後，通知中央主管機關撤銷其登記者，公司即失其存在之法律上根據，而應予解散。

二、**主管機關命令解散**　即主管機關依據公司法第十條之規定，命令公司解散。

三、**法院裁定解散**　公司之經營，有顯著困難或重大損害時，法院得據股東之聲請，於徵詢中央主管機關及目的事業中央主管機關意見，並通知公司提出答辯後，裁定解散（公一一I）。惟為避免股東個人濫用權利，妨害公司穩固起見，此項聲請，在股份有限公司，應有繼續六個月以上持有已發行股份總數百分之十以上股份之股東，始得向法院提出之（公一一II）。

至各類公司個別特殊之解散原因，容於以後各該章分別述之。

第三項　解散之登記

公司之解散，除破產外，命令解散或裁定解散應於處分或裁定後十五日內，其他情形之解散應於開始後十五日內，申請主管機關為解散之登記，經核准後，在本公司所在地公告之。公司負責人違反此項聲請登記限期之規定時，各科一千元以上五千元以下罰鍰（公三九六）。

第十二節　公司之合併

第一項　合併之概念

公司之合併者，乃二個以上之公司，訂立契約，依公司法之規定，而歸併成一個公司之謂。公司合併之方式，有創設合併與存續合併二種。前者乃二個以上之公司，於合併後，皆歸於消滅，而另創設一新公司；後者乃二個以上之公司，於合併後，僅其中一公司存續，其他皆歸於消滅。合併係公司間之一種契約，由擬合併之各公司代表人訂定之。故合併之當事人乃公司之本身，非公司之股東，惟各公司代表人訂立此項合併契約時，解釋上，應經股東會之特別授權，否則對公司無效。公司合併後，各原公司之股東當然取得因合併而存續，或合併後新創設公司之股東資格。

第二項　合併之效力

公司經合併後，可發生左列效果：

一、**公司之消滅**　合併不論係存續合併抑創設合併，其中必有一個以上之公司消滅。故合併為公司解散之原因，惟勿須行清算程序（公二四）。

二、**公司之變更或創設**　在存續合併，必有一原有之公司存續，惟因其吸收他公司，章程必加變更，且其組織或資本亦必將調整；在創設合併，則原有二個以上之公司，均歸於消滅，而另創設一新公司。

三、**權利義務之概括移轉** 因合併而消滅之公司，其權利義務，應由合併後存續或另立之公司概括承受（公七五）。

第十三節 公司之經理人

第一項 經理人之概念及設置

公司之經理人者，乃爲公司管理事務，及有權爲其簽名之人也（民五五三Ⅰ）。其在執行職務之範圍內，亦爲公司之負責人（公八Ⅱ），地位重要、責任繁大，故現行公司法特於總則章設有規定，以資各類公司之共通適用。

經理人之設置，應以章程定之。故公司因業務需要得依章程規定置經理人，經理人有數人時，應以一人爲總經理，一人或數人爲經理（公二九Ⅰ），並得設副總經理、協理或副經理一人或數人，以輔佐總經理或經理（公三八）。

第二項 經理人之資格限制

經理人之資格，本法設有消極之限制，凡有左列情事之一者，不得充經理人，其已充任者，解任之，並由主管機關撤銷其經理人登記（公三〇）：

一、曾犯內亂外患罪，經判決確定或通緝有案尚未結案者。

二、曾犯詐欺背信侵占罪或違反工商管理法令經受有期徒刑一年以上刑之宣告，服刑期滿尚未逾二年者。

三、曾服公務虧空公款經判決確定服刑期滿尚未逾二年者。

四、受破產之宣告尚未復權者。

五、有重大喪失債信情事尚未了結或了結後尚未逾二年者。

六、限制行爲能力者。

此外，經理人須在國內有住所或居所（公二九Ⅳ）。

第三項　經理人之任免及報酬

公司經理人之委任、解任及報酬，依左列規定定之（公二九Ⅱ）

一、無限公司、兩合公司須有全體無限責任股東過半數同意。

二、有限公司須有全體股東過半數同意。

三、股東有限公司須有董事過半數同意。

置有總經理之公司，其他經理之委任、解任，由總經理提請後，依上項規定辦理（公二九

Ⅲ）。

第四項　經理人之職權

經理人之職權，除章程規定或依契約之訂定外（公三一），並適用民法之規定。故經理人有一般事務管理權，換言之，卽經理人對於第三人之關係，就公司事務，有爲管理上一切必要行爲之權（民五五四）。然如該經理人僅爲公司一部事務有經理權者，則僅就該一部事務有爲管理上之一切必要行爲之權（民五五三Ⅲ）。此外，經理人就所任之事務，視爲有代表公司爲一切訴訟行爲之權。但關於不動產之買賣或設定負擔，非經公司書面授權，不得爲之（民五五四、五五五）。

公司對經理人之職權加以限制者，不得以其所加於經理人職權之限制，對抗善意第三人（公三六）。

第五項　經理人之義務

㈠競業禁止之業務　經理人不得兼任其他營利事業之經理人；並不得自營或爲他人經營同類之業務；但經董事或執行業務股東過半數同意者，不在此限（公三二）。

㈡不得變更公司意旨或逾權之義務　經理人不得變更股東或執行業務股東之決定，及股東會或董事會之決議，或逾越其規定之權限（公三三）。

㈢重要會計表册上簽名之義務　公司依法所造具之各項表册，由經理人簽名（公三五）。

㈣申報股份之義務　經理人如持有公司股份，應於就任後，將其數額，向主管機關申報並公告之，在任期中有增減時亦同（公三七）。

第六項　經理人之責任

一、**對於公司之責任**　公司之經理人因逾越權限或違反法令章程或股東或執行業務股東之決定或股東會或董事會決議之行爲，致公司受有損害時，對於公司負賠償之責（公三四）。如經理人有違反競業禁止之行爲，公司得請求因其行爲所得之利益，作爲損害賠償，惟此項請求權，自公司知悉時起，經過一個月或自行爲時起，經過一年不行爲而消滅（民五六三）。

公司依本法所造具之各項表册，其設置經理者，並應由經理人簽名，負其責任。經理人有數人時，應由總經理及主管造具各該表册之經理，簽名負責（公三五）。

二、**對於第三人之責任**　經理人在執行其職務範圍內，亦爲公司負責人（公八Ⅱ），其對於公司業務之執行，如有違反法令，致他人受有損害時，對他人應與公司負連帶賠償之責（公二三）。

以上有關經理人之規定事項，於公司依章程設有副總經理、協理或副經理者，準用之（公三九）。

第二章　無限公司

第一節　無限公司之概念

無限公司者，指二人以上之股東所組織，對公司債務負連帶無限清償責任之公司（公二Ⅰ1）。無限公司以股東之信用或聲望爲基礎，乃典型之人合公司。其全體股東，不問出資多寡，或盈餘分配之比例若何，均對公司債務負連帶無限清償之責任。

第二節　無限公司之設立

無限公司之設立，應有二人以上之股東，其中半數，須在國內有住所，並以全體之同意，訂立章程，簽名蓋章，置於本公司，並每人各執一份（公四〇）。

無限公司之章程應載明左列各款事項（公四一Ⅰ）：

一、公司名稱。

二、所營事業。

三、股東姓名、住所或居所。

四、資本總額及各股東之出資額。
五、各股東有以現金以外之財產爲出資者，其種類、數量、價格或估價之標準。
六、盈餘及虧損分派之比例或標準。
七、本公司所在地，設有分公司者，其所在地。
八、定有代表公司之股東者，其姓名。
九、定有執行業務之股東者，其姓名。
十、定有解散之事由者，其事由。
十一、訂立章程之年、月、日。

上開一、二、三、四、六、七、十一各款事項係章程之要素，若未經記載者，其章程無效；五、八、九、十各款事項則爲章程之偶素，雖未記載，於章程之效力無關。代表公司之股東不備置前項章程於本公司者，處一千元以上五千元以下罰鍰；公司負責人所備章程有虛僞之記載時，依刑法或特別刑法有關規定處罰（公四一Ⅱ）。

第三節　無限公司之內部關係

無限公司之內部關係者，係指公司與股東及股東相互間之關係。無限公司之內部關係，得由股東任意自由約定，載入章程，惟以其約定不背於法律規定者爲限（公四二）。茲就本法所定之無限公司內部關係，分項說明如後：

第一項　股東之出資

凡爲股東，均有出資之義務。股東之出資，以給付現金爲原則。惟無限公司屬人合公司，其股東除以現金外，並得以信用、勞務或其他權利爲出資，但須依照第四十一條第一項第五款之規定辦理（公四三）。股東以債權抵作股本，而其債權到期不得受清償者，應由該股東補繳。如公司因之受有損害，並應負賠償之責（公四四）。

第二項　業務之執行

一、**業務執行之機關**　無限公司各股東均有執行業務之權利，而同負其義務。但章程中定訂由股東中之一人或數人執行業務者，從其訂定。此項執行業務之股東須半數以上在國內有住所（公四五）。

二、**業務執行之方法**　股東之數人或全體執行業務時，關於業務之執行，取決於過半數之同意；關於通常事務，各得單獨執行，但其餘執行業務之股東，有一人提出異議時，應卽停止執行（公四六）。如公司章程訂明專由股東中之一人或數人執行業務時，該股東不得無故辭職，他股東亦不得無故使其退職（公五一）。

三、**業務執行股東之權利**

㈠報酬請求權　執行業務之股東，以無報酬爲原則，但如有特約者，得依特約，向公司請求報酬（公四九）。

㈡償還墊款請求權　股東因執行業務所代墊之款項，得向公司請求償還，並支付墊款之利息（公五〇I前）。

㈢債務擔保請求權　股東因執行業務負擔債務，而其債務尚未到期者，得請求提供相當之擔保（公五〇I後）。

㈣損害賠償請求權　股東因執行業務，受有損害，而自己無過失者，得向公司請求賠償（公五〇II）。

四、**業務執行股東之義務**

㈠遵守法令章程與股東決議之義務　股東執行業務，應依照法令、章程及股東之決議，審愼辦理。如違反此項義務，致公司受有損害者，對於公司應負賠償之責（公五二）。

㈡代收款項交還之義務　股東代收公司款項，自應於相當時間交還公司，若不於相當時間照繳，或挪用公司款項者，應加算利息，一併償還，如公司受有損害，並應賠償（公五三）。

㈢報告業務之義務　執行業務之股東，應將執行業務之情形，隨時向公司報告（民五四〇）。

㈣ 答復質詢之義務　執行業務之股東，應答復不執行業務股東之隨時質詢（公四八）。

五、**不執行業務股東之業務監督權**

無限公司之股東，對於公司債務負連帶無限清償責任，故公司營業情形，與之利害攸關。故不執行業務之股東，雖無執行業務之權利，亦得隨時向執行業務之股東質詢公司營業情形，查閱財產文件、帳簿、表册（公四八）。此即所謂不執行業務股東之業務監督權也。旨在避免公司爲執行業務股東所操縱。

第三項　章程之變更

章程訂定後，輒因情事變遷，而有變更之必要。無限公司之章程，既經全體股東同意訂定，其變更，自亦應得全體股東之同意（公四七）。惟因事實而須變更者，如股東死亡或退股除名，其死亡或退股除名之姓名變更，性質上，則毋須全體股東之同意。

章程經變更者，其變更事項，應爲變更之登記，否則，不得以其事項對抗第三人（公一二）。

第四項　競業之禁止

執行業務之股東，對於公司業務上之秘密，最爲熟稔，若允許其兼營同類事業，勢必導致公司受害。故本法特予規定，執行業務之股東，不得爲自己或他人爲與公司同類營業之行爲（公五四Ⅱ），此即所謂競業禁止。股東如違反此項競業禁止之規定時，其他股東得以過半數之決議，將其爲自己或他人所爲行爲之所得，作爲公司之所得，但自所得產生後逾一年者，不在此限（公五四Ⅲ）。

無限公司之股東，非經其他股東全體之同意，不得爲他公司之無限責任股東，或合夥事業之合夥人（公五四Ⅰ）。若有違反者，得經其他股東全體同意，議決除名（公六七2）。

第五項　出資之轉讓

無限公司，乃建立於股東間相互信賴之人合公司，因此股東非經其他股東全體之同意，不得以自己出資之全部或一部轉讓於他人（公五五）。股東轉讓其出資者，應向地方主管機關申請登記，對於登記前公司之債務，於登記後二年內，仍負連帶無限責任（公七〇Ⅱ）。

第六項　盈虧之分派

無限公司盈餘及虧損分派之比例或標準，自應依章程之所定，惟公司非彌補虧損後，不得分派盈餘。公司負責人違反此項規定時，各處一年以下有期徒刑、拘役或科或併科二萬元以下罰金（公六三）。

第四節　無限公司之對外關係

無限公司之對外關係者，係指公司與第三人，及股東與第三人之關係。無限公司之對外關係，均屬強制規定，不許股東任意訂定或變更。玆就有關本法所定之無限公司對外關係，分項說明如後：

第一項　公司之代表

一、代表之概念　公司爲法人，自應有自然人組織之代表機關，以實現法人之意思。此機關，即爲法人之代表，其所爲之行爲，即係公司自身之行爲。代表與代理不同。代理，爲代理人自身之行爲，祇其效果歸屬於本人，非卽本人之行爲。代理者，僅限於法律行爲，而代表者，法律行爲及事實行爲均屬之。惟我國現行民法，並無關於代表之特殊規定，關於代表情事，自應準用關於代理之規定。

二、代表機關之組織　無限公司之股東，原則上均有對外代表公司之權利。惟公司亦得以章程特定代表公司之股東。有特定之代表股東者，則其他股東之代表權，卽因而被剝奪。代表公司之股東，須半數在國內有住所（公五六）。

三、代表之權限　代表公司之股東，關於公司營業上一切事務，有辦理之權（公五七）。凡有關營業之訴訟上或訴訟外一切行爲，均得爲之。對於股東之代表權，公司得加以限制，惟爲保護交易之安全，此種對於股東代表權所加之限制，不得對抗善意第三人（公五八）。

四、代表權法定之限制　雙方代理，乃民法之所禁（民一〇六）。本法復申其義，明定代表公司之股東，如爲自己或他人，與公司爲買賣、借貸或其他法律行爲時，不得同時爲公司之代表，但向公司清償債務時，不在此限（公五九）。

第二項　股東之責任

一、通常股東之責任　無限公司之股東，於公司資產不足清償債務時，均須負連帶無限清償責任（公六〇）。其所負之連帶責任，係股東間相互間之連帶責任，而非股東與公司間之連帶責任。公司之債權人，得向全體股東，或股東中之一人或數人，同時或先後請求全部或一部債務之清償。股東之連帶無限責任，自解散登記後滿五年而消滅（公九六）。

二、新入股東之責任　加入公司爲股東者，對於未加入前公司已發生之債務，亦應負責（公六一）。蓋無限公司之股東，不論其爲原始入股，或繼承入股，對於已發生之債務，所負之責任均同。

三、類似股東之責任　非股東而有可以令人信其爲股東之行爲者，對於善意第三人，應負與股東同一之責任（公六二）。藉以保障不知情之第三人。若第三人明知其非股東，而仍與之發生法律關係者，則非善意，法律自不予保護。

四、退股股東之責任　退股股東應向地方主管機關申請登記，對於登記前公司之債務，於登記後二年內，仍負連帶無限責任（公七〇）。

第三項　債務之抵銷

公司之債務人，不得以其債務與其對於股東之債權抵銷（公六四）。蓋公司為法人，有獨立之人格，而與其股東人格有別，公司之債權，屬諸公司之資產，並非股東之財產，自不得抵銷，以保護公司之債權人。

第五節　無限公司之退股

第一項　退股之原因

一、**任意退股**　章程未定公司存續期限者，除關於退股另有訂定外，股東得於每營業年度終了退股，但應於六個月前，以書面向公司聲明（公六五Ⅰ）。股東有非可歸責於自己之重大事由時，不問公司定有存續期限與否，均得隨時退股（公六五Ⅱ）。所謂有非可歸責於自己之重大事由，如股東轉任不能經營商業之職務是。

二、**法定退股**　股東有左列各款情事之一者，退股（公六六）：

㈠ 章程所定退股事由。

㈡ 死亡　無限公司以股東之信用為基礎，故死亡為當然退股之原因。

㈢破產　股東經宣告破產者，其人之信用已完全喪失，自爲退股之原因。

㈣受禁治產之宣告　無限公司股東有執行業務之權利義務。如受禁治產宣告，則無行爲能力，不能執行業務，自應退股。

㈤除名　股東有左列各款情事之一者，得經其他股東全體之同意議決除名；但非通知後不得對抗該股東（公六七）：

1.應出之資本不能照繳或屢催不繳者。

2.違反競業禁止之規定者。

3.有不正當行爲妨害公司之利益者。

4.對於公司不盡重要之義務者。

㈥股東之出資，經法院強制執行者　依此退股時，執行法院應於二個月前通知公司及其他股東。

第二項　退股之效力

㈠姓名使用之停止　股東退股後，卽非股東，其姓或姓名若於退股後仍繼續使用於公司名稱之中，將發生類似股東之責任（公六二）。故該股東於退股時，得請求停止使用（公六八）。

㈡出資之結算與返還　退股之股東與公司之結算，應以退股時公司財產之狀況爲準。退股股東之出資，不問其種類，均得以現金抵還。股東退股時，公司事務有未了結者，於了結後計算其損益，分派其盈虧（公六九）。

㈢退股之登記　退股股東應向地方主管機關申請登記（公七〇I前），其未登記者，不得以其事項對抗第三人（公一二）。

第六節　無限公司之解散合併及變更組織

第一項　無限公司之解散

一、解散之原因　無限公司有左列各款情事之一者解散（公七一）：

㈠章程所定解散事由。

㈡公司所營事業已成就或不能成就。

㈢股東全體之同意。

㈣股東經變動而不足本法所定之最低人數。

㈤與他公司合併。

㈥破產。

㈦解散之命令或裁判。

上開㈠㈡兩款得經全體或一部股東之同意繼續經營，其不同意者視爲退股；㈣款得加入新股東繼續經營。繼續經營時，應變更章程。

二、解散之效果　無限公司經解散後，僅在清算範圍內，具有法人人格。其代表公司之股東或執行業務之股東，均失其原有之權限，而由清算人在清算範圍內，代表公司或執行有關事務。股東之連帶責任，自解散登記後滿五年而消滅（公九六）。

第二項　無限公司之合併

一、合併之程序　無限公司合併之程序如次：

㈠合併決議　無限公司得以全體股東之同意，與他公司合併（公七二）。

㈡編造表冊　公司決議合併時，應即編造資產負債表及財產目錄（公七三Ⅰ），使公司現有財產，一目瞭然。

㈢通告債權人　公司為合併之決權後，應即向各債權人分別通知及公告，並指定三個月以上之期限，聲明債權人得於期限內提出異議（公七三Ⅱ）。公司負責人違反前述規定而與其他公司合併時，各科二萬元以下罰金；其於資產負債表或財產目錄為虛偽記載者，依刑法或特別刑法有關規定處罰。債權人不於指定期限內提出異議者，即可合併，若提出異議者，公司應即為清償或提供相當之擔保，否則不得以其合併對抗債權人（公七四Ⅰ）。公司負責人違反上開程序而合併者，各科二萬元以下罰金（公七四Ⅱ）。

㈣為合併之登記　無限公司為合併時，應於實行後十五日內，向主管機關，分別依左列各款，申請登記（公三九八Ⅰ）：

1.因合併而存續之公司，為變更之登記。

2.因合併而消滅之公司，為解散之登記。

3.因合併而另立之公司，為設立之登記。

二、合併之效果　無限公司合併之效果有三：1.公司之消滅；2.公司之變更或創設；3.權利義務之概括移轉。詳前章第十二節之說明，茲不另贅。

第三項　無限公司之變更組織

一、變更組織之情形　無限公司變更組織之情形有二：

㈠經全體股東之同意，以一部股東改為有限責任，或另加入有限責任股東，變更其組織為兩合公司（公七六Ⅰ）。

㈡股東經變動而不足本法所定之最低人數時，得加入新股東繼續經營（公七一Ⅲ）。若加入新股東為無限責任者，則仍為無限公司；若加入者為有限責任者，則變更其組織為兩合公司（公七六Ⅱ）。

二、變更組織之效果　無限公司依上開情形變更組織為兩合公司時，應準用上項合併程序之規定（公七七）。

原爲無限責任股東，因變更組織改爲有限責任時，其在公司變更組織前，公司之債務，於公司變更登記後二年內，仍負連帶無限責任（公七八）。

第七節　無限公司之清算

第一項　清算之概念

清算者，謂已解散之公司，依一定之程序，處分現有財產，以了結公司之法律關係。簡言之，卽以消滅被解散公司之法律關係爲目的之法定程序。無限公司解散後，除因合併或破產外，均須經清算之程序。

第二項　清算人之任免

一、清算人之選任

㈠法定清算人　無限公司之清算，以全體股東爲清算人（公七九前）。由全體股東爲清算人時，股東中有死亡者，清算事務由其繼承人行之，繼承人有數人時，應由繼承人互推一人行之（公八〇）。

㈡選任清算人　無限公司之清算人，以全體股東充任爲原則，惟經股東之決議，得另選清算人（公七九但）。其選任之方法，以股東全體過半數之同意決之。選任之清算人不限於股東，由股東以外之第三人（如律師、會計師），亦無不可。

㈢章程預定之清算人　無限公司之章程係全體股東同意所訂定，如章程中預定有清算人者，自應從其所定（公七九但）。

㈣選派清算人　無限公司不能依公司法第七九條之規定，定其清算人時，法院得因利害關係人之聲請，選派清算人（公八一）。

二、清算人之解任　不論其爲法定清算人，股東選任之清算人或章程所定之清算人及法院選派之清算人，法院認爲必要時，得因利害關係人之聲請，解任之。但其爲股東選任者，亦得由股東過半數之同意，將其解任（公八二）。

三、清算人之聲報或公告　清算人應於就任後十五日內，將其姓名、住所或居所及就任日期，向本公司所在地之地方法院聲報。清算人之解任，應由股東於十五日內，向本公司所在地之地方法院聲報（非九〇）。其清算人若係由法院選派時，則應公告之，其解任時亦同。違反上開聲報期限者，各處一千元以上五千元以下之罰鍰（公八三）。

第三項　清算人之職務

一、檢查財產　清算人就任後，應即檢查公司財產情形，造具資產負債表及財產目錄，送交各股東查閱。對此項檢查有妨碍行為者，各科二萬元以下罰金；對於資產負債表或財產目錄為虛偽記載者，依刑法或特別刑法有關規定處罰（公八七Ⅰ、Ⅱ）。

二、了結現務 公司解散當時尚未了結之事務，清算人須予以了結（公八四Ⅰ1）。

三、公告催報債權 清算人就任後，應以公告方法，催告債權人報明債權，對於明知之債權人，並應分別通知（公八八）。

四、收取債權清償債務 清算人原則上應於六個月之期限內，收取公司所有之債權，清償公司所有之債務（公八四Ⅰ2）。

五、分派盈餘或虧損 收取債權，清償債務後，有盈餘則應分派於各股東，不足則由各股東依章程所定之比例或標準分負虧損（公八四Ⅰ3）。

六、分派賸餘財產 公司於清償債務後，如尚有賸餘財產，清算人應分派於各股東（公八四Ⅰ4）。其分派之方法，除章程另有訂定外，依各股東分派盈餘或虧損後淨餘出資之比例定之（公九一）。惟清算人非清償公司債務後，不得將公司財產分派於各股東，否則，各處一年以下有期徒刑、拘役或科或併科二萬元以下罰金（公九〇）。

七、答覆股東詢問 於清算期間內，清算人遇有股東詢問時，應將清算情形隨時答覆（公八七Ⅴ）。

八、聲請宣告破產　公司財產不足清償其債務時，清算人應即聲請宣告破產。若不即聲請宣告破產者，各科二萬元以下罰金。公司經宣告破產，清算人移交其事務於破產管理人時，其職務即爲終了（公八九）。

第四項　清算人之權限

一、**執行業務**　清算人在清算範圍內，對內有執行業務之權，清算人有數人時，關於清算事務之執行，取決於過半數之同意（公八五）。

二、**代表公司**　清算人因執行清算職務，有代表公司爲訴訟上或訴訟外一切行爲之權，但將公司營業包括資產負債轉讓於他人時，應得全體股東之同意（公八四Ⅱ）。清算人有數人時，得推定一人或數人代表公司，如未推定時，各有對於第三人代表公司之權。其推定有代表公司之清算人，應於就任後十五日內，將其姓名、住所及就任日期，向法院聲報（公八五）。公司對於清算人代表權所加之限制，不得對抗善意第三人（公八六）。

三、**請求報酬**　清算人如係由股東選任者，得根據約定，請求報酬，如係法院選派者，其報酬，則由法院代爲酌定，而給付之。

第五項　清算人之責任

清算人應以善良管理人之注意處理職務，倘有怠忽而致公司發生損害時，應對公司負連帶賠償之責任，其有故意或重大過失時，並應對第三人負連帶賠償責任（公九五）。清算人與公司之關係，除本法規定外，依民法關於委任之規定（公九七）。

第六項　清算之完結

一、**清算完結之期限**　清算人應於六個月完結清算，不能於六個月內完結清算時，清算人得由敍理由，聲請法院展期（公八七Ⅲ）。清算人不於前述規定期限內清算完結者，各處二千元以上一萬五千元以下罰鍰（公八七Ⅳ）。

二、**清算承認之請求**　清算人應於清算完結後十五日內，造具結算表册，送交各股東，請求其承認，如股東不於一個月內提出異議，卽視爲承認；但清算人有不法行爲時，不在此限（公九二）。

三、**清算完結之聲報**　清算人應於清算完結經送請股東承認後十五日內，向法院聲報。清算人違反此項聲報限期之規定時，各處一千元以上五千元以下罰鍰（公九三）。

四、**簿册文件之保存**　公司之帳簿、表册及關於營業與清算事務之文件，應自清算完結向法院聲報之日起，保存十年。其保存人，以股東過半數之同意定之（公九四）。

五、**清算完結後股東之責任**　股東之連帶無限責任，自解散登記後滿五年，始行消滅（公九六）。

第三章 有限公司

第一節 有限公司之概念

有限公司者，指五人以上，二十一人以下之股東所組織，其中須有半數以上須有中華民國國籍並在國內有住所，且其出資額合計須超過公司資本總額二分之一，股東各就其出資額爲限，對公司負其責任之公司也（公二Ⅰ2、九八Ⅰ、九九）。茲析述如後：

一、有限公司之股東人數須至少爲五人，最多爲二十一人。惟股東人數因繼承或遺贈而變更時，則不受此項二十一人之限制（公九八Ⅱ）。

二、有限公司之股東，其中半數以上須有中華民國國籍並須在國內有住所。惟此項住所之限制，在經核准之外人投資或華僑投資事件，不適用之（外人投資條例第十八條、華僑回國投資條例第十八條）。

三、有限公司之中華民國國籍的股東，其出資額合計須超過公司資本總額二分之一。

四、有限公司全體股東均負有限責任。卽各股東僅以其出資額爲限，對於公司負其責任（公九九）。

第二節　有限公司之設立

有限公司之股東，應以全體之同意訂立章程，簽名蓋章，置於本公司，並每人各執一份（公九八Ⅲ）。

有限公司之章程應載明左列各款事項（公一〇一Ⅰ）：

一、公司名稱。
二、所營事業。
三、股東姓名、住所或居所。
四、資本總額及股東出資額。
五、盈餘及虧損分派比例或標準。
六、本公司所在地。設有分公司者，其所在地。
七、董事人數及姓名。置有董事長者，其姓名。
八、定有解散事由者，其事由。
九、公司爲公告之方法、
十、訂立章程之年、月、日。

以上十一款，大致與無限公司章程應記載之事項相同，一、二、三、四、五、六、十、十一各款事項爲章程之要素；七、八、九叁款事項，則爲章程之偶素。

代表公司之董事，不備置此項章程於本公司者，各處一千元以上五千元以下罰鍰；公司負責人所備章程有虛僞記載時，依刑法或特別刑法有關規定處罰（公一〇一Ⅱ）。

第三節　有限公司之內部關係

第一項　股東之出資

有限公司重在資本，故其資本總額，應由各股東全部繳足，不得分期繳款或向外招募（公一〇〇Ⅰ）。有限公司之最低資本總額，得由主管機關分別性質，斟酌情形以命令定之。

有限公司之股東，均負有限責任，其資本總額之增減，關係公司之實力與其債權人之利益，是本法特予規定，有限公司不得減少其資本總額，如須增資，應經股東過半數之同意；但股東雖同意增資，仍無按原出資數比例出資之義務。此時得經全體股東同意由新股東參加。至於不同意增資之股東，對章程因增資修正部分，視爲同意。新增資本，應一次繳足，並應向主管機關呈驗繳足股款之證件，主管機關應派員檢查。其以現金以外之財產抵繳股款，如估價過高，主管機關得減少之（公一〇六、四一二）。

第二項　業務之執行

有限公司應至少置董事一人執行業務，並代表公司，最多置董事三人，就有行爲能力之股東中選任之。若有數人時，得以章程特定一人爲董事長，對外代表公司（公一〇八Ⅰ）。代表公司之董事須有中華民國國籍，並在國內有住所（公一〇八Ⅱ）。至於有關董事之消極資格、選任、解任、權利、義務及其執行業務之方法均準用無限公司之規定，惟若有虧損達實收資本額二分之一時，應報告全體股東，公司資產額有不足抵償其所負債務時，應卽聲請宣告破產。代表公司之董事有違反上述規定時，科二萬元以下罰金（公一〇八Ⅲ）。

第三項　業務之監察

有限公司不執行業務之股東，均得行使監察權，其監察權之行使準用本法第四八條之規定，卽得隨時向執行業務之股東質詢公司營業情形，查閱財產文件、帳簿、表册（公一〇九）。

第四項　股東之表決權

有限公司股東之表決權，原則上每一股東不問出資多寡，均有一表決權。但得以章程訂定按出資多寡比例分配表決權（公一〇二Ⅰ）。前者與無限公司同，後者則與股份有限公司每一股有一表決權近似也。政府或法人爲股東時，其代表人不限於一人，但表決權之行使，仍以其出資額綜合計算並由代表人共同爲之（公一〇二Ⅱ準公一八一）。

第五項　股東名簿及股單

一、股東名簿　股東名簿者，乃公司記載股東及其出資事項之簿册。有限公司應在本公司備置股東名簿，記載左列各款事項（公一〇三）：

㈠各股東出資額及其股單號數。

㈡各股東姓名或名稱、住所或居所。

㈢繳納股款之年、月、日。

代表公司之董事，不備置前述股東名簿於本公司者，處一千元以上五千元以下罰鍰；公司負責人所備股東名簿有虛僞記載時，依刑法或特別刑法有關規定處罰。

二、股單　股單者，乃股東之出資憑證。有限公司於設立登記後，應發給股單，股單由董事或執行業務股東簽名蓋章（公一〇五），並載明左列各款事項（公一〇四）：

㈠　公司名稱。

㈡　設立登記之年、月、日。

㈢　股東姓名或名稱及其出資額。

㈣　發給股單之年、月、日。

股單均爲記名式，應用股東本名，其爲同一人所有者，應記載同一本名，股票爲政府或法人所有者，應記載政府或法人之名稱，不得另立戶名或僅載代表人本名。其轉讓準用公司法第一六三條第一項但書及第一六五條之規定（公一〇四Ⅱ）。

第六項 公司之意思機關

現行公司法採董事單軌制，不再準用股份有限公司之有關規定，故無股東會之設置，其意思之決定準用無限公司之規定，即在於全體股東。

第七項 出資之轉讓

有限公司因兼具有人合公司與資合公司之特性，其股東非得其他全體股東過半數之同意，不得以其出資之全部或一部轉讓於他人。前項轉讓，不同意之股東有優先受讓權；如不承受，視為同意轉讓，並同意修改章程有關股東及其出資額事項。公司董事非得其他全體股東之同意，不得以其出資之全部或一部，轉讓於他人（公一一一Ⅰ、Ⅱ、Ⅲ）。

各股東之出資，非於公司設立登記後，不得轉讓（公一〇四Ⅱ、一六三Ⅰ但）。股單之轉讓，非將受讓人之本名或名稱記載於股單，並將受讓人之本名或名稱記載於公司股東名簿，不得以其轉讓對抗公司（公一〇四Ⅱ、一六五Ⅰ）。

法院依強制執行程序，將股東之出資轉讓於他人時，應通知公司及其他全體股東，於二十日內，依本法第一一一條第一項及第二項之方式，指定受讓人；逾期未指定或指定之受讓人不依同一條件受讓時，視爲同意轉讓，並同意修改章程（公一一一Ⅳ）。

第八項　章程之變更

有限公司之變更章程，準用無限公司有關之規定，即應經股東全體之同意（公一一三、四七Ⅲ）。有限公司之章程，不得爲減資之變更（公一〇六）。

第四節　有限公司之對外關係

第一項　公司之代表

有限公司應至少置董事一人執行業務，並代表公司，最多置董事三人，就有行爲能力之股東中選任之。董事有數人時，得以章程特定一人爲董事長，對外代表公司。代表公司之董事須有中華民國國籍，並在國內有住所（公一〇八Ⅰ、Ⅱ）。

第二項　股東之責任

有限公司之各股東對於公司之責任，以其出資額爲限（公九九）。換言之，各股東對於債權人，不負直接責任，若公司宣告破產，公司債權人不得就其私有財產，主張淸償也。

第五節　有限公司之會計

第一項　主辦會計人員之任免

有限公司主辦會計之任免，應經執行業務股東過半數之同意（商業會計法五Ⅱ）。至其係由董事執行業務者，法律雖未規定其任免之程序，惟解釋上應準用股份有限公司之規定，由董事過半數之同意行之。公司會計人員辦理會計事務，應受經理人之指揮監督（商業會計法五Ⅲ）。

第二項　決算表册

有限公司於每屆營業年度終了，董事應依公司法第二二八條之規定，造具各項表册，分送各股東，請其承認。上項表册送達後逾一個月未提出異議者，視爲承認（公一一〇Ⅰ、Ⅱ）。該項表册除董事監察人或執行業務之股東有不法行爲者外，一經股東會決議承認後，視爲已解除其責任（公一一〇Ⅲ、二三一）。

第三項　盈餘公積

有限公司於彌補虧損完納一切稅捐後，分派盈餘時，應先提出百分之十爲法定盈餘公積，但法定盈餘公積已達資本總額時，不在此限（公一一二Ⅰ）。此乃強制規定，公司負責人如有違反，不提出法定盈餘公積時，各科二萬元以下之罰金（公一一二Ⅲ）。除上項法定盈餘公積外，公司並得以章程訂定，或股東全體之同意，加提特別盈餘公積（公一一二Ⅱ），此純由股東全體自行決定之。

第四項　盈餘分派

一、**盈餘分派之限制**　有限公司非彌補虧損及依規定提出法定盈餘公積後，不得分派盈餘，但法定盈餘公積已超過資本總額百分之五十時，或於有盈餘之年度所提存之盈餘公積有超過該盈餘之百分之二十數額時，得將其超過部份，分派盈餘。公司負責人違反上項規定分派盈餘時，各處一年以下有期徒刑、拘役或科或併科二萬元以下之罰金。公司之債權人得請求返還，並得請求賠償因此所受之損害（公一一〇、二三二、二三三）。

二、**股利分派之標準**　有限公司股利之分派，除章程另有訂定外，以各股東出資額之比例爲準（公一一〇、二三五）。

第六節　有限公司之變更組織

有限公司因增資增加其股東在七人以上時，得經全體股東之同意，變更其組織爲股份有限公司（公一〇六Ⅳ）。

有限公司爲變更組織之決議後，應卽向各債權人分別通知及公告。變更組織後之公司，應承擔變更組織前公司之債務（公一〇七）。

第七節　有限公司之合併解散與清算

有限公司之合併、解散及清算，應準用無限公司有關合併、解散及清算之規定（公一一三）。

第四章　兩合公司

第一節　兩合公司之概念

兩合公司者，指一人以上之無限責任股東，與一人以上之有限責任股東所組織，其無限責任股東對公司債務負連帶無限清償責任；有限責任股東就其出資額爲限，對於公司負其責任之公司也（公二、一一四）。是故兩合公司之股東須有二人以上，其中至少一人爲無限責任股東，對公司債務負連帶無限清償責任；其中至少一人爲有限責任股東，以其出資額爲限，對於公司負其責任。本法之所以於無限公司之外，復設有兩合公司之制度。蓋因兩合公司於無限責任股東之外，加以有限責任股東，較易吸收資本也。

兩合公司，除關於有限責任股東部份外，其餘均與無限公司相同。故除別有規定外，均準用無限公司之規定（公一一五）。

第二節　兩合公司之設立

兩合公司之設立，應由一人以上之無限責任股東，與一人以上之有限責任股東，以全體之同意，訂立章程，簽名蓋章，置於本公司，並每人各執一份。其章程除記載本法第四十一條所列各款事項外，並應記明各股東之責任爲無限或有限（公一一六）。

第三節　兩合公司之內部關係

兩合公司之內部關係，除法律有規定者外，亦得以章程定之，此大致與無限公司相同。茲僅就其與無限公司相異之處，分項說明如後：

第一項　股東之出資

兩合公司之有限責任股東，不得執行公司業務，及對外代表公司，故不得以信用或勞務爲出資（公一一七），卽僅得以金錢及其他財產爲出資也。至無限責任股東，其出資之種類，則無限制，自得以信用及勞務爲出資。

第二項　業務之執行

一、**業務執行之機關及方法**　兩合公司業務之執行，專屬於無限責任股東；有限責任股東，則不得執行公司業務（公一二二）。若無限責任之股東有二人以上，除章程訂定由其中一人或數人執行業務者外，各股東均有執行業務之權利，並負其義務（公一一五、四五）。其執行業務股東關於業務之執行，取決於過半數之同意，關於通常事務，各得單獨執行；但其餘執行業務之股東，有一人提出異議時，應卽停止執行（公一一五、四六）。至有限責任股東雖無執行業務之權，惟經無限責任股東過半數之同意，亦得被選任爲公司之經理人。此時，卽得以經理人之身份執行業務。

二、執行業務股東之權利及義務　兩合公司執行業務股東所有之權利及義務，均與無限公司執行業務股東所有者相同，詳見第二章第三節第二項無限公司執行業務股東之權利、義務說明，茲不另贅。

三、不執行業務股東之權利　不執行業務之無限責任股東，得隨時向執行業務之股東，質詢公司營業情形，查閱財產文件、帳簿、表册（公一一五、四八）。有限責任股東，則僅得於每營業年度終了時，查閱公司帳目、業務及財產之情形（公一一八Ⅰ）。遇有必要時，法院得因有限責任股東之聲請，許其隨時檢查公司帳目、業務及財產之情形（公一一八Ⅱ）。對於有限責任股東之此項查閱或檢查，有妨碍行爲者，各科二萬元以下罰金（公一一八Ⅲ）。

第三項　章程之變更

兩合公司章程之變更，本法無特別規定，自應準用無限公司之規定（公一一五）。故其章程變更，應得無限責任股東及有限責任股東全體之同意（公四七）。

第四項　競業之禁止

一、無限責任股東　兩合公司無限責任股東之競業禁止，與無限公司同。卽非經其他股東全體之同意，不得爲他公司之無限責任股東，或合夥事業之合夥人（公一一五、五四）。

二、有限責任股東　兩合公司之有限責任股東，旣不得執行公司業務及對外代表公司，自無同業競爭妨害公司業務之虞，故得爲自己或他人，爲與本公司同類營業之行爲；亦得爲他公司之無限責任股東，或合夥事業之合夥人（公一二〇），不受競業禁止之限制。

第五項　出資之轉讓

兩合公司，兼有人合公司之性質，故其股東出資之轉讓，不得不加以限制。在無限責任股東出資之轉讓，應準用無限公司之規定，卽非經其他股東全體之同意，不得以自己出資之全部或一部，轉讓於他人（公一一五、五五）。在有限責任股東，非得無限責任股東過半數之同意，不得以其出資全部或一部，轉讓於他人。至股東之出資，經法院強制執行者，應準用同法第一百十一條第四項之規定（公一一五、一一九）。

第六項　盈虧之分派

兩合公司盈虧之分派，本法未設特別規定，故其分派之比例或標準，自應準用無限公司之規定，於章程中記載之（公一一六、四一），而依章程之所定，分派盈虧。

第四節　兩合公司之對外關係

兩合公司之對外關係，亦均屬強行規定，茲就其與無限公司相異之處，分項說明如後：

第一項　公司之代表

兩合公司代表公司之權利，專屬於無限責任股東，有限責任股東則不得對外代表公司（公一二三）。惟代表公司之無限責任股東，仍應依本法第五六條至第五八條之規定辦理。

第二項　股東之責任

兩合公司之無限責任股東，對公司債務負連帶無限清償責任。有限責任股東，則以出資額為限，對於公司負其責任。惟有限責任股東，如有可以令人信其爲無限責任股東之行爲者，對於善意第三人，須負無限責任股東之責任（公一二二）。換言之，亦應因之而負連帶無限清償之責任。

第五節　兩合公司之退股

一、無限責任股東之退股　無限責任股東退股之原因與其效力，除股東決議除名應得無限責任股東及有限責任股東全體同意外，均與無限公司之規定相同。

二、有限責任股東之退股　有限責任股東之責任，以出資額爲限，不以其信用作爲公司信用之基礎。故不因受禁治產之宣告而退股，即使死亡，其出資亦歸其繼承人概括繼承(公一二三)。其應退股之原因有二：

㈠基於自願者　有限責任股東遇有非可歸責於自己之重大事由時，得經無限責任股東過半數之同意退股，或聲請法院准其退股(公一二四)。

㈡基於決議者　有限責任股東有下列各款情事之一者，得經全體無限責任股東之同意，將其除名：1.不履行出資義務者。2.有不正當行爲，妨害公司利益者。惟除名，非通知該股東後，不得對抗之(公一二五)。

有限責任股東退股之效力，本法未設特別規定，在其性質許可範圍內，自應準用無限公司之規定。因有限責任股東，僅以出資額爲限，對於公司負其責任，故公司法第七十條第一項退股登記前公司之債務，於登記後二年內，仍負連帶無限責任之規定，自無準用之餘地。

第六節　兩合公司之合併、解散、清算及變更組織

一、兩合公司之合併　兩合公司經其無限責任股東與有限責任股東全體之同意，得與他公司合併。合併之程序及效果，均應準用無限公司之規定（公一一五、七二——七五）。

二、兩合公司之解散　兩合公司除準用無限公司解散之原因而解散外，因無限責任股東或有限責任股東全體之退股而解散；但其餘股東得以一致之同意，加入無限責任股東或有限責任股東繼續經營（一二六Ⅰ）。

三、兩合公司之清算　兩合公司之清算，由全體無限責任股東任之；但無限責任股東得以過半數之同意另行選任清算人，其解任時亦同（公一二七）。至清算之程序，本法未設特別規定，自亦應準用無限公司之有關規定（公一一五）。

四、兩合公司之變更組織　兩合公司之有限責任股東全體退股時，無限責任股東在二人以上者，得以一致之同意變更其組織爲無限公司（公一二六Ⅱ）。無限責任股東與有限責任股東，亦得以全體之同意，變更其組織爲無限公司（公一二六Ⅲ）。至變更組織之程序，均準用無限公司之有關規定（公一一五）。

第五章　股份有限公司

第一節　股份有限公司之概念

股份有限公司者，指七人以上之股東所組織，全部資本分爲股份，股東就其所認股份，對公司負責任之公司也（公二Ⅰ4）。析言之：

一、股份有限公司須有股東七人以上　股東七人以上，乃股份有限公司之成立及存續要件（公三一五Ⅰ4）。故股份有限公司應有七人以上爲發起人（公一二八Ⅰ前段）；如其有記名股東之股東未滿七人者，公司應予解散。

二、股份有限公司須將其全部資本分爲股份　股份有限公司之資本，應分爲股份，每股金額應歸一律（公一五六Ⅰ前）。在同次發行之股份，其價格及發行條件，亦應歸一律（公一五六Ⅴ）

三、股份有限公司之股東就其所認股份對公司負有限責任　股份有限公司之股東，僅就其所認股份，對公司負其責任。是股東對於公司之責任，以繳淸其股份之金額爲限（公一五四）。

第二節　股份有限公司之資本

股份有限公司，乃典型之資合公司。其資本卽爲債權人之總擔保。故大陸法系各國爲保護交易之安全，向來採行所謂資本三原則，卽資本確定、維持、不變之原則。惟爲應時需，兼採英美法之資本授權制。茲分述於後：

一、資本確定之原則　所謂資本確定之原則，卽公司資本總額，於公司設立時，須由股東全部認足，並按期繳納。我舊公司法採之，惟此項資本確定原則，對於公司資金之調度缺乏伸縮性，如公司欲增資時，必須依照繁複之增資程序，未免緩不濟急，故現行公司法亦隨日商法仿效英美法制，改採授權資本制。卽公司資本雖亦有確定之數額，然其股份是否經認足，與公司之成立無涉，股東祇須認定並繳足一定數額以上者，公司卽可開始營業，其未認足之數額，則授權董事會視實際情形，隨時發行新股，以募集資本（公一三〇Ⅰ2、一五六Ⅱ、二六六）。此項授權資本制，實有助於公司資本調度靈活，並可使公司資本結構與證券制度配合。

二、資本維持之原則　所謂資本維持之原則，卽公司應維持與其資本總額相當之財產也。此項原則，要在維持公司之資產，以保護債權人之利益。故我現行公司法仍採用之。如公司股票之發行價格，不得低於票面金額（公一四〇）；公司除依本法有特別規定外，不得自將股份收回收買或收爲質物（公一六七Ⅰ前）；公司非彌補虧損及依規定提出法定盈餘公積後，不得分派股息及紅利（公二三二）；固定資產重估價值，須依法辦理。有價證券及存貨之溢價，非至實現不得入帳（公二三六）等是。

三、**資本不變之原則** 所謂資本不變之原則，卽公司之資本總額，非依法定程序，不得任意變動也。此項原則之功用，一則可防止資本之減少而保護債權人之利益，另則可避免資本之過剩，而保護各股東之利益。故我現行公司法仍採之。如公司非將已規定之股份總數全部發行後，不得增加資本（公二七八Ⅰ）。減少資本，除經股東會之特別決議外，尙須向債權人分別通知及公告，對於提出異議之債權人，更須爲清償或提供相當之擔保（公二七七、二八一）等是。

第三節 股份有限公司之設立

第一項 發起人

一、**發起人之人數** 股份有限公司之發起人應有七人以上（公一二八Ⅰ）。蓋發起人於公司設立登記後，卽當然成爲股東，而股份有限公司股東之人數，須爲七人以上故也。

二、**發起人之資格** 發起人須有行爲能力，無行爲能力人或限制行爲能力人，不得爲發起人（公一二八Ⅱ）。政府或法人均得爲發起人。惟法人爲發起人者，以公司爲限（公一二八Ⅲ），其餘之社團或財團法人，均不得爲公司之發起人。發起人中須半數以上在國內有住所，惟僑外投資人依法組設公司者，則不受此關於國內住所之限制（華僑回國投資條例第十八條、外國人投資條例第十八條）。

三、發起人與公司之關係　依通說認為發起人乃公司設立中之機關，應與將來成立之公司，併爲一體，故發起人在公司設立中發生之私法上權義關係，於公司成立之時，卽移轉於公司享有或負擔。

第二項　訂立章程

股份有限公司之發起人，應以全體之同意，訂立章程，簽名蓋章。其章程應記載之事項，可分爲絕對必要事項、相對必要事項及任意事項三類，茲分述於後：

一、絕對必要事項（公一二九）

㈠公司名稱。

㈡所營事業。

㈢股份總數及每股金額。

㈣本公司所在地。

㈤公告方法。

㈥董事及監察人之人數及任期。

㈦訂立章程之年、月、日。

以上各款事項乃章程之要素，若未經記載者，其章程無效。

二、相對必要事項（公一三〇）

㈠分公司之設立。

㈡分次發行股份者，定於公司設立時之發行數額。惟第一次應發行之股份，不得少於股份總額四分之一（公一五六Ⅱ）。

㈢解散之事由。

㈣特別股之種類及其權利義務。

㈤發起人所得受之特別利益及受益者之姓名。發起人所得受之特別利益，無定期或無確數者，股東會得修改或撤銷之；但不得侵及發起人既得之利益。

㈥公司債可轉換股份之數額。

此外散見於公司法其他各條之章程相對記載事項，尚有左列：

㈠經理人之設置及其人數與職權之訂定（公二九、三一、三八、三九）。

㈡發行特別股之有關事項（公一五七）。

㈢無記名股票之發行（公一六六）。

㈣表決權之限制（公一七九）。

㈤董事或監察人報酬之訂定（公一九六、二二七）。

㈥董事會執行業務之方法（公一九三、二〇二）。

㈦董事會之召集（公二〇三）。
㈧董事會開會代理出席之訂定（公二〇五）。
㈨常務董事之人數（公二〇八）。
㈩建業股息之分配（公二三四）。
⑾股息及紅利之分派方法（公二三五）。
⑿特別盈餘公積之提存（公二三七）。
⒀清算人之訂定（公三二二）。
⒁清償債務後賸餘財產之分派（公三三〇）。

以上各款之章程相對記載事項，乃章程之偶素，雖未經記載，於章程之效力無關。

三、任意記載事項　除上述絕對必要記載事項及相對必要記載事項外，其他事項在不違背法律強行規定或公序良俗之範圍內，亦得訂明於章程，作爲公司活動之準繩。任意事項，一經記載於章程，即生效力，倘若予以變更，亦須履行變更章程之程序，方爲合法。如關於股票之種類、股款繳納之方法、召開股東會之時間與地點等是。

第三項　設立程序

股份有限公司之設立方式，有發起設立與招募設立二種。前者，係發起人自行認足第一次應發行之股份，公司即可成立也；後者，則發起人不認足第一次應發行之股份，須對外募足，公司始可成立。其設立之程序，各有不同，茲分述於後：

一、發起設立之程序　發起設立，應依左列程序爲之：

㈠訂立章程　股份有限公司之發起人，應以全體之同意，訂立章程，簽名蓋章（公一二九）。

㈡認足第一次應發行之股份　章程訂立後，發起人須自行認足第一次應發行之股份，惟第一次應發行之股份，不得少於股份總數四分之一（公一三一Ⅰ、一五六Ⅱ）。

㈢繳足股款　發起人認足第一次應發行之股份時，應即按股繳足股款。此項股款除以現金繳納外，得以公司事業所需之財產抵繳之（公一三一）。

㈣選任董事及監察人　股款繳足後，發起人應按章程所定之董事及監察人之人數，選任董事及監察人，其選任之方法，依本法第一九八條股東會選任董事之規定，採用累積選舉法。

㈤申請設立登記　董事、監察人於就任後十五日內，應向主管機關申請爲設立之登記（公四一九）

二、招募設立之程序　發起人不認足第一次發行之股份時，應募足之（公一三二Ⅰ）。公開招募時，得依公司法第一五七條之規定發行特別股（公一三二Ⅱ）。惟發起人所認股份，不得少於第一次發行股份四分之一（公一三三Ⅱ），以杜浮濫。玆將招募設立之程序，分述如後：

㈠訂立招股章程　發起人對外招募股份，應訂立招股章程，載明左列各款事項（公一三七）：

1.章程之絕對應記載事項（公一二九）及章程之相對應記載事項（公一三〇）。

2.各發起人所認之股數。

3.股票超過票面金額發行者，其金額。

4.招募股份總數募足之期限，及逾期未募足時，得由認股人撤回所認股份之聲明。

5.發行特別股者，其總額及本法第一五七條各條款之規定。

6.發行無記名股者，其總額。

㈡申請核准　發起人公開招募股份時，應先備具左列各款事項，申請中央主管機關審核，准許對外招募（公一三三Ⅰ）：

1.營業計劃書。

2.發起人姓名、經歷、認股數目及出資種類。

3.招股章程。

4.代收股款之銀行或郵局名稱及地址。代收股款之銀行或郵局，對於代收之股款，有證明其已收金額之義務，其證明之已收金額，卽認爲已收股款之金額（公一三四）。

5.有承銷或代銷機構者，其名稱及約定事項。

6.中央主管機關規定之其他事項。

主管機關對於申請事項有違反法令或虛偽者，或申請事項有變更，經限期補正而未補正者，得不予核准或撤銷核准（公一三五Ⅰ）。其以申請事項除虛偽部分依刑法或特別刑法有關規定處罰外，若有違反法令，各處一年以下有期徒刑、拘役或科或併科二萬元以下罰金；至於申請事項未於限期內補正者，由證券管理機關各處二千元以上一萬元以下罰鍰（公一三五Ⅱ）。

㈢招募之公告　招募章程所列各款事項已經中央主管機關審核者，發起人應於中央主管機關通知到達之日起三十日內，加記核准文號及年月日公告招募之。但有承銷或代銷機構者，其約定事項，得免予公告（公一三三Ⅲ）。

㈣招認股份　發起人應備認股書，載明招股章程所列各款事項，並加記主管機關核准文號及年、月、日，由認股人填寫所認股數、金額及其住所或居所，簽名、蓋章（公一三八Ⅰ）。股票之發行價格，不得低於票面金額（公一四〇），其以超過票面金額發行股票者，認股人應於認股書註明認繳之金額（公一三八Ⅱ）。發起人不依規定備認股書者，由證券管理機關各處一千元以上五千元以下罰鍰；其所備認股書有虛偽記載時，依刑法或特別刑法有關規定處罰（公一三八Ⅲ）。

認股人有照所填認股書繳納股款之義務（公一三九）。遇有左列情形之一者，認股人得撤回其所認之股份（公一五二），惟創立會結束後，認股人卽不得將股份撤回（公一五三）：

1.已逾股份募足之期限，尙未募足者（公一三七4）。

2.第一次發行股份募足後，逾三個月而股款尙未繳足者。

3.第一次發行股份之股款雖已繳納，而發起人不於二個月內召集創立會者（公一四三）。

㈤催繳股款　第一次發行股份總數募足時，發起人應卽向各認股人催繳股款，以超過票面金額發行股票時，其溢額應與股款同時繳納（公一四一）。認股人延欠上述應繳之股款時，發起人應定一個月以上之期限催告該認股人照繳，並聲明逾期不繳失其權利（公一四二Ⅰ）。發起人已爲上項之催告，認股人不照繳者，卽失其權利，所認股份由發起人另行募集，惟如因而受有損害，發起人仍得向認股人請求賠償（公一四二ⅡⅢ）。

㈥召集創立會　創立會者，謂由發起人集合各認股人，使其參與關於公司設立事務之會議也。茲將本法有關此項創立會之規定，分述如後：

1.創立會之召集　第一次發行股份之股款繳足後，發起人應於二個月內召集創立會（公一四三）。創立會之召集，並應於一個月前通知各認股人。通知應載明召集事由。發起人違反上述通知期限之規定者，各科一千元以上五千元以下罰鍰（公一四四、一七二）。

2.創立會之表決權　各認股人在創立會之表決權，準用股東會之規定（公一四四）。卽各認股人每股有一表決權，但一認股人而有已發行股份總數百分之三以上者，應以章程限制其表決權（公一四四、一七九）。政府或法人爲認股人時，其代表人不限於一人，其表決權之行使，仍以其所持有之股份綜合計算（公一四四、一八一）。認股人對於會議之事項，有自身利害關係致有害於公司利益之虞時，不得加入表決，並不得代理他股東行使其表決權（公一四四、一七八）。

3.創立會之決議　創立會之通常決議，應有代表已發行之股份總數過半數之認股人出席，以出席認股人表決權過半數之同意行之（公一四四、一七四）。若出席人數不足上述定額，而有代表已發行股份總數三分之一以上認股人出席時，得以出席認股人表決權過半數之同意，爲假決議，並將假決議通知各認股人，於一個月內再行召集創立會。再行召集之創立會，如仍有已發行股份總數三分之一以上認股人出席，並經出席認股人表決權過半數同意假決議者，視同正式決議（公一四四、一七五）。但創立會之修改章程決議，須準用本法第二七七條第二項至第四項之規定；其爲公司不設立之決議，則須準用本法第三一六條之規定（公一五一）。

認股人得委託代理人出席創立會，但應出具公司印發之委託書載明授權範圍。除信託事業外，一人同時受二人以上認股人委託時，其代理之表決權不得超過已發行股份總數表決權之百分之三，超過時其超過之表決權，不予計算。一認股人以出具一委託書，並以委託一人爲限，應於創立會開會前五日送達公司，委託書有重複時，以最先送達者爲準，但聲明撤銷前委託者，不在此限（公一四四、一七七）。

創立會之議決事項，應作成議事錄，由主席簽名蓋章，並於會後十五日內，將議事錄分發各認股人。議事錄應記載會議之時日及場所、主席之姓名及決議之方法，並應記載議事經過之要領及其結果。議事錄應與出席股東之簽名簿及代理出席之委託書一併保存。代表公司之董事，不保存議事錄與股東出席簽名簿，及代表出席委託書者，處一千元以上五千元以下罰鍰，公司負責人有虛僞之記載時，依刑法或特別刑法有關規定處罰（公一四四、一八三）。

4. 創立會之權限　創立會有左列權限：

⑴修改章程　公司原始章程，係由發起人所訂定，未必妥適或合乎其他認股人全體之意思，故創立會得予修改，其修改程序，準用股東會變更章程之規定（公一五一、二七七）。

⑵聽取關於設立事項之報告　發起人應就本法第四一九條第一項第一款至第六款所列及其他關於設立之必要事項，報告於創立會。其有虛僞報告情事時，各科二萬元以下罰金（公一四五）。

⑶選任董事監察人　董事，乃爲公司常設之業務執行機關；監察人，則係公司常設之監察機關。二者對公司甚爲重要，應由創立會選任之（公一四六Ⅰ）。至選任之方法，則準用本法第一九八條之規定（公一四四但）。

⑷設立事項之調查　董事、監察人經選任後，應即就本法第四一九條第一項第一款至第六款所列事項，爲切實之調查，並向創立會報告。創立會於聽取董事、監察人之調查報告後，如認爲發起人所得受之報酬或特別利益及公司所負擔之設立費用有冒濫者，均得裁減之。用以抵作股款之財產，如估價過高者，得減少其所給股數或責令補足（公一四七）。此外，發起人所得受之特別利益無定期或無確數者，創立會亦得修改或撤銷之，但不得侵及發起人既得之利益（公一三〇II）。

上述之調查報告，董事、監察人如有由發起人當選，且與自身有利害關係者，創立會爲杜絕流弊，得另選檢查人爲之（公一四六II）。發起人有妨礙調查之行爲或董事、監察人、檢查人報告有虛僞者，各科二萬元以下罰金（公一四六IV）。

關於設立事項之調查報告，創立會經董事、監察人或檢查人之請求延期提出時，應準用本法第一八二條之規定，延期或續行集會（公一四六V）。

⑸公司設立之廢止　創立會得爲公司不設立之決議。其決議方法，準用本法第三一六條之規定，即應有代表已發行股份總數四分之三以上認股人出席，以出席認股人表決權過半數之同意行之（公一五一I）。

㈦申請設立登記　董事、監察人應於創立會完結後十五日內，向主管機關申請爲設立之登記（公四二〇）。

第四項　設立登記之效力

股份有限公司經設立登記後，除有前述之一般效力外（詳第一章第七節），復有左列之特別效力：

一、公司成立　股份有限公司因設立登記而成立，具有法人資格，得享受權利，負擔義務，此乃登記之主要效力。

二、發行股票之效力　公司非經設立登記或發行新股變更登記後，不得發行股票。違反此項規定發行股票者，其股票無效。但持有人得對於發行股票人請求損害賠損。發行股票人各科一萬五千元以下罰金（公一六一）。公司應於設立登記或發行新股變更登記後，三個月內發行股票，公司負責人違反前述規定，不發行股票者，得由主管機關責令限期發行外，各處二千元以上一萬元以下罰鍰；如仍不於限期內發行者，再責令限期發行，各處三千元以上二萬元以下罰鍰；期滿仍未發行者，得繼續責令限期發行，並按次連續各處三千元以上二萬元以下罰鍰，至發行股票爲止（公一六一之一）。

三、股份轉讓之效力　公司之股份，非於公司設立登記後，不得轉讓（公一六三Ⅰ）。發起之股份非於公司設立登記一年後，不得轉讓（公一六三Ⅱ）。

第五項　發起人之責任

本法就公司之設立，採嚴格之準則主義，對發起人均課以重大之責任。玆就其有關發起人之責任規定，分述於後：

一、**發起人之民事責任**：

㈠連帶認繳股款　未認足之第一次發行股份，及已認而未繳股款者，應由發起人連帶認繳，其已認而經撤回者，亦同（公一四八）。此所以充實公司資本，防止發起人取巧也。

㈡連帶賠償損害　發起人對於因其所得受之報酬或特別利益及公司所負擔之設立費用，有冒濫、或用以抵作股款之財產估價過高、或有未認足第一次發行股份，及已認而未繳股款，或已認而經撤回之情事，致公司受有損害時，應對公司負連帶賠償責任（公一四九、一四七、一四八）。其對於公司設立事項，如有怠忽其任務致公司受損害時，亦同（公一五五Ⅰ）。

㈢連帶負責費用及債務　公司不能成立時，發起人關於公司設立所爲之行爲，及設立所需之費用，均應負連帶責任，其因冒濫經裁減者亦同（公一五〇）。發起人對於公司在設立登記前所負債務，在登記後亦負連帶責任（公一五五Ⅱ）。

二、**發起人之刑事及行政罰責任**：

㈠招募申請主管機關審核之事項有違反法令者，各處一年以下有期徒刑、拘役或科或併科二萬元以下罰金；申請事項有變更經限期不補正者，各處二千元以上二萬元以下之罰鍰（公一三五Ⅱ）。

㈡違反規定，不備認股書者，各處一千元以上五千元以下罰鍰；其所備認股書有虛僞之記載時，依刑法或特別刑法有關規定處罰（公一三八Ⅲ）。

㈢就本法第四一九條第一項第一款至第六款及其他關於設立之必要事項，向創立會爲虛僞之報告者，各科二萬元以下之罰金（公一四五Ⅱ）。

㈣妨礙董事監察人及檢查人調查設立事項之行爲者，各科二萬元以下之罰金（公一四六Ⅳ）。

㈤公司未登記設立而發行股票者，各科一萬五千元以下罰金（公一六一Ⅲ）。

第四節　股份有限公司之股份

第一項　股份之概念

本法所謂股份，自各種不同之角度觀察，約有左列三種意義：

一、自資本之角度觀察，所謂股份者，乃指公司資本之一部份。如本法第一五六條第一項所指之「股份」一詞是。

二、自股東資格之角度觀察，所謂股份者，乃指股東在公司之權利義務，亦即股東權。如本法第一六〇條所指之「股份」一詞是。

三、自股票之角度觀察，所謂股份者，乃指表彰股票之價值。蓋股份須憑藉股票，始能表彰而流通也。

第二項　股份之金額

股份有限公司之資本，應分爲股份，每股金額應歸一律。在同次發行之股份，其價格及發行條件，亦應歸一律（公一五六Ⅰ、Ⅵ）。每股金額除公開發行之股票，主管機關得規定其每股之最低或最高金額外，法律上並未設任何限制。

第三項　特別股之發行

特別股者，係對普通股而言，乃享有優於或劣於普通股利益之特別股東權利之股份謂之。公司設立時，得以其股份之一部份爲特別股（公一五六Ⅰ），即在以後發行新股或增資時，亦得發行特別股（公二六六、二六八Ⅰ6）。玆就有關特別股之發行程序、特別權利及其收回，分項說明如後：

一、特別股之發行程序　公司發行特別股時，應就下列各款於章程中訂定之（公一五七）：1.特別股分派股息及紅利之順序、定額或定率。2.特別股分派公司賸餘財產之順序、定額或定率。3.特別股股東，行使表決權之順序、限制或無表決權。4.特別股權利、義務之其他事項。

二、特別股之特別權利　特別股之股東享有左列特別權利：

㈠分派盈餘之特別權　當公司有盈餘時，特別股應優先分派，若有剩餘時，始分派於普通股。

㈡分派賸餘財產之特別權　即在公司解散清算時，特別股股東有優先分派剩餘財產之權利。

㈢行使表決之特別權　即對於特定之事項，非有表決權之特別股股東，不得行使其表決權。公司已發行特別股者，其章程之變更如有損害特別股股東之權利時，除應有代表已發行股份總數三分之二以上股東出席之股東會，以出席股東表決權過半數之決議爲之外，並應經特別股股東會之決議（公一五九Ⅰ）。公開發行股票之公司，出席股東之股份總數不足前述定額者，得以有代表已發行股份總數過半數股東之出席，出席股東表決權三分之二以上之同意行之，並應經特別股股東會之決議（公一五九Ⅱ）。前述出席股東股份總數及表決權數，章程有較高之規定者，從其規定（公一五九Ⅲ）。特別股股東會準用關於股東會之規定（公一五九Ⅳ）。

三、特別股之收回　公司發行之特別股，得以盈餘或發行新股所得之股款收回之，但不得損害特別股股東按照章程應有之權利（公一五八）。

第四項　股份之共有

股份爲財產權，自得由數人共有，且常因數人合夥共認股份，或因繼承事實，而使股份成爲共有。惟股份爲構成公司資本之最小單位，故股份爲數人共有者，其共有人應推定一人行使股東之權利（公一六〇Ⅰ）。股份共有人，對於公司應負連帶繳納股款之義務（公一六〇Ⅱ）。

第五項　股份之銷除、收買及設質

一、股份之銷除　股份之銷除者，卽使股份之一部，歸於消滅也。因銷除結果必使公司資本減少，影響債權人之權益，故公司非依減少資本之規定不得銷除其股份，減少資本除本法規定外，應依股東所持股份比例減少之。公司負責人違反此項規定銷除股份時，各科二萬元以下之罰金（公一六八）。

二、股份之收買　股份之收買者，乃公司自行將股份以代價買受也。公司如得任意自行收買股份，非特足以減少公司之資本、損害債權人之權益，且足以擾亂股票市場，釀成投機弊害，故本法原則上禁止之，但有左列情形之一者，則屬例外：

㈠特別股之收回　前已述及，茲不另贅。

㈡少數股東請求收買　股份有限公司應經股東會決議之事項，均採多數決，少數股東之意見，往往不受尊重。故本法爲保護少數股東之利益，承認少數股東有請求公司收買其股份之權利。茲細述如次：

1.得請求收買之原因　公司股東會如爲下列三項之決議：⑴締結、變更或終止關於出租全部營業，委託經營或與他人經常共同經營之契約。⑵讓與全部或主要部份之營業或財產。⑶受讓他人全部營業或財產，對公司營運有重大影響者。而股東於決議前已以書面通知公司反對該項行爲之意思表示，並於股東會已爲反對者，除上述⑵項之情形，同時決議解散者外，該股東得請求公司以當時公平價格收買其所有之股份（公一八六）。此外，公司與他公司合併，股東在集會前或集會中，以書面表示異議或以口頭表示異議經記錄者，得放棄表決權，而請求公司按當時公平價格收買其持有之股份（公三一七Ⅰ）。

2.請求收買之期間　少數股東請求收買股份之期間，應自上述決議之日起二十日內，提出記載股份種類及數額之書面爲之。否則，應解爲喪失其請求權（公一八七Ⅰ、一八八Ⅱ）。

3.收買價格之決定與支付價款之期間　股東與公司間協議決定股份價格者，公司應自決議日起九十日內支付價款。若自前述決議日起六十日內未達成收買價格之協議者，股東應於此期間經過後三十日內，聲請法院爲價格之裁定（公一八七Ⅱ）。公司對法院裁定之價格，自上述決議時起算至九十日期間屆滿日起，加給法定利息支付之。股份價款之支付，應與股票之支付同時爲之，股份之移轉，於價款支付時生效（公一八七Ⅲ）。

4.請求收買行爲之失效　少數股東收買股份之請求，於公司取消其前述收買原因之行爲時，失其效力（公一八八Ⅰ）。

㈢股東清算或受破產之宣告　公司於股東清算或受破產之宣告時，得按市價收回其股份，抵償其於清算或破產宣告前結欠公司之債務（公一六七Ⅰ）。

公司依上述㈡㈢項，收回或收買之股份，應於六個月內，按市價將其出售，逾期未經出售者，視爲公司未發行股份，並爲變更登記。公司負責人違反規定，將股份收回、收買或抬高價格，抵償債務或抑低價格出售時，各處一年以下有期徒刑、拘役或科或併科二萬元以下之罰金（公一六七Ⅱ、Ⅲ）。

三、**股份之設質** 股份係動產以外之財產權，得爲權利質權之標的（民九〇〇），以供債權之擔保。本法基於與收買股份之同一法律上之理由，禁止公司自將股份設定質權。公司負責人如有違反者，應與違反規定收買股份受相同之處罰（公一六七）。

第五節　股份有限公司之股票

第一項　股票之概念

股票者，乃表彰股東權之要式有價證券也。析言之：

一、**股票係表彰已經發生之股東權之證券** 非若票據之爲設權證券也。

二、**股票係要式證券** 股票應編號載明一定事項，由董事三人以上簽名蓋章，並經主管機關或其核定之發行登記機構簽證（公一六二Ｉ），其未具備此項要式者，無效。

三、**股票係有價證券** 股票屬於財產權之一種，故得爲強制執行之標的。又因股票爲有價證券，故其權利之轉讓，與證券之移轉，常伴隨而行。

股票記載股東之姓名者，曰記名股票；股票不記載股東之姓名者，曰無記名股票。公司得以章程規定發行無記名股票，但其股數不得超過已發行股份總數二分之一，並得因股東之請求，發給無記名股票或將無記名股票改爲記名式（公一六六）。惟不得由記名式之股票改爲無記名式。

第二項　股票之發行

一、股票發行之始期　公司非經設立登記後，不得發行股票。違反此項規定發行股票者，其股票無效，但持有人得對於發行股票人請求損害賠償。發行股票人並各科一萬五千元以下之罰金（公一六一）。公司應於設立登記或發行新股變更登記後，三個月內發行股票。公司負責人違反前述規定，不發行股票，除由主管機關責令限期發行外，各處二千元以上一萬元以下罰鍰；期滿仍未發行者，再責令限期發行，各處三千元以上二萬元以下罰鍰；期滿仍未發行者，得繼續責令限期發行，並按次連續各處三千元以上二萬元以下罰鍰，至發行股票爲止（公一六一之一）。

二、股票發行之款式　股票應編號，載明下列各款事項，由董事三人以上簽名蓋章，並經主管機關或其核定之發行登記機構簽證後發行之（公一六二Ｉ）：1.公司名稱。2.設立登記之年月日。3.股數及每股金額。4.本次發行股數。5.特別股票應標明其特別種類之字樣。6.特別股票應標明其特別種類之字樣。7.股票發行之年月日。上述各款，除5.款爲偶素外，其餘均爲股票之要素，非經記載，其股票無效。

記名股票應用股東本名，其爲同一人所有者，應記載同一本名，股票爲政府或法人所有者，應記載政府或法人之名稱，不得另立戶名或僅載代表人本名（公一六二Ⅱ）。

第三項　股票之轉讓與設質

一、**股票之轉讓**　股票得自由轉讓，公司不得以章程禁止或限制之，但非於公司設立登記後，不得轉讓。發起人之股票，非於公司設立登記一年後，不得轉讓（公一六三）。其轉讓方法，因記名式或無記名式而有異，玆分述如後：

㈠記名股票　記名股票，由股票持有人以背書轉讓之（公一六四），且非將受讓人之本名或名稱記載於股票，並將受讓人之本名或名稱及住所或居所，記載於公司股東名簿，不得以其轉讓對抗公司。上項股東名簿記載之變更，於股東常會開會前一個月內，股東臨時會開會前十五日內，或公司決定分派股息及紅利或其他利益之基準日前五日內不得爲之（公一六五）。

㈡無記名股票　本法對於無記名股票之轉讓，未設明文規定，故其轉讓自應依一般無記名有價證券之通例，以交付轉讓之。

二、**股票之設質**　股票係可讓與性之財產權，自得爲設定質權之標的。其以無記名股票爲質權之標的者，因交付其股票於質權人而生設定質權之效力。以記名股票爲標的者，並應依背書方法爲之（民九〇八）。

第四項　股票之繼承

股票既係表彰股東權之有價證券，自得因繼承事實而繼受取得。在繼承無記名股票時，持有股票之繼承人，即爲股東，惟在繼承記名股票時，應向公司提出有繼承權之證明文件，並將繼承人之姓名記載於股東名簿。否則，不得以之對抗公司。

第五項　股票之喪失

股票，無論爲記名式，抑係無記名式，均得轉讓，如因遺失、被盜或滅失而喪失者，自得依民事訴訟法之規定，聲請法院准爲公示催告，俟法院公示催告期間屆滿後，無人申報權利，再聲請法院爲宣告股票無效之除權判決，並憑該除權判決向公司請求另行補發新股票（民訴法五四五、五六四）。

第六節　股份有限公司之股東

第一項　股東之概念

股東者，乃公司股份之所有人，爲公司組織及存續之基礎，且爲公司法人最高意思機關股東會之構成份子。其因股東資格之取得，而對於公司享受權利負擔義務。

第二項　股東之權利

股東之權利甚夥，學說上可分爲左列四類：

一、**一般權與特別權**　股東之權利，以其歸屬之主體爲標準，可分爲一般權與特別權二者。前者指屬於一般股東之權利；後者則指專屬於特定股東之權利。

二、**固有權與非固有權**　股東之權利依其性質爲標準，可分爲固有權與非固有權二者。前者指非經股東同意，不得以股東會決議剝奪之權利。後者則指得以股東會決議剝奪之權利。

三、**自益權與共益權**　股東之權利，依其行使之目的爲標準，可分爲自益權與共益權二者。

前者指股東僅爲自己利益所行使之權利，如分派賸餘財產權（公三三〇）等是。後者則指股東兼爲公司利益所行使之權利，如對董事、監察人提起訴訟權（公二一三、二一四）等是。

四、**單獨股東權與少數股東權**　股東之權利，依其權利行使之方式爲標準，可分爲單獨股東權與少數股東權二者。前者指股東得單獨行使之權利，如股東會議之表決權（公一七九）等是。後者則指須有股份總數幾分之幾以上之股東，始得行使之權利，如檢查人之選任請求權（公二四五）等是。

第三項　股東之義務

股份有限公司之股東，有照所塡認股書繳納股款之義務（公一三九）。股份爲數人共有者，股份共有人對於公司負連帶繳納股款之義務（公一六〇Ⅱ）。因此股東對公司之責任，以繳清其股份之金額爲限（公一五四）。

第四項　股東名簿

一、**股東名簿之意義**　所謂股東名簿者，乃公司記載股東及其股份等事項之簿册也。

二、**股東名簿之功用**　股東名簿之功用有三：

㈠股東名簿乃申請公司設立登記，所不可或缺之文件（公四一九、四二〇）。

㈡股東名簿上載有全部股東之姓名、住所、股數、股別、股票號碼等資料，留存於本公司，不獨便於公司查考或送通知，且便於股東及公司之債權人查閱或抄錄（公二一〇）。

㈢記名股票之轉讓，非將受讓人之本名或名稱及住所或居所，記載於公司股東名簿，不得以其轉讓對抗公司（公一六五Ⅰ）。

三、股東名簿應記載之事項　股東名簿應編號記載左列各款事款（公一六九Ⅰ）：

㈠各股東之本名或名稱、住所或居所。

㈡各股東之股數及其股票號數。

㈢發給股票之年、月、日。

㈣發行無記名股票者，應記載其股數、號數及發行年、月、日。

㈤發行特別股者，並應註明特別種類字樣。

鑑於股權日漸分散，股東人數及事務迅速增加，人工操作往往不足適應，採用機器處理爲必然之趨勢。因此本法規定採電腦作業或機械處理者，前述之資料得以附表補充之（公一六九Ⅱ）。

代表公司之董事，應將股東名簿備置於本公司或其指定之股務代理機構，違反者處一千元以上五千元以下罰鍰；公司負責人違反者處一千元以上五千元以下罰鍰；公司負責人所備股東名簿有虛僞記載時，依刑法或特別刑法有關規定處罰（公一六九Ⅲ）。

第七節　股份有限公司之機關

第一項　股東會

一、股東會之意義　股東會係由公司全體股東所組織成立。其爲公司之最高意思機關，亦即公司表示意思及決議之最高機關。

二、股東會之種類

㈠股東常會　股東常會每年至少召集一次（公一七〇Ⅰ）。股東常會應於每營業年度終結後六個月內召集之，但有正當事由經報請主管機關核准者，則不在此限（公一七〇Ⅱ）。代表公司之董事違反前述召集期限之規定時，處二千元以上一萬元以下罰鍰（公一七〇Ⅲ）。

㈡股東臨時會　股東臨時會於必要時召集之。所謂必要時，係依據事實需要，由有權召集者認定之。

㈢特別股東會　爲僅由特別股股東出席之會議。此在公司變更章程，損害特別股股東之權利時，召集之（公一五九）。

三、股東會之召集

㈠召集人　股東會之召集，原則上，由董事會召集之（公一七一），惟監察人認爲必要時，亦得召集股東會（公二二〇）。繼續一年以上，持有已發行股份總數百分之三以上股份之股東，得以書面記明提議事項及其理由，請求董事會召集股東臨時會（公一七三Ⅰ）。上項請求召集股東臨時會提出後十五日內，董事會不爲召集之通知時，股東得報經地方主管機關許可，自行召集（公一七三Ⅱ）。董事或監察人因股份轉讓或其他理由，致不能依本法之規定召集股東會時，得由持有已發行股份總數百分之三以上股份之股東，報請地方主管機關許可，自行召集（公一七三Ⅳ）。法院對於檢查人之報告認爲必要時，得命監察人召集股東會（公二四五Ⅱ）。公司之清算人，亦有召集股東會之權（公三二四）。

㈡召集程序　股東會之召集程序，除經股東會決議在五日內延期或續行集會外，因其爲股東常會或臨時會而異，在股東常會之召集，應於二十日前通知各股東，對於持有無記名股票者，應於三十日前公告之（公一七二Ⅰ）。在臨時股東會之召集，應於十日前通知各股東，對於持有無記名股票者，應於十五日前公告之（公一七二Ⅱ）。通知及公告應載明召集事由。此項召集事由，得列臨時動議，但關於改選董事、監察人、變更章程或公司解散或合併之事項，應在事由中列舉，不得以臨時動議提出。公司負責人違反上開通知期限之規定時，處一千元以上五千元以下之罰鍰（公一七二Ⅲ、Ⅳ、Ⅵ）。

上述通知、公告及召集事由，於無表決權之股東，不適用之（公一七二Ⅴ）。

四、股東會之職權

㈠查核董事會造具之表册及監察人之報告

董事會有將其所造具之各項表册，提出於股東會請求承認之義務（公二三〇Ⅰ）。監察人對於董事會編造提出於股東會之各種表册，則應核對簿據調查實況報告意見於股東會（公二一九Ｉ）。股東會得查核上開董事會造具之表册及監察人之報告，執行此項查核時，股東會得選任檢查人。對於查核有妨礙之行爲時，各科二萬元以下之罰金（公一八四）。

㈡聽取報告

1.董事報告　⑴公司虧損資本達總額三分之一時，董事會應即召集股東會報告（公二一一Ｉ），⑵公司經董事會決議後，得募集公司債，但須將募集公司債之原因及有關事項報告股東會（公二四六Ｉ）。

2.監察人或檢查人之報告　⑴對於董事會編造提出於股東會之各種表册，經核對簿據調查實況後，應報告其意見於股東會（公一八四ＩⅡ、二一九Ｉ）。⑵關於清算完結，應行檢查事項，報告於股東會，提請承認（公三三一）。

㈢決議　左列事項應經股東會決議行之：

1.通常事項：⑴董事之選任、解任及其報酬（公一九二、一九六、一九九）。⑵董事違反禁止之行爲之歸入（公二〇九Ⅲ）。⑶對於董事提起訴訟與另選代表公司爲訴訟之人（公二一三）。⑷監察人之選任、解任及其報酬（公二一六、二二七）。⑸對於監察人提起訴訟與另選代表公司爲訴訟之人（公二二五）。⑹承認董事會所造具之會計表册（公二三〇）。⑺決議分派盈餘之股息紅利（公一八四Ｉ）。⑻檢查人之選任（公一七三、一八四Ⅱ、三三一）。⑼清算人之選任、解任及其報酬（公三二二、三二三、三二五）。

2.特別事項　⑴締結、變更或終止關於出租全部營業委託經營或與他人經常共同經營之契約（公一八五Ⅰ1）。⑵讓與全部或主要部份之營業或財產（公一八五Ⅰ2）。⑶受讓他人全部營業或財產，對公司營運有重大影響者（公一八五Ⅰ3）。⑷董事爲競業禁止之行爲之許可（公二〇九Ⅱ）。⑸以應分派之股息及紅利之全部或一部發行新股（公二四〇）。⑹變更章程與增減資本（公二七七）。⑺公司之解散與合併（公三一六）。

上開特別事項中之⑴⑵⑶各款事項，應由有三分之二以上董事出席之董事會，以出席董事過半數之決議提出之（公一八五Ⅴ），股東會則不得爲此項之提案人。公開發行股票之公司，出席股東之股份總數不足前述定額者，得以有代表已發行股份總數過半數股東之出席，出席表決權三分之二以上同意行之（公一八五Ⅱ）。前述出席股東股份總數及表決權數，章程有較高之規定者，從其規定（公一八五Ⅲ）。公司爲此項行爲而召集股東會者，應將該行爲之要領，記載於本法第一七二條所定之通知及公告（公一八五Ⅳ）。

五、股東會之表決權

㈠表決權之限制　公司各股東，除有本法第一五七條第三款之情形外，每股有一表決權，但一股東而有已發行股份總數百分之三以上者，應以章程限制其表決權，以防止公司爲大股東所操縱。至公司依法自己持有之股份，則無表決權（公一七九）。

㈡政府或法人股東之表決權　政府或法人為股份有限公司之股東時，其出席股東會之代表人不限於一人，但其表決權之行使，仍以其所持有之股份綜合計算。前述之代表人有二人以上時，其代表人行使表決權應共同為之（公一八一）。

㈢表決權之代理行使　股東得於每次股東會，出具公司印發之委託書，載明授權範圍，委託代理人，出席股東會。除信託事業外，一人同時受二人以上股東委託時，其代理之表決權不得超過已發行股份總數表決權之百分之三，超過時，其超過之表決權，不予計算。一股東以出具一委託書，並以委託一人為限，應於股東會開會五日前送達公司，委託書有重複時，以最先送達者為準，但聲明撤銷前委託者，不在此限（公一七七）。

㈣表決權行使之限制　股東對於會議之事項，有自身利害關係致有害於公司利益之虞時，不得加入表決，並不得代理他股東行使其表決權（公一七八）。

六、**股東會之決議方式**　股東會之決議，以已發行股份之總數為計算標準，惟為期決議方法之計算正確起見，對無表決權股東之股份數，則不算入已發行股份之總數（公一八〇Ⅰ）。且對依本法第一七八條規定因有自身利害關係不得行使表決權之股份數，亦不算入已出席股東之表決權數（公一八〇Ⅱ）。茲就股東會之決議方式，分述於後：

㈠通常決議　股東會之決議，除本法另有規定外，應有代表已發行股份總數過半數股東之出席，以出席股東表決權過半數之同意行之（公一七四）。

㈡特別決議　特別決議者，係對通常決議而言，卽指公司法特別規定之決議也。如公司合併或解散之決議，應有代表已發行股份總數四分之三以上股東之出席，以出席股東表決權過半數之同意行之（公三一六Ⅰ）公開發行股票之公司，出席股東之股份數額不足前述定額者，得以有代表已發行股份總數過半數股東之出席，出席股東表決權四分之三以上之同意行之（公三一六Ⅱ）。前述出席股東股份總數及表決權數，章程有較高之規定者，從其規定（公三一六Ⅲ）。又如公司變更章程之決議、董事爲競業禁止行爲許可之決議、公司將應分派股息及紅利之全部或一部，以發行新股之方式爲之之決議，以及公司爲本法第一八五條第一項各款之行爲之決議等，則應有代表已發行股份總數三分之二以上之股東出席，以出席股東表決權過半數之同意行之。公開發行股票之公司，出席股東之股份總數不足前述定額者，得以有代表已發行股份總數過半數股東之出席，出席股東表決權三分之二以上之同意行之。（公二七七、二〇九、二四〇、一八五）

㈢假決議　應行通常決議之事項，出席股東不足定額，而有代表已發行股份總數三分之一以上股東出席時，得以出席股東表決權過半數之同意，爲假決議，並將假決議通知各股東，於一個月內再行召集股東會，其發有無記名股票者，並應將假決議公告之。再行召集之股東會，對於假決議，如仍有已發行股份總數三分之一以上股東出席，並經出席股東表決權過半數之同意，視同正式之通常決議（公一七五）。

七、股東會之議事錄　股東會之議決事項，應作成議事錄，由主席簽名蓋章，並於會後十五日內，將議事錄分發各股東。議事錄應記載會議之時日及場所，主席之姓名及決議之方法，並應記載議事經過之要領及其結果。議事錄應與出席股東之簽名簿及代理出席之委託書一併保存。代表公司之董事，違反前述規定，不保存議事錄、股東出席簽名簿及代表出席委託書者，處一千元以上五千元以下罰鍰；公司負責人有虛僞記載時，依刑法或特別刑法有關規定處罰（公一八三）。

八、股東會決議違法之救濟

㈠程序違法之救濟　股東會之召集程序或其決議方法，違反法令或章程時，股東得自決議之日起一個月內，訴請法院撤銷其決議（公一八九）。此項訴訟，乃形成之訴，以公司爲被告（23上二二六七判例）。法院撤銷決議之判決確定時，該次股東會如係召集程序違法者，撤銷其全部決議，如係決議方法違法者，則僅撤銷該特定決議之事項。該判決之效力，不獨及於公司，且及於與該決議有利害關係之第三人（最高法院三一、九、二二決議錄）。

決議事項已爲登記者，經法院爲撤銷決議之判決確定後，主管機關經法院之通知或利害關係人之聲請時，應撤銷其登記（公一九〇）。

㈡內容違法之救濟　股東會決議之內容，違反法令或章程者，自始無效（公一九一）。惟該決議內容是否違反法令或章程，公司與股東間有爭執時，得提起確認之訴，以確認之。

第二項　董事及董事會

董事者，代表法人執行法人業務之必要及常設機關也。本法爲強化事權，明確責任，特規定股份有限公司之董事須組織董事會。董事會爲公司執行業務之必要集體機構。公司業務之執行，須由董事會決定之，並以董事長爲公司對外之代表。玆就有關董事及董事會之規定，逐次說明之：

一、董事

㈠董事之資格　董事須由股東會就有行爲能力之股東中選任之（公一九二Ⅰ），故董事不獨須爲公司之股東，且須具有完全之行爲能力。限制行爲能力人雖得其法定代理人允許其獨立營業，亦不得當選爲董事（公一九二Ⅱ）。董事與公司間之關係，除本法另有規定外，依民法關於委任之規定（公一九二Ⅲ）。此外，有左列情事之一者，不得被選任爲董事，其已選任者，解任之，並由主管機關撤銷其董事之登記：⑴曾犯內亂外患罪，經判決確定或通緝有案尙未結案者。⑵曾犯詐欺背信侵占罪或違反工商管理法令經受有期徒刑一年以上刑之宣告，服刑期滿尙未逾二年者。⑶曾服公務虧空公款經判決確定服刑期滿尙未逾二年者。⑷受破產之宣告尙未復權者。⑸有重大喪失債信情事尙未了結或了結後尙未逾二年者（公一九二Ⅳ、三〇）。

㈡董事之選任　董事之選任，屬於股東會之職權，惟公司設立之初，無所謂股東會，故公司第一屆董事，在公司爲發起設立者，應由發起人選任之（公一三一Ⅰ）；在招募設立者，應由創立會選任之（公一四六Ⅰ）。至其選任之方法，本法爲防止大股東之操縱起見，採累積選舉法，即股東會選任董事時，每一股份有與應選出董事人數相同之選舉權，得集中選舉一人，或分配選舉數人，由所得選票代表選舉權較多者，當選爲董事（公一九八Ⅰ）。本法第一七八條之規定，對於股東之上項選舉權，不適用之（公一九八Ⅳ），故股東行使選舉權時，得以自己爲被選舉人。

㈢董事之解任　董事之解任原因有四：

1.決議解任　董事與公司之間，乃係委任關係，公司若有正當理由，得隨時以股東會之決議將董事解任，但董事定有任期者，如無正當理由而於任滿前將其解任時，董事得向公司請求賠償因此所受之損害（公一九九）。

2.當然解任　董事經選任後，應向主管機關申報，其選任當時所持有之公司股份數額，在任期中不得轉讓其二分之一以上，超過二分之一時，其董事當然解任（公一九七Ⅰ）。董事在任期中其股份有增減時，應向主管機關申報並公告之（公一九七Ⅱ）。

3.判決解任　董事執行業務，有重大損害公司之行爲或違反法令或章程之重大事項，股東會未爲決議將其解任時，得由繼續一年以上持有已發行股份總數百分之三以上股份之股東，於股東會後三十日內，訴請法院裁判之（公二〇〇）。

4.其他原因解任　董事之解任，除上述原因外，如董事自行辭職、公司解散、董事死亡、公司或董事破產、董事喪失行爲能力或經判決入獄（公一九二）等，亦均爲董事解任之原因。

㈣董事之人數　董事乃公司常設之執行機關，其人數至少須爲三人（公一九二Ⅰ），最多則無限制，可視公司業務範圍之大小，於章程中定之。惟人數似以單數爲宜，蓋董事會之決議，除本法另有規定外，應有過半數董事之同意行之，如係偶數，易發生可否同數之問題。

董事缺額達三分之一時，應即召集股東臨時會補選之。董事缺額未及補選而有必要時，得以原選次多數之被選人代行職務（公二〇一）。

㈤董事之任期　董事之任期，依章程之所定，惟不得逾三年，但得連選連任。董事之任期屆滿而不及改選時，延長其執行職務至改選董事就任時爲止；但主管機關得依職權限期令其改選；逾期仍不改選者，公司負責人各處一千元以上五千元以下罰鍰，並再限期令其改選；期滿仍不改選者，得繼續限期令其改選，並按次連續各處二千元以上一萬元以下罰鍰，至改選爲止（公一九五）。

㈥董事之報酬　董事職司公司業務之執行，責任繁重，自應給予相當之報酬。董事之報酬，章程中有規定者，自應依章程之所定，如未經章程訂明者，則由股東會議定（公一九六）。

㈦董事之競業禁止　董事爲自己或他人爲屬於公司營業範圍內之行爲，應對股東會說明其行爲之重要內容，並取得其許可，以防止與公司爭利。股東會爲上項許可之決議，應有代表已發行股份總數三分之二以上股東之出席，以出席股東表決權過半數之同意行之。公開發行股票之公司，出席股東之股份總數不足前述定額者，得以有代表已發行股份總數過半數股東之出席，出席表決權三分之二以上之同意行之。前述股東股份總數及表決權數，章程有較高之規定者，從其規定。董事未經股東會之許可而爲競業禁止之行爲時，股東會得以決議，將該行爲之所得視爲公司之所得，但自所得產生後逾一年者，不在此限（公二〇九）。

㈧董事之責任　董事應負之責任有二：

1.對於公司之責任　公司與董事間之關係，除公司法另有規定外，依民法關於委任之規定（公一九二Ⅱ）。故董事處理公司事務，應以善良管理人之注意爲之（民五三五）。其因處理公司事務有過失，或因逾越權限之行爲所生之損害，對於公司應負賠償之責（民五四四）。董事會對執行業務之決議，如違反法令、章程及股東會之決議，自屬欠缺善良管理人之注意，其致公司受損害時，參與決議之董事，對於公司負賠償之責。惟經表示異議之董事，有記錄或書面聲明可證者，免其責任（公一九三Ⅱ）。

2.對於第三人之責任　董事對於公司業務之執行，如有違反法令致他人受損害時，對他人應與公司負連帶賠償之責（公二三）。

㈨對於董事之訴訟

1.訴訟程序

⑴公司對董事之訴訟　股東會決議對於董事提起訴訟時，公司應自決議之日起一個月內

提起之（公二一二）。惟公司與董事間之訴訟，除法律另有規定外，由監察人代表公司，股東會亦得另選代表公司爲訴訟之人（公二一三）。

⑵少數股東對董事之訴訟　爲保障少數股東之權益，凡繼續一年以上持有已發行股份總數百分之五以上之股東，得以書面請求監察人爲公司，對董事提起訴訟（公二一四Ⅰ）。監察人自有上述之請求日起，三十日內不提起訴訟時，上述之少數股東，得爲公司提起訴訟（公二一四Ⅱ前）。

2.訴訟效果：

⑴起訴股東之責任

①少數股東爲公司對董事提起訴訟時，法院因被告之聲請，得命起訴之股東，提供相當擔保，如因敗訴，致公司受有損害時，起訴之股東，對於公司負賠償之責（公二一四Ⅱ後）。

②少數股東爲公司對董事提起之訴訟，而所依據之事實，顯屬虛構，經終局判決確定時，提起此項訴訟之股東，對於被訴之董事，因此訴訟所受之損害，負賠償責任（公二一五Ⅰ）。

⑵敗訴董事之責任　少數股東提起訴訟所依據之事實，顯屬實在，經終局判決確定時，被訴之董事，對於起訴之股東，因此訴訟所受之損害，負賠償責任（公二一五Ⅱ）。

二、董事會

㈠董事會及常務董事會之組織　董事會係股份有限公司執行業務之必要集體機關，已如前述，故公司之董事，必須組成董事會，公司業務之執行，均由董事會決定之（公二〇二）。董事會係由三人以上之董事所組織。董事會未設常務董事者，應由三分之二以上董事之出席，及出席董事過半數之同意，互選一人爲董事長，並得依章程規定之人數，以同一方式，互選一人爲副董事長（公二〇八Ⅰ）。董事會設有常務董事者，其常務董事依前項選舉方式互選之，名額至少三人，最多不得超過董事人數三分之一。董事長或副董事長，由常務董事依前述選舉方式互選之（公二〇八Ⅱ）。董事長須有中華民國國籍，並在國內有住所，常務董事須半數以上在國內有住所（公二〇八Ⅴ）。

董事長對內爲股東會、董事會及常務董事會主席，對外代表公司。董事長請假或因故不能行使職權時，由董事長指定常務董事一人代理之，其未設常務董事者，指定董事一人代理之，董事長未指定代理人者，由常務董事或董事互推一人代理之（公二〇八Ⅲ）。

㈡董事會及常務董事之召集　董事會由董事長召集。但每屆第一次董事會，由所得選票代表選舉權最多之董事召集之。每屆第一次董事會應於改選後十五日內召集之。但董事係於上屆董事任滿前改選者，應於上屆董事任滿後十五日內召集之。第一次董事會之召集，出席之董事未達選舉常務董事或董事長之最低出席人數時，原召集人應於十五日內繼續召集，並得適用第二〇六條之決議方法選舉之。得選票代表選舉權最多之董事，未在前述限期內召集董事會時，得由五分之一以上當選之董事報經地方主管機關許可，自行召集之（公二〇三）。董事會之召集，除有緊急情事得隨時召集外，應載明事由於七日前通知各董事（公二〇四）。

常務董事會於董事會休會時，依法令章程，股東會決議及董事會決議，以集會方式經常執行董事會職權，由董事長隨時召集，以半數以上常務董事之出席，及出席過半數之決議行之（公二〇八Ⅳ）。

㈢董事會及常務董事會之決議方法　董事會開會時，董事原則上應親自出席，惟公司章程訂定得由其他董事代理者，不在此限。董事因章程之許可而委託其他董事代理出席董事會時，應於每次出具委託書，並列舉召集事由之授權範圍。其代理人以受一人委託爲限，俾防止董事會爲人操縱（公二〇五Ⅰ、Ⅱ、Ⅲ）。又爲便利僑外投資人起見，董事居住國外者，得以書面委託居住國內之其他股東，經常代理出席董事會。惟應向主管機關申請登記，變更時亦同（公二〇五Ⅳ、Ⅴ）。

董事會之決議方法，有普通決議與特別決議二種。其爲通常決議時，應有過半數董事之出席，以出席董事過半數之同意行之（公二〇六）。董事對於會議之事項，有自身利害關係，致有害於公司利益之虞時，不得加入表決，並不得代理他董事行使其表決權（公二〇六Ⅱ、一七八）。不得行使表決權之董事，亦不算入已出席之表決權數（公二〇六Ⅱ、一八〇Ⅱ）；爲特別決議時，應有三分之二以上董事出席，以出席董事過半數之同意行之。如董事長、副董事長或常務董事之選任、公司債之募集，及新股之發行等決議均屬之（二〇八Ⅰ、二四六、二六六Ⅱ、二八二）。

1.董事會之職權與義務

(1)董事會之職權　董事會之職權有二：

①執行業務　公司業務之執行，由董事會決定之。除本法或章程規定，應由股東會決議之事項外，均得由董事會決議行之（公二〇二）。故董事會之職權極爲廣泛，舉凡經理人之委任、解任及其報酬之決定、股東會之召集、董事長常務董事之選任、各項會計表册之編造、公司債之募集、新股之發行等均屬之。

董事會執行業務，應依照法令章程及股東會之決議（公一九三Ⅰ）。若董事會之決議，違反上項規定，致公司受有損害時，參與決議之董事，對於公司負賠償之責，但經表示異議之董事有紀錄及書面聲明可證者，免其責任（公一九三Ⅱ）。

董事會決議，爲公司登記業務範圍以外之行爲，或爲其他違反法令或章程之行爲時，繼續一年以上持有股份之股東，得請求董事會停止其行爲（公一九四）。

②代表公司　董事會應依規定方式互選一人爲董事長（公二〇八Ⅰ）。董事長對外

代表公司。其請假或因故不能行使職權時，由副董事長代理之，無副董事長或副董事長亦請假或因故不能行使職權時，由董事長指定常務董事一人代理之；其未設常務董事者，指定董事一人代理之，董事長未指定代理人者，由常務董事或董事互推一人代理之（公二〇八Ⅲ）。代表公司之董事長，關於營業上之一切事務，均有辦理之權（公二〇八Ⅵ、五七）。公司對於董事長代表權所加之限制，不得對抗善意第三人（公二〇八Ⅵ、五八）。

⑵董事會之義務　董事會之義務有四：

①作成並保存董事會之議事錄　董事會之議事，應作成議事錄。此項議事錄準用股東會議事錄之有關規定，即由主席簽名蓋章，並於會後十五日內，將議事錄分發各董事。議事錄應記載會議年、月、日及場所，主席之姓名及決議之方法，並記載議事經過之要領及其結果。議事錄應與出席股東之簽名簿及代理出席之委託書一併保存。代表公司之董事，違反前述規定，不保存議事錄、董事出席簽名簿及代表出席委託書者，處一千元以上五千元以下罰鍰；公司負責人有虛僞記載時，依刑法或特別刑法有關規定處罰（公二〇七Ⅱ、一八三）。

②備置章程及簿册　董事會應將章程及歷屆股東會議事錄、資產負債表、損益表，備置於本公司及分公司，並將股東名簿及公司債存根簿，備置於本公司或股務代理人營業處所。上述章程及簿册，股東及公司之債權人得檢具利害關係證明文件，指定範圍，隨時請求查閱或抄

錄。代表公司之董事違反前述規定，不備置章程、簿册、或違反前述規定無正當理由而拒絕查閱或抄錄者，處一千元以上五千元以下罰鍰；公司負責人所備章程、簿册有虛僞記載時，依刑法或特別刑法有關規定處罰（公二一〇）。

③報告資本虧損　公司虧損資本達實收資本額二分之一時，董事會應卽召集股東會報告（公二一一Ⅰ）。董事如有違反時，科二萬元以下罰金（公二一一Ⅲ）。

④聲請宣告公司破產　公司資產顯有不足抵償其所負債務時，除得依本法規定辦理重整外，董事會應卽聲請宣告破產。董事如有違反時，科二萬元以下罰金(公二一一Ⅱ、Ⅲ)。

2.常務董事會之職權與義務　常務董事會於董事會休會時，依法令章程、股東會決議及董事會決議，以集會方式經常執行公司業務，由董事長隨時召集，以半數以上常務董事之出席，及出席過半數之決議行之(公二〇八Ⅳ)。其得決議之事項，以公司日常事務爲限，如涉及公司業務原則性之問題，仍應由董事會決定之。

第三項　監察人

一、監察人之意義　監察人，乃股份有限公司之常設監督機關。其主要權限在董監事督之執行業務。其與公司之關係，係屬委任關係，適用民法關於委任之規定(公二一六Ⅱ)。監察人既係職司監督糾察，故不得兼任公司董事及經理人（公二二二）。

二、監察人之資格　公司監察人應就有行爲能力人之股東中選任之，限制行爲能力人縱得其法定代理人允許獨立營業，亦不得被選爲監察人（公二一六Ⅰ、Ⅲ、一九二Ⅰ、Ⅱ）。監察人中至少須有一人在國內有住所。

三、監察人之人數　監察人之人數，至少須爲一人（公二一六Ⅲ），最多則無限制，可視公司之需要，以章程定之（公一二九Ⅰ6）。

四、監察人之任免及報酬　監察人之選任方法、解任事由及其報酬，均準用董事之有關規定（公二二七、一九六至二〇〇），詳前說明，茲不另贅。

五、監察人之任期　監察人之任期，應於章程定之，最長不得逾三年，但得連選連任（公二一九6、二一七Ⅰ）。監察人任期屆滿而不及改選時，延長其執行職務至改選監察人就任時爲止，但主管機關得依職權，限期令其改選，逾期仍不改選者，公司負責人各處一千元以上五千元以下罰鍰，並再限期令其改選；期滿仍不改選者，得繼續限期令其改選，並按次連續各處二千元以上一萬元以下罰鍰，至改選爲止（公二一七Ⅱ）。

六、監察人之職權　監察人之職機，主要在監督公司業務之執行，其行使監察權，各得單獨爲之（公二二一），惟有時亦得代表公司。茲就本法關於監察人職權之規定，分別列舉如後：

㈠申請設立登記　股份有限公司無論係發起設立抑係招募設立，均應由監察人會同董事申請爲設立之登記（公四一九、四二〇）。

(二)查核設立事項之報告　在公司招募設立時，監察人應就本法第四一九條第一項第一款至第六款所列及其他關於設立之必要事項，爲切實之調查並向創立會報告（公一四六Ⅰ）。

(三)檢查業務　監察人得隨時調查公司業務及財務狀況，查核簿册文件，並得請求董事會提出報告。監察人辦理上項事務，得代表公司委託律師、會計師審核之。如有違反規定妨礙監察人之檢查行爲者，各科二萬元以下罰金（公二一八），董事發現公司有受重大損害之虞時，應立即向監察人報告（公二一八之一）。

(四)通知董事會停止行爲　董事會執行業務有違反法令章程之行爲，或經營登記範圍以外之業務時，監察人應卽通知董事會停止其行爲（公二一八之二）。

(五)查核表册　監察人對於董事會編造提出於股東會之各種表册，應核對簿據調查實況報告意見於股東會。其辦理上項事務，得委託會計師審核之。如違反規定而爲虛僞之報告時，各科二萬元以下罰金（公二一九）。

(六)召集股東會　監察人認爲必要時，得召集股東會（公二二〇）。又法院對於檢查人之報告認爲必要時，亦得命監察人召集股東會（公二四五Ⅱ）。

(七)代表公司交涉　董事爲自己或他人與公司有交涉時，由監察人爲公司之代表（公二二三）。

㈧代表公司訴訟　公司與董事間訴訟，除法律另有規定或股東會另選有訴訟代表外，由監察人代表公司（公二一三），並得應少數股東之書面請求，為公司對董事提起訴訟（公二一四）。

㈨審查清算表册　公司清算完結時，清算人應於十五日內，造具清算期內收支表、損益表連同各項範册，送經監察人審查，並提請股東會承認（公三三一Ⅰ）。

七、監察人之責任

㈠對於公司之責任　監察人與公司間之關係，從民法關於委任之規定，故監察人處理監察事務應盡善良管理人之注意，如因怠忽監察職務，致公司受有損害者，對公司負賠償責任（公二二四）。

㈡對於第三人之責任　監察人對於其職務之執行，如有違反法令致他人受有損害時，對他人應與公司負連帶賠償之責（公二三）。監察人對於公司或第三人負損害賠償責任，而董事亦負其責任時，該監察人及董事為連帶債務人（公二二六）。

八、對於監察人之訴訟

㈠訴訟程序

1.公司對監察人之訴訟　股東會決議，對於監察人提起訴訟時，公司應自決議之日起一個月內提起之。此項起訴之代表，股東會得於董事外另行選任（公二二五）。

2.少數股東對監察人之訴訟　繼續一年以上持有已發行股份總數百分之五以上之股東，得以書面請求董事會為公司對監察人提起訴訟。董事會於請求之日起三十日內不提起訴訟時，此項少數股東，得為公司提起訴訟（公二二七、二一四）。

㈡訴訟效果

1.少數股東為公司自行對監察人提起訴訟時，法院因被告之聲請，得命起訴之股東，提供相當擔保，如因敗訴，致公司受有損害時，起訴之股東，對公司負賠償之責（公二二七、二一四）。

2.少數股東為公司對監察人提起之訴訟，所依據之事實，顯屬虛構，經終局判決確定時，提起此項訴訟之少數股東，對於被訴之監察人，因此訴訟所受之損害，負賠償責任（公二二七、二一五Ｉ）。

3.少數股東為公司對監察人提起之訴訟，所依據之事實，顯屬實在，經終局判決確定時，被訴之監察人，對於起訴之少數股東，因此所受之損害，負賠償責任（公二二七、二一五Ⅱ）。

第八節　股份有限公司之會計

第一項　主辦會計人員之任免

股份有限公司會計事務之處理，應設置會計人員辦理之。其主辦會計人員之任免，應由董事過半數之同意行之，惟會計人員辦理會計事務，則應受經理人之指揮監督（商業會計法第五條）。此乃法律之強制規定，公司不得以章程變更之。

第二項　決算表册之編造

每營業年度終了，董事會應依中央主管機關規定之規章編造下列表册，於股東常會開會三十日前交監察人查核，監察人並得請求提前交付查核：㈠營業報告書。㈡資產負債表。㈢主要財產之財產目錄。㈣損益表。㈤股東權益變動表。㈥現金流量表。㈦盈餘分派或虧損撥補之議案。公司負責人對上述所列表册有虛僞之記載時，依刑法或特別刑法有關規定處罰（公二二八）。

董事會所造具之各項表册與監察人之報告書，應於股東常會開會十日前，備置於本公司，股東得隨時查閱，並得偕同其所委託之律師或會計師查閱（公二二九）。

董事會編造之決算表册，有關固定資產重估價值，須依法辦理之，亦卽依商業會計法、所得稅法及行政院依法制定之資產重估價實施辦法之有關規定辦理之。其有價證券及存貨之溢價，非至實現不得入帳（公二三六），以求確實。此外，左列各項，本法爲避免其全部一次列算影響該年度之盈餘起見，准予分期攤銷：

一、應歸公司負擔之設立費用及發起人所受之報酬或特別利益與爲設立登記支出之規費，得列入資產負債表之資產項下。此項金額，應於開業後五年內之每一決算期，平均攤銷之（公二四二）。

二、發行新股或公司債時，爲發行所支出之必要費用，得列入資產負債表之資產項下。此項金額，應於新股發行後三年內或公司債之償還期限內之每一決算期，平均攤銷之（公二四三）。

三、應償還公司債債權之總金額，超過依公司債募集所得實額之差額，得列入資產負債表之資產項下。此項金額，應於公司債償還期限內之每一決算期，平均攤銷之（公二四四）。

四、公司於開始營業前分派股息時，此項分派股息之金額，得以預付股息列入資產負債表之資產項下，於公司開始營業後，每屆分派股息及紅利超過已收資本總額百分之六時，應以其超過之金額扣抵沖銷之（公二三四Ⅱ）。

第三項　決算表册之承認與公告

董事會應將其所造具之各項表册，提出於股東常會請求承認，經股東常會承認後，董事會應將資產負債表、損益表、股東權益變動表、現金流量表及盈餘分派或虧損撥補之決議，分發各股東。前述表册及決議，公司債權人得要求給予或抄錄。代表公司之董事，違反前述規定不爲分發時，處二千元以上一萬元以下罰鍰（公二三〇）。各項表册經股東會決議承認後，視爲公司已解除董事及監察人之責任，但董事或監察人有不法行爲者，不在此限（公二三一）。

第四項　會計事項之檢查

董事或監察人，對其職責，難免不無疏誤，或怠於執行之處。故本法許繼續一年以上持有已發行股份總數百分之三以上之股東，得聲請法院選派檢查人，檢查公司業務帳目及財產情形。法院對於檢查人之報告認爲必要時，得命監察人召集股東會。對於檢查人之檢查有妨礙行爲者，或監察人不遵照法院命令召集股東會者，各科二萬元以下罰金（公二四五）。

第五項　公積之提存

一、**公積之概念**　公積者，乃公司在決算時，提出一部盈餘，由公司保留，而不分派於股東，以備將來在公司虧損時，作爲彌補損失或其他特定用途之謂也。蓋股份有限公司之財產爲公司債權人之唯一擔保，若財產減損，無法彌補，對於債權人殊爲不利，故法律特使股份有限公司，逐年提取盈餘之一部爲公積，以備彌補損失，充實公司財產。公積之種類，在本法上有法定公積、任意公積及資本公積之分。茲分述如次：

二、**法定盈餘公積**　法定盈餘公積者，乃法律強制規定之公積也，又稱強制公積。亦卽公司於完納一切稅捐後，分派盈餘時，應先提出百分之十爲法定盈餘公積，但法定盈餘公積，已達資本總額時，不在此限。公司負責人違反上述規定，不提法定盈餘公積時，各科二萬元以下罰金（公二三七Ⅰ、Ⅲ）。

三、特別盈餘公積　特別盈餘公積者，乃法律不予限制，悉由公司章程或股東會任意決定之公積也，又稱任意公積。換言之，亦卽公司於法定盈餘公積外，以章程或股東會決議，另提之特別盈餘公積（公二三七Ⅱ）。

四、資本公積　資本公積者，係直接從資本或其他原因中所提存之公積也。換言之，資本公積係由盈餘以外之財源中提出者。依本法規定，左列金額，應累積爲資本公積（公二三八）：

㈠超過票面金額發行股票所得之溢價。

㈡每一營業年度，自資產之估價增值，扣除估價減值之溢額。

㈢處分資產之溢價收入。

㈣自因合併而消滅之公司，所承受之資產價額，減除自該公司所承擔之債務額及向該公司股東給付額之餘額。

㈤受領贈與之所得。

五、公積撥充資本　公司發行新股時，得由發行股份總數三分之二以上股東出席之股東會，以出席股東表決權過半數之決議增加資本，將公積之全部或一部撥充資本，按股東原有股份之比例發給新股（公二四一Ⅰ）。上項增加，於爲該項決議之股東會終結時，卽生效力，董事會應卽分別通知各股東，其發行無記名股票者，並應公告之（公二四一Ⅱ）。以法定盈餘公積撥充資本者，以該項公積已達實收資本百分之五十，並以撥充其半數爲限（公二四一Ⅲ）。

六、公積使用之限制　法定盈餘公積及資本公積，除塡補公司虧損外，不得使用之。但本法第二四一條規定之撥充資本或法律另有規定者，不在此限。公司非於盈餘公積塡補資本虧損，仍有不足時，不得以資本公積補充之（公二三九）。至特別盈餘公積，則不受上述之限制。

第六項　股息及紅利之分派

一、股息及紅利之分派　股息及紅利之分派，除公司章程另有訂定外，以各股東持有股份之比例爲準（公二三五Ⅰ）。章程應訂明員工分配紅利之成數。但經目的事業主管機關專案核定者，不在此限（公二三五Ⅱ）。公營事業除經該公營事業之主管機關專案核定並於章程訂明員工分配紅利之成數外，不適用前項前段之規定（公二三五Ⅲ）。惟公司非彌補虧損及提出法定盈餘公積後，不得分派股息及紅利。卽公司無盈餘時，亦不得分派股息及紅利，但法定盈餘公積已超過資本總額百分之五十時，或於有盈餘之年度所提存之盈餘公積，有超過該盈餘百分之二十數額者，公司爲維持股票之價格，得以其超過部份派充股息及紅利。公司負責人違反上述規定分派股息及紅利時，各處一年以下有期徒刑、拘役或科或併科二萬元以下罰金，公司之債權人，亦得請求退還，並得請求賠償因此所受之損害（公二三二、二三三Ⅰ）。

二、建業股息之分派　股份有限公司之股東，在公司未營業前，以不得分派股息爲原則，惟大企業有須經相當時日籌備，始能開始營業者，本法爲吸引投資者之興趣，以使股票流通起見，特設變例規定，凡公司依其業務之性質，自設立登記後，如需二年以上之準備，始能開始營業者，經主管機關之許可，得以章程訂明於開始營業前分派股息於股東，此卽學說上所謂建業股息也。此項分派股息之金額，得以預付股息列入資產負債表之資產項下，公司開始營業後，每屆分派股息及紅利超過已收資本總額百分之六時，應以其超過之金額扣抵沖銷之（公二三四）。

三、以股份分派股息及紅利　股息及紅利之分派，以給付現金爲原則，惟公司得由有代表已發行股份總數三分之二以上股東出席之股東會，以出席股東表決權過半數之決議，將應分派股息及紅利之全部或一部，以發行新股之方式爲之，其不滿一股之金額，以現金分派之。公開發行股票之公司，出席股東之股份總額不足前述定額者，得以有代表已發行股份總數過半數股東之出席，出席股東表決權三分之二以上之同意行之。前述出席股東股份總數及表決權數，章程有較高規定者，從其規定。依前述決議以紅利轉作資本時，依章程員工應分配之紅利，得發給新股或以現金支付之。依前述發行新股，除公開發行公司，須申請證券管理機關核准外，於決議之股東會終結時，即生效力，董事會應即分別通知各股東，或記載於股東名簿之質權人；其發行無記名股票者，並應公告之。公開發行股票之公司，其股息及紅利之分派，章程訂明定額或比率並授權董事會決議辦理者，得以董事會三分之二以上董事之出席，及出席董事過半數之決議，依前述規定，將應分派股息及紅利之全部或一部以發行新股之方式爲之，並報告股東會（公二四〇）。

第九節　股份有限公司之公司債

第一項　公司債之概念

公司債者，乃股份有限公司，以向公衆募集資金爲目的，集團的、大量的負擔債務，而發行流通性之證券之謂。考公司資金之來源，不外乎發行新股及成立通常之消費借貸二者。惟若以發行新股，程序繁複，緩不濟急，且因而增加資本，擴大公司組織，倘因將來情勢變更，無需是項資金時，無法自由減資，缺乏彈性。又若以借貸方式，對外舉債，不獨不能獲得大量資金，亦難能爲較長期之使用。故本法設有公司債之制度，藉以彌補上述二者之缺憾，裨益於公司資金之籌措。

第二項　公司債之種類

一、一般公司債與參加公司債　一般公司債，謂定有還本之期限，如期限屆滿，公司應爲一定金額之給付，在期限未屆滿前，應依一定利率支付利息，其利益屬於確定之公司債也。至參加公司債，謂以公司利益之有無而定其利息，含有類似於股份之利益分派性質之公司債也。是項參加公司債近於股份化，我公司法未明文予以承認。

二、記名公司債與無記名公司債　公司債之債劵，記載債權人之姓名者，爲記名公司債。反之，若未記載債權人之姓名者，爲無記名公司債。

三、轉換公司債與非轉換公司債　公司債之債權人，得以公司債劵轉換公司股份者，爲轉換公司債。反之，若不得轉換公司股份者，則爲非轉換公司債。

四、有擔保公司債與無擔保公司債　公司債之發行，係以公司全部或部分資產爲償還本息之擔保者，爲有擔保公司債。若其發行僅以公司信用保證，並無特定之擔保品者，爲無擔保之公司債。

五、**本國公司債與外國公司債**　公司債在本國募集者，爲本國公司債。反之，若在外國募集者，爲外國公司債。

六、**附保證公司債與不附保證公司債**　公司債由第三人爲償還本息擔保而發行者，謂附保證公司債。反之，公司債之發行無第三人爲償還本息之擔保者，爲不附保證公司債。本法第二四八條第一項第十六款明文規之。

第三項　公司債之發行

一、**公司債額之限制**　公司債之發行，對於應募人及股東之權益，影響甚大。爲保護彼等利益，本法特設左列限制：

(一)有擔保公司債　發行有擔保公司債之總額不得逾公司現有全部資產，減去全部負債及無形資產後之餘額（公二四七Ⅰ）。

(二)無擔保公司債　發行無擔保公司債之總額，不得逾上述餘額二分之一（公二四七Ⅱ）。

二、**公司債發行之禁止**

(一)有擔保公司債　公司有左列情形之一者，不得發行有擔保公司債（公二五〇）：

1. 對於前已發行之公司債或其他債務有違約或遲延支付本息之事實，尚在繼續中者。

2. 最近三年或開業不及三年之開業年度課稅後之平均淨利，未達原定發行之公司債應負擔年息總額之百分之一百者。但經銀行保證發行之公司債不受限制。

㈡無擔保公司債　公司有左列情形之一者，不得發行無擔保公司債（公二四九）：

1.對於前已發行之公司債或其他債務，曾有違約或遲延支付本息之事實已了結者。

2.最近三年或開業不及三年之開業年度課稅後之平均淨利，未達原定發行之公司債，應負擔年息總額之百分之一百五十者。

第四項　公司債之募集

一、**董事會之決議**　本法為便利公司籌措資金，對於公司債之募集，不須召集股東會及變更章程，祇須經董事會決議，即得為之。惟董事會為募集之決議後，須將募集公司債之原因及有關事項報告股東會。上述決議，應由三分之二以上董事會之出席，及出席董事過半數之同意行之（公二四六）。

二、**信託契約之訂立**　公司於募集公司債前，應與第三人簽訂信託契約（公二四八Ｉ12）以代表全體債權人之利益。此第三人（即受託人）以金融或信託業者為限，由公司於申請發行時約定之，並負擔其報酬（公二四八Ⅳ）。

董事會在向各應募人請求繳足其所認金額前，應將全體記名債券應募人之姓名、住所或居所，暨其所認金額，及已發行之無記名債券張數、號碼暨金額，開列清册，連同第二四八條第一項各款所定之文件，送交公司債債權人之受託人。受託人，爲應募人之利益，有查核及監督公司履行公司債發行事項之權（公二五五）。公司爲發行公司債所設定之抵押權或質權，得由受託人爲債權人取得，並得於公司債發行前先行設定。受託人對於上述之抵押權或質權或其擔保品，應負責實行或保管之（公二五六）。受託人得爲公司債債權人之共同利害關係事項，召集同次公司債債權人會議（公二六三Ⅰ）。

三、申請主管機關審核　公司募集公司債時，應將左列各款事項，申請地方主管機關核轉中央主管機關審核之（公二四八）：

㈠公司名稱。

㈡公司債之總額及債券每張之金額。

㈢公司債之利率。

㈣公司債償還方法及期限。

㈤償還公司債款之籌集計劃及其保管方法。

㈥公司債募得價款之用途及運用計劃。

㈦前已募集公司債者，其未償還之數額。

㈧公司債發行之價格或其最低價格。

(九)公司股份總數及已發行股份總數及其金額。
(十)公司現有全部資產，減去全部負債及無形資產後之餘額。
(十一)最近三年之營業報告書、資產負債表、財產目錄、損益表及盈餘分派或虧損彌補之議案等各項表册，其開業不及三年者，所有開業年度之各項表册；申請日期已逾年度開始六個月者，應另送上半年之資產負債表。
(十二)公司債債權人之受託人名稱及其約定事項。
(十三)代收款項之銀行或郵局名稱及地址。
(十四)有承銷或代銷機構者，其名稱及約定事項。
(十五)有發行擔保者，其種類、名稱及證明文件。
(十六)有發行保證人者，其名稱及證明文件。
(十七)對於前已發行之公司債或其他債務，曾有違約或遲延支付本息之事實及現況。
(十八)能轉換股份者，其轉換辦法。
(十九)董事會之議事錄。
(二十)公司債其他發行事項，或證券管理機關規定之其他事項。

公司就上述各款事項有變更時，應卽向證券管理機關申請更正。(七)(九)(十)(十一)(十七)各款應由會計師查核簽證；㈡㈢㈣㈤㈥各款應由律師查核簽證。㈢之受託人，以金融或信託事業為限，由公司於申請發行時約定之，並負擔其報酬。㈥款之轉換股份額，如超過公司章程所定可轉換股份之數額時，應先完成變更章程增加可轉換股份之數額後，始得為之；其準則處理，由證券管理機關以命令定之。

四、募集之公告 公司募集公司債時，應將前項申請證券管理機關核准事項，除營業報告書、財產目錄、與受託人與承銷人之約定事項、發行擔保與發行保證之證明文件、董事會之議事錄外，均應於證券管理機關核准通知到達之日起三十日內，加記證券管理機關核准之文號暨年月日後公告之。超過上開三十日之期限未開始募集而仍須募集者，應重行申請(公二五二I、II)。

五、應募書之備置 公司募集公司債時，董事會應備置應募書，載明上項應行公告之各事項，加記證券管理機關核准之文號暨年月日（公二五二I）。由應募人填寫所認金額及其居所，簽名蓋章，但應募人當場以現金購買無記名公司債券者，則免填此項應募書（公二五三）。代表公司之董事違反規定，不備應募書者，由證券管理機關處一千元以上五千元以下罰鍰；公司負責人所備應募書有虛偽記載時，依刑法或特別刑法有關規定處罰（公二五二III）。

六、債款之請求 公司債經應募人認定後，除應募人當場以現金購買無記名公司債券者外，董事會應向未交款之各應募人請求繳足其所認金額（公二五四）。應募人有照其所填應募書負繳款之義務（公二五三Ⅰ後）。

七、主管機關之撤銷核准　公司發行公司債經核准後，如發現其申請事項，有違反法令或虛僞或不實情形時，證券管理機關得撤銷核准。證券管理機關撤銷核准時，未發行者，停止募集，已發行者，即時淸償；其因此所發生之損害，公司負責人對公司及應募人負連帶賠償責任。除虛僞部分依刑法或特別刑法有關規定處罰外，各處一年以下有期徒刑、拘役或科或併科二萬元以下罰金（公二五一、一三五Ⅲ）。

第五項　公司債之債券

公司債之債券，乃係表彰公司債權利之有價證券。須具備法定形式，並記載一定之事項。玆分述如後：

一、公司債券之記載事項　公司債之債券，應編號載明發行之年月日及下列事項：1.公司之名稱。2.公司債之總額及債券每張之金額。3.公司債之利率。4.公司債償還方法及期限。5.能轉換股份者，其轉換辦法。有擔保或轉換股份者，載明擔保或轉換字樣，由董事三人以上簽名蓋章，並經證券管理機關或其核定之發行登記機構簽證後發行之（公二五七Ⅰ）。公司負責人於公司債之債券內，爲虛僞之記載時，依刑法或特別刑法有關規定處罰（公二五七Ⅱ）。

二、公司債券之存根簿　公司債存根簿，應將所有債券依次編號，並載明左列各款事項（公二五八）：

㈠公司債債權人之姓名或名稱及住所或居所。
㈡公司債之總額及債券每張之金額。
㈢公司債之利率。
㈣公司債償還方法及期限。
㈤受託人之名稱。
㈥有發行擔保者，其種類名稱。
㈦有發行保證人者，其名稱。
㈧能轉換股份者，其轉換辦法。
㈨公司債發行之年、月、日。
㈩各債券持有人取得債券之年、月、日。

無記名債券，應以載明無記名字樣，替代上開第㈠款之記載。公司負債人於公司債存根簿內為虛偽之記載時，依刑法或特別刑法有關規定處罰。

第六項　公司債之轉換

一、**轉換辦法**　本法採授權資本制，承認公司債券得轉換爲股份。惟其轉換辦法，應由董事會議定，併案申請證券管理機關審核（公二四八Ⅰ18）。

二、**轉換限制**　轉換股份額，如超過公司章程所定資本總額時，應先完成變更章程增加資本總額後，始得爲之；其審核標準，由證券管理機關以命令定之（公二四八V）。

三、**轉換效力**　公司債規定得轉換股份者，公司有依其規定之轉換辦法核給股份之義務，但公司債債權人有選擇權（公二六二）。惟如以公司債爲標的而設定質權，則非經質權人同意，出質人不得任意轉換股份（民九〇三參照）。

第七項　公司債券之轉讓、設質與强制執行

一、**公司債券之轉讓**　公司債券既係表彰公司債權利之有價證券，自得自由轉讓。其轉讓方法，因其爲記名式或無記名式而有異。記名式之公司債券，得由持有人以背書轉讓之，但非將受讓人之姓名或名稱，記載於債券，並將受讓人之姓名或名稱及住所或居所記載於公司債存根簿，不得以其轉讓對抗公司（公二六〇）。無記名式之公司債券，其轉讓方法，本法無明文規定，自應依一般有價證券之通例，以交付爲之。一經交付，即生轉讓之效力。惟公司債券爲無記名式者，債權人得隨時請求改爲記名式（公二六一）。

二、**公司債券之設質**　公司債券既爲有價證券，自得爲設定質權之標的。其以無記名式之公司債券設定質權者，因債券之交付而生質權設定之效力。其以記名式之公司債券設定質權者，除交付債券外，並應依背書方法爲之（民九〇八）。以無記名式公司債券所擔保之債權，縱未屆淸

償期，質權人仍得收取債券上應受之給付，如有預行通知公司之必要，並有爲通知之權利。公司亦僅得向質權人爲給付（民九〇九）。至附屬於公司債券之利息證券，以已交付於質權人者爲限，其質權之效力，亦併及之（民九一〇）。

三、公司債券爲强制執行之標的 公司債券爲表彰公司權利之有價證券，乃屬財產權，得自由轉讓與設質，故債務所有人之債權人，得以之爲強制執行之標的，其執行方法與程序，與股票同。即依強制執行法對於動產之執行程序辦理（強五九Ⅱ）。

第八項 公司債之付息與消滅

一、公司債之付息 公司債之利率，應依債券之記載而定（公二四八Ⅰ3）。通常之公司債券，均附有利息證券，債權人於規定付息時，截取利息證券，以換取利息。此項利息給付請求權，自得爲請求之日起，經過五年不行使，因時效而消滅（民一二六）。

二、公司債之消滅 關於公司債之消滅，應適用民法關於債之消滅之規定。惟公司債以清償爲消滅原因者，其清償方法及期限，亦應依債券之記載而定，或爲期滿一次償還，或爲分期償還，均無不可。

第九項 公司債用途之限制

爲防止公司負責人濫用職權，於不必要時擅行決議，募集公司債，而於募集後變更其用途起見，本法規定，公司募集公司債款後，未經申請核准變更，而用於規定事項以外者，處公司負責人一年以下有期徒刑、拘役或科或併科二萬元以下罰金，如公司因此受有損害時，對於公司並負賠償責任（公二五九），以杜絕流弊。

第十項　公司債券之喪失

公司債券乃得爲轉讓之有價證券，無論其爲記名式或無記名式，如因遺失、被盜或滅失而喪失者，得聲請法院准爲公示催告，俟法院公示催告期間屆滿後，若在催告期間內無人申報權利，則可請求法院爲宣告公司債券無效之除權判決，而憑該判決向公司請求另行補發新債券（參照民事訴訟法第五五三條）。

第十一項　公司債債權人會議

一、債權人會議之召集　發行公司債之公司，公司債債權人之受託人，或有同次公司債總數百分之五以上之公司債債權人，得爲公司債債權人之共同利害關係事項，召集同次公司債債權人會議（公二六三Ⅰ）。至此項會議召集之程序，本法並無明文，解釋上應依通常方式爲之。

二、債權人會議之決議方法　公司債債權人會議之決議，應有代表公司債債權總額四分之三以上債權人之出席，以出席債權人表決權三分之二以上之同意行之，並按每一公司債券最低票面金額有一表決權（公二六三Ⅱ）。無記名公司債債權人，出席此項會議者，準用股份有限公司無記名股票之股東出席股東會之規定，亦即非於開會五日前，將其債券交存於公司，不得出席（公二六三Ⅲ、一七六）。

三、債權人會議決議之認可 公司債債權人會議之決議，應經法院之認可。惟有左列情事之一者，法院不予認可（公二六五）：

㈠召集公司債債權人會議之手續或其決議方法，違反法令或應募書之記載者。

㈡決議不依正當方法達成者。

㈢決議顯失公正者。

㈣決議違反債權人一般利益者。

四、決議認可後之效力 公司債債權人會議之決議，應製成議事錄，由主席簽名，經申報公司所在地之法院認可並公告後，對全體公司債債權人發生效力，由公司債債權人之受託人執行之，但債權人會議另有指定者，從其指定（公二六四）。

第十節 股份有限公司之發行新股

第一項 發行新股之概念

發行新股者，乃股份有限公司於成立後，再度發行股份之謂。本法採授權資本制，於第八節設有「發行新股」之規定。凡公司依本法第一五六條第二項分次發行新股，或依第二七八條第二項發行增資後之新股，均適用之（公二六六Ⅰ）。故發行新股，實包括分次發行新股及發行增資後之新股二者在內。惟此兩者間，有其不同，茲分述於後：

一、**意義不同**　分次發行新股，係指依公司章程所定股份總額，得以分次發行之股份；增資後發行新股，乃指公司章程所定股份總額，已全數發行後，因增加資本所發行之股份。

二、**變更章程不同**　分次發行新股，僅由董事會以董事三分之二以上之出席，及出席董事過半數同意之決議行之（公二六六Ⅱ），毋須變更章程。然增資後之發行新股，因致公司章程所定股份總額之變更，必先變更章程，故應由代表已發行股份總數三分之二以上之股東出席，以出席股東表決權過半數之同意，董事會始得爲新股之發行（公二七七Ⅱ）。

三、**發行股份不同**　分次發行之新股，其第一次發行之股份，不得少於股份總額四分之一（公一五六Ⅱ）。而發行增資後之新股，其第一次發行之股份，不得少於增加之股份總額四分之一（公二七八Ⅱ）。

第二項　不公開發行新股之程序

一、**董事會之決議**　公司不公開發行新股，應由董事會以董事三分之二以上之出席，及出席董事過半數同意之決議行之（公二六六Ⅱ）。

二、承購或認購　公司發行新股時，除經目的事業中央主管機關專案核定者外，應保留發行新股總額百分之十至十五之股份由本公司員工承購（公二六七Ⅰ）。公營事業經該公營事業之主管機關專案核定者，得保留發行新股由員、工承購，其保留股份不得超過發行新股總額百分之十（公二六七Ⅱ）。公司對上述員、工承購之股份，得限制在一定期間內不得轉讓。但其期間最長不得超過三年（公二六七Ⅳ）。公司發行新股時，除依前述保留者外，應公告及通知原有股東。按照原有股份比例儘先分認，並聲明逾期不認購者，喪失其權利，原有股東持有股份按比例不足分認一新股者，得合併共同認購或歸併一人認購，原有股東未認購者，得公開發行或洽由特定人認購（公二六七Ⅲ）。以上所述各規定，對於因合併他公司或以轉換公司債轉換爲股份而增發新股時，不適用之（公二六七Ⅳ）。

三、備置認股書　公司不公開發行新股，仍應比照公開發行新股之規定，備置認股書，有以財產出資者，應於認股書中載明其姓名及其財產之種類、數量、價格或估價之標準暨公司核給之股數。上項財產出資實行後，董事會應送請監察人查核加具意見，報請主管機關核定之。主管機關經派員檢查後，如發見有冒濫或虛僞者，得裁減或責令補足（公二七四）。

四、催繳股款　公司不公開發行新股，而由原有股東認購或由特定人協議認購者，得以公司事業所需之財產爲出資，不以現金爲限（公二七二但）。關於繳納股款與失權之問題，準用本法第一四一條及第一四二條之規定（公二六六Ⅲ）。至董事監察人之改選，新股票之發行與逾期認購未足額或認購未繳款等問題，均與公開發行新股同，容後詳述之。

第三項　公開發行新股之程序

一、**董事會之決議**　公司公開發行新股，亦應經董事會之特別決議，其決議方法與前述不公開發行新股之程序同（公二六六Ⅱ）。

二、**主管機關之核准**　公司發行新股時，除由原有股東及員工全部認足或由特定人協議認購而不公開發行者外，應將左列事項，申請證券管理機關核准，公開發行（公二六八）：

㈠公司名稱。

㈡原定股份總數及已發行數額及其金額。

㈢發行新股總額暨每股金額及其其發行條件。

㈣最近三年依本法第二二八條規定所編造之各項表册。其開業不及三年者，所有開業年度之各項表册；申請日期已逾年度開始六個月者，應另送上半年之資產負債表。

㈤營業計畫書。

㈥發行特別股者，其種類、股數、每股金額及本法第一五七條各款事項。

㈦代收股款之銀行或郵局名稱及地址。

㈧有承銷或代銷機構者，其名稱及約定事項。

(九)發行新股決議之議事錄。

(十)中央主管機關規定之其他事項。

公司就上項各款事項有變更時，應即向證券管理機關申請更正；公司負責人不爲申請更正者，由證券管理機關各處二千元以上一萬元以下罰鍰（公二六八Ⅱ）。第(二)、(三)、(四)、(六)款，須由會計師查核簽證；第(七)、(八)款須由律師查核簽證（公二六八Ⅲ）。又此項申請核准程序，對於以公積或資產增値抵充，核發新股予原有股東者，不適用之（公二六八Ⅳ）。

三、公開發行新股之禁止條件

(一)公開發行普通股之禁止條件　公司有下列情形之一者，不得公開發行新股（公二七〇）：1.連續二年有虧損者，但依其事業性質，須有較長準備時間或具有健全之營業計劃，確能改善營業能力者，不在此限。2.資產不足抵償債務者。

(二)公開發行特別股之禁止條件　公司有下列情形之一者，不得公開發行具有優先權利之特別股（公二六九）：1.最近三年或開業不及三年之開業年度課稅後之平均淨利，不足支付已發行及擬發行之特別股股息。2.對於已發行之特別股約定股息，未能按期支付者。

四、公告發行　公司發行新股時，除在認股書加記證券管理機關核准文號及年、月、日外，並應將認股書中所載各事項，於證券管理機關核准通知到達後三十日內，加記核准文號及年、月、日，公告並發行之。但營業報告、財產目錄、議事錄、承銷或代銷機構約定事項，得免予公告（公二七三Ⅱ）。超過上開三十日之限期仍須公開發行時，應重行申請（公二七三Ⅲ）。

五、認股書之備置　公司公開發行新股時，董事會應備置認股書，載明下列各款事項，由認股人塡寫所認股數、種類、金額及其住所或居所，簽名蓋章（公二七三Ⅰ）：㈠本法第一二九條第一項第一款至第六款及第一三〇條之事項。㈡原定股份總數，或增加資本後股份總數中已發行之數額及其金額。㈢本法第二六八條第一項第三款至第十款之事項。㈣股款繳納日期。認股人以現金當場購買無記名股票者，免塡上述之認股書。董事違反規定，不備置認股書者，由證券管理機關處一千元以上五千元以下罰鍰；公司負責人所備認股書有虛僞記載時，依刑法或特別刑法有關規定處罰（公二七三Ⅳ、Ⅴ）。

六、催繳股款　公司公開發行新股時，應以現金爲股款，不得以其他財產抵充之（公二七二）。在發行股份總數募足時，公司應卽向各認股人催繳股款，以超過票面金額發行股票時，其溢額應與股款同時繳納。認股人延欠應繳之股款時，公司應定一個月以上之期限催告該認股人照繳，並聲明逾期不繳失其權利。公司已爲上項之催告，認股人不照繳者，卽失其權利，所認股份另行募集。如有損害，仍得向認股人請求賠償（公二六六Ⅲ、一四一、一四二）。

若發行新股超過股款繳納期限，而仍有未經認購或已認購而撤回或未繳股款者，其已認購而繳款之股東，得定一個月以上之期限，催告公司使認購足額並繳足股款，逾期不完成時，得撤回認股，由公司返回其股款，並加給法定利息。有行爲之董事，對於因上述情事所致公司之損害，應負連帶賠償責任（公二七六）。

七、新股票之發行　公開發行之新股股款收足後，公司應即爲新股票之發行，並將新股東記入股東名簿。關於股票與股東名簿有關事項，均適用一般規定（公一六二、一六四、一六五、一六六、一六九參照）。

八、董事監察人之改選　新股股款收足後，持有新股總額百分之五以上之股東以書面請求召集股東會，改選董事監察人時，董事會應即召集股東會改選之（公二七五）。

九、主管機關之撤銷核准　公司發行新股，經核准後，如發現其申請事項，有違反法令或虛僞情形時，證券管理機關得撤銷其核准。證券管理機關爲撤銷核准時，未發行者，停止發行；已發行者，股份持有人得於撤銷時起，向公司依股票原定發行金額加算法定利息，請求返還。因此所發生之損害，並得請求賠償。公司負責人有虛僞部分依刑法或特別刑法有關規定處罰外，各處一年以下有期徒刑、拘役或科或併科二萬元以下罰金；應補正而不補正情事時，由證券管理機關各處二千元以上一萬元以下罰鍰（公二七一、一三五Ⅲ）。

第十一節　股份有限公司之變更章程

第一項　變更章程之決議

章程，乃公司活動之基本規則。其內容如因情事變更，不能適應事實需要時，自得加以變更，以謀業務之維持與發展。故公司在不違背強行規定或公序良俗之範圍內，得經由股東會之特別決議變更其章程。所謂特別決議，卽應有代表已發行股份總數三分之二以上股東出席，以出席股東表決權過半數之同意行之。公開發行股票之公司，出席股東之股份總數不足前述定額者，得以有代表已發行股份總數過半數股東之出席，出席股東表決權三分之二以上之同意行之。前述出席股東股份總數及表決權數，章程有較高之規定者，從其規定（公二七七）。公司已發行特別股者，其章程之變更如有損害特別股股東之權利時，除應有代表已發行股份總數三分之二決議為之外，並應經特別股股東會之決議。公開發行股票之公司，出席股東之股份總數不足前述定額者，得以有代表已發行股份總數過半數股東之出席，出席股東表決權三分之二以上之同意行之，並應經特別股股東會之決議。前述出席股東會股份總數及表決權數，章程有較高之規定者，從其規定。特別股股東會，準用關於股東會之規定（公一五九）。

公司變更章程，其原登記事項，卽有變更，公司負責人應卽為變更之登記，若不為變更之登記者，不得以其事項對抗第三人（公一二）。

第二項　變更章程之原因

變更章程之原因甚多，惟最常見者，厥為增加資本與減少資本二者。本法就此特設規定，玆分述如後：

一、增加資本　公司之股份總額，乃章程之應載事項，增加資本，必致股份總額變更，故增資爲變更章程之原因。玆就增資之方法、程序及限制，分述於左：

㈠增資之方法　增資之方法有三：1.增加股份金額。2.增加股份數額。3.股份金額數額同時並增。本法就增資僅規定以發行新股之方法爲之，係採增加股份數額之方法。公司發行新股除得發行普通股外，尙得發行特別股。

㈡增資之程序　增資後之發行新股，應依關於「發行新股」之規定（公二六六Ⅰ）。故其程序與發行新股同，已如前述，玆不另贅。

㈢增資之限制　公司非將已規定之股份總數，全數發行後，不得增加資本（公二七八Ⅰ）。蓋原定之股份總數尙未發行完畢，自可就其餘額發行新股，實無增加資本之必要也。增加資本後，第一次發行之股份，不得少於增加之股份總數四分之一（公二七八Ⅱ）。公司章程載有公司債可轉換股份之數額者，前二項股份總數之計算不包括可轉換股份之數額（公二七八Ⅲ）。上述規定，於公司債可轉換股份之數額於依本法第二六二條（關於轉換公司債，債權人對轉換股份有選擇權）發行股份者，不適用之（公二七八Ⅲ）。

二、減少資本　減少資本，亦使股份總額發生變更，故亦爲變更章程之原因。玆就減資之方法及程序，分述之：

㈠減資之方法　減資之方法有三：1.減少股款（又可分免除、發還、註銷三種）。2.減少股數（又可分爲股份合併及股份消除二種）。3.股款股數同時減少。就我公司法之規定觀之，上述各項方法，均無背於股份有限公司之本質，故公司自得經由股東會之特別決議減資之。

㈡減資之程序　公司減少資本，應循左列程序：

1.股東會之特別決議　減資，須變更章程，故應經股東會之特別決議行之（公二七七）。

2.通知及公告　公司經股東會決議減資時，應即編造資產負債表及財產目錄，並將此項決議向各債權人分別通知及公告，並指定三個月以上之期限，聲明債權人得於期限內提出異議（公二八一、七三Ⅰ、Ⅱ）。公司不爲減資之通知或公告，或對於其在指定之期限內提出異議之債權人不爲淸償，或不提供相當之擔保者，不得以其減資對抗債權人。公司負責人違反通知公告與提供擔保之規定或就上述資產負債表及財產目錄爲虛僞之記載時，各科二萬元以下之罰金（公二八一、七四、七三Ⅲ）。

㈢換取新股票　因減少資本換發新股票時，公司應於減資登記後，定六個月以上之期限，通知各股東換取，並聲明逾期不換取者，喪失其股東之權利，其發行無記名股票者，並應公告之。股東於上項期間內不換取者，卽喪失其股東之權利，公司得將其股份拍賣，以賣得之金額，給付該股東。公司違反上述通知或公告期限之規定時，各處一千元以上五千元以下罰鍰（公二七九）。

㈣減資之登記　公司減少資本爲變更章程之原因，自應於股東會爲減資之決議後，爲減資之變更登記（公四二三）。

第十二節　股份有限公司之重整

第一項 重整之概念

公司重整者，乃公開發行股票或公司債之公司，因財務困難，暫停營業或有停業之虞者，經法院裁定，准予重整，使之得以維持與更新之制度(公二八二Ⅰ)。申言之，即就已瀕窘境而預料有重建可能之股份有限公司，調整其債權人、股東及其他利害關係人之權利義務，而圖該事業之維持與更生爲目的之制度也。故公司重整之目的有二：一在清理公司債務，一在維持公司事業，使行將解體或破產之股份有限公司，有重振旗鼓，趨向復興之機會，而免貽害社會經濟之安定。

公司之重整，論其性質，乃屬非訟事件，除就公司重整之管轄及聲請傳喚送達公告裁定或抗告等，應履行之程序，準用民事訴訟法之規定（公三一四）外，應適用非訟事件法之規定。

第二項 重整之聲請

一、**法定原因** 公司之重整，須具備下列法定原因：㈠公司財務困難，暫停營業；㈡公司財務困難，有停業之虞。

二、**聲請權人** 公司重整之聲請權人限於下列關係人(公二八二)：1.董事會。2.繼續六個月以上持有已發行股份總數百分之十以上股份之股東。3.相當於公司已發行股份總數金額百分之十以上之公司債權人。董事會爲公司重整之聲請者，應以董事三分之二以上之出席，及出席董事過半數同意之決議行之。

三、**管轄法院**　公司重整之管轄，準用民事訴訟法之規定（公三一四）。應由公司之主事務所或主營業所所在地之法院管轄（民訴二Ⅱ）。惟公司重整，性質上爲非訟事件，自應由地方法院管轄（法院組織法十）。

四、**聲請程序**　公司重整之聲請，應由聲請人以書狀連同副本三份向管轄法院爲之。上項書狀應載明下列事項：1.聲請人之姓名、住所或居所及聲請資格。2.公司名稱，所在地及負責人姓名、住所。3.聲請之原因及事實。4.公司所營事業及業務狀況。5.公司之資產負債、損害及其他財務狀況。6.對於公司重整之意見。董事會爲聲請時，應由代表公司之董事，檢同董事會議事錄爲之。股東或債權人爲聲請時，應檢同釋明其資格之文件，對上述第4.5.兩款之事項，得免予記載（公二八三）。

第三項　重整之裁定

一、**裁定前之措施**　法院對於公司重整之聲請，於裁定前應採下列之措施：

㈠徵詢主管機關之意見　法院受理重整之聲請時，應將聲請書狀副本，檢送中央主管機關、目的事業中央主管機關及證券管理機關，並徵詢其意見（公二八四Ⅰ），以作爲應否裁定重整之參考。

㈡通知被聲請重整之公司　公司重整之聲請人若爲股東或債權人時，法院應檢同聲請書狀副本，通知該公司（公二八四Ⅱ），使其有聲辯機會。

㈢選任檢查人　法院除徵詢中央主管機關、目的事業中央主管機關及證券管理機關外，並得就對公司業務具有專門學識、經營經驗而非利害關係人者，選任為檢查人，就下列事項於選任後三十日調查完畢報告法院：1.公司業務、財務狀況與資產估價。2.公司營業狀況，依合理財務費用負擔標準，是否尚有經營價值。3.公司負責人對於執行業務有無怠忽或不當及應負之責任。4.聲請事項有無虛僞不實情形。檢查人對於公司業務或財務有關之一切簿册、文件及財產，得加以檢查。公司之董事、監察人、經理人或其他職員，對於檢查人關於業務財務之詢問，有答復之義務。公司之董事、監察人、經理人或其他職員，拒絕上項檢查，或對上項詢問無故不為答復，或為虛僞之陳述者，各處一年以下有期徒刑、拘役或科或併科二萬元以下罰金（公二八五）。

檢查人應以善良管理人之注意，執行其職務，其報酬由法院依其職務之繁簡定之。如檢查人執行職務，違反法令，致公司受有損害時，對於公司應負賠償責任。且對於職務上之行為有虛僞之陳述或記載時，各處一年以下有期徒刑、拘役或科或併科二萬元以下罰金；對於職務上之文書，為虛僞記載者，依刑法或特別刑法有關規定處罰（公三一三）。

㈣命造報名册　法院於裁定重整前，得命公司負責人，於七日内就公司債權人及股東，依其權利之性質，分別造報名册，並註明住所或居所及債權或股份總金額（公二八六）。

二、裁定前之處分　法院為公司重整之裁定前，得因利害關係人之聲請或依職權，以裁定為下列各款處分：1.公司財產之保全處分。2.公司業務之限制。3.公司履行債務及對公司行使債權之限制。4.公司破產、和解或強制執行等程序之中止。5.公司記名式股票轉讓之禁止。6.公司負責人，對於公司損害賠償責任之查定及其財產之保全處分。上項處分，除法院准予重整外，其期間不得超過三個月；必要時，法院得由利害關係人之聲請或依職權以裁定延長之，其延長期間每次不得超過三個月，但以二次爲限（公二八七）。

三、駁回重整之裁定　法院對於重整之聲請，應作形式上與實質上之審查，如經審查有下列情形之一者，應以裁定駁回重整之聲請（公二八八）：1.聲請程序不合者。但可以補正者，應限期命其補正。2.公司未依本法公開發行股票或公司債者。3.聲請事項有不實者。4.公司經宣告破產已確定者。5.公司依破產法所爲之和解決議已確定者。6.公司已解散者。7.公司營業狀況，依合理財務費用負擔標準，無經營價值者。

公司重整之聲請，經法院以裁定駁回者，聲請人如有不服駁回之裁定，自得準用民事訴訟法之程序提起控告（公三一四）。其因聲請程序不合法而被駁回者，仍得再行聲請。

四、准許重整之裁定　法院對於重整之聲請，經審查結果，認爲合法，並確因公司財務困難，暫停營業或有停業之虞者，法院應卽爲准許重整之裁定。法院爲重整裁定時，應就對公司業務具有專門學識及經營經驗者或金融機構，選任爲重整監督人，並決定下列事項：1.債權及股東權之申報期間及場所，其期間應在裁定之日起十日以上，三十日以下。2.所申報之債權及股東權之審查期日及場所，其期日應在前款申報期間屆滿後十日以內。3.第一次關係人會議期日及場所，其期日應在第1款申報期間屆滿後十五日以內（公二八九Ⅰ）。

五、重整裁定之公告與送達 法院為重整裁定後，應即公告下列事項（公二九一Ⅰ）：1.重整裁定之主文及其年月日。2.重整監督人之姓名或名稱、住址或處所。3.公司法第二八九條所定期間、期日及場所。4.公司債權人及持有無記名股票之股東怠於申報權利時其法律效果。

法院為上開公告後，對於重整監督人、重整人、公司、已知之公司債權人及股東，仍應將上項裁定及所列各事項，以書面送達之（公二九一Ⅱ）。

六、重整裁定之效力 法院為重整裁定後，發生左列之效力：

㈠公司帳簿之處置 法院於重整裁定送達公司時，應派書記官於公司帳簿，記明截止意旨，簽名蓋章，並作成節略，載明帳簿狀況（公二九一Ⅲ）。

㈡重整開始之登記 法院為重整裁定後，應檢同裁定書，通知主管機關，為重整開始之登記（公二九二）。

㈢公司業務及財產之移交 重整裁定送達公司後，公司業務之經營及財產之管理處分權移屬於重整人，由重整監督人監督交接，並聲報法院。公司股東會、董事及監察人之職權，應予停止。上項交接時，公司董事及經理人應將有關公司業務及財產之一切帳冊、文件與公司之一切財產，移交重整人（公二九三Ⅰ、Ⅱ）。

㈣上市股票仍未必下市　因本法無明定股票上市之股份有限公司，其股票應行下市，倘無證券交易法第一五六條之情形時，主管機關不能命令其停止全部或一部買賣（下市）。

公司之董事、監察人、經理人或其他職員對於重整監督人或重整人所爲關於業務或財務狀況之詢問有答復之義務（公二九三Ⅲ），其有下列行爲之一者，各處一年以下有期徒刑、拘役或科或併科二萬元以下罰金：1.拒絕移交。2.隱匿或毀損有關公司業務或財務狀況之帳册文件。3.隱匿或毀棄公司財產或爲其他不利於債權人之處分。4.無故對於重整監督人或重整人之上述詢問不爲答復。5.揑造債務或承認不眞實之債務（公二九三Ⅳ）。

㈤各項程序之中止　裁定重整後，公司之破產、和解、強制執行及因財產關係所生之訴訟等程序，毋須法院之裁定卽行中止（公二九四）。各債權人應依重整程序，行使其權利（公二九六Ⅰ）。

㈥得爲各項保全處分　法院依本法第二八七條第一項第一、第二、第五及第六各款所爲之處分，不因裁定重整失其效力。其未爲各該款處分者，於裁定重整後，仍得依利害關係人或重整監督人之聲請，或依職權裁定之（公二九五）。

第四項　重整人及重整監督人

一、**重整人及重整監督人之設置及任免**　公司之重整，原則上，以董事爲重整人，惟法院認爲不適當時，得就債權人或股東中選派之。關係人會議，依本法第三〇二條分組行使表決權之結果，有二組以上主張另行選定重整人時，得提出候選人名單，聲請法院選派之。其執行職務有違法或不當情事者，重整監督人得聲請法院解除其職務，另行選派之（公二九〇Ⅰ、Ⅱ、Ⅳ）。

重整人之上，應設置重整監督人以監督其職務之執行（公二九〇Ⅳ）。此重整監督人，由法院就對公司業務具有專門學識及經營經驗者或金融機構，選任之。其受法院監督，並得由法院隨時改選（公二八九）。

關於重整人及重整監督人之人數若干，本法並無明文規定，在重整人，解釋上，以董事充任時其董事之人數，爲重整人之人數；若由法院就債權人或股東中選派者，其人數則由法院酌定之。至重整監督人之人數，亦由法院按實際需要酌定之。

二、**重整人及重整監督人之職權**

㈠重整人之職權　重整人相當於公司重整前之董事，除依法律規定（如公二九〇Ⅴ）或依其性質不能適用董事之規定（如召集股東會）者外，均得行使董事之職權。重整人有數人時，關於重整事務之執行，以其過半數之同意行之（公二九〇Ⅲ）。惟下列行爲關係重大，重整人爲各該行爲時，應得重整監督人事前許可（公二九〇Ⅴ）：1.營業行爲以外之公司財產之處分。2.公司業務或經營方法之變更。3.借款。4.重要或長期性契約之訂立或解除，其範圍由重整監督人定之。5.訴訟或仲裁之進行。6.公司權利之拋棄與讓與。7.他人行使取回權、解除權或抵銷權事件之處理。8.公司重要人事之任免。9.其他經法院限制之行爲。此外，依本法規定，重整人尚有左列職權：1.在法院審查重整債權及股東權之期日應到場備詢（公二九九Ⅰ）。2.關係人會議時，應列席備詢（公三〇〇Ⅳ）。3.擬定重整計劃（公三〇三）。4.聲請法院認可重整計劃並執行之（公三〇五）。5.聲請法院就有碍重整計劃實行之事項作適當處理（公三〇九）。6.召集重整後之股東會（公三一〇Ⅰ）。7.報請法院爲重整完成之裁定（公三一〇Ⅱ）。

(二)重整監督人之職權　重整監督人之職權，主要在監督重整人執行職務。其有數人時，關於監督事務應如何執行，本法並無規定，解釋上，應以過半數同意行之。此外，依本法規定，重整監督人尚有下列職權：1.重整人執行職務有違法或不當情事者，重整監督人得聲請法院解除其職務，另行選派之（公二九〇Ⅳ）。2.重整人爲本法第五項所列之行爲時，應得重整監督人事前許可（公二九〇Ⅴ）。3.公司業務之經營及財產之管理處分權移屬於重整人，由重整監督人監督交接，並聲報法院（公二九三Ⅰ）。4.聲請法院爲必要之保全處分（公二九五）。5.受理重整債權人及股東權之申報（公二九七）。6.製作重整債權人及股東名册，並聲報法院及備置於適當處所（公二九八）。7.法院審查重整債權及股東權之期日到場備詢（公二九九Ⅰ）。8.召集第一次以外之關係人會議並爲會議之主席（公三〇〇Ⅱ、Ⅲ）。9.重整計劃未得關係人會議可決之聲報（公三〇六Ⅰ）。

三、重整人及重整監督人之重任　重整人及重整監督人，應以善良管理人之注意，執行其職務。如執行職務有違反法令，致公司受有損害時，對於公司應負賠償責任。其對於職務上之行爲有虛僞之陳述或記載時，各處一年以下有期徒刑、拘役或科或併科二萬元以下罰金；對於職務上之文書，爲虛僞記載者，依刑法或特別刑法有關規定處罰（公三一三）。

四、重整人及重整監督人之報酬　重整人及重整監督人之報酬由法院依其職務之繁簡定之（公三一三Ⅰ）。此項報酬之給付，乃進行重整程序所發生之費用，優先於重整債權而受淸償。其優先效力，不因裁定終止重整而受影響（公三一二）。

第五項　重整債權

一、重整債權之意義　對公司之債權，在重整裁定前成立者，爲重整債權（公二九六Ⅰ）。故重整債權以重整裁定前成立者爲限。若重整裁定送達後，董事會之職權已停止，而仍代表公司負擔債務者，對於公司不生效力，自非重整債權。

二、重整債權之種類　重整債權有三：

㈠優先重整債權　依法享有優先受償權者，爲優先重整債權。如海商法第二四條之債權是。

㈡有擔保重整債權　有抵押權、質權或留置權爲擔保者，爲有擔保重整債權。如破產法第一〇八條之別除權是。

㈢無擔保重整債權　無擔保之一般重整債權，爲無擔保重整債權。

三、重整債權之範圍　破產法破產債權節之規定，除有關別除權及優先權之規定外，於重整債權均準用之（公二九六Ⅱ）。故重整債權之範圍，應參酌破產法之規定以爲決定，茲就左列債權分別說明之：

㈠附期限及附條件之債權　附期限或附條件之債權，若其債之關係，於重整裁定前成立者，依本法準用破產法第一〇〇條及第一〇二條之規定，均得爲重整債權。惟在有期限之債權，如附有利息者，其重整裁定後之利息，不得爲重整債權。若無利息者，其重整債權額，應扣除自重整裁定時起至到期時止之法定利息（破一〇一）。又附解除條件之債權將來依重整計劃受償時，應提供相當之擔保，無擔保者，應提存其分配額；而附停止條件債權之受償額，亦應提存之（破一四〇、一四一）。

㈡特殊重整債權　左列債權，雖尚非可得行使，或難認爲於重整裁定前已成立，惟法律仍許其爲重整債權以行使其權利，故曰特殊重整債權：

1.數人就同一給付各負全部履行之責任者，如其全體或其中數人均爲股份有限公司而受重整裁定時，債權人得就其債權之總額，在各重整程序中，行使其權利（破一〇四）。

2.數人就同一給付各負全部履行之責任者，如其中一人或數人爲股份有限公司而受重整裁定宣告時，其他共同債務人，得以將來求償權之總額，爲重整債權而行使其權利，但債權人已以其債權總額，爲重整債權行使權利者，不在此限（破一〇五）。

3.股份有限公司爲滙票之發票人或背書人，受重整裁定之宣告，而付款人或預備付款不知其事實爲承兌或付款者，其因此所生之債權，得爲重整債權而行使其權利。此項規定，於支票及其他以給付金錢或其他物件爲標的之有價證券，準用之（破一〇七）。

㈢除斥債權　左列各項債權，學者稱爲除斥債權，不得爲重整債權（破一〇三）。

1.重整裁定後之利息。

2.參加重整程序所支出之費用。

3.因重整程序後之不履行所生損害賠償及違約金。

4.罰金、罰鍰及追徵金。

四、重整程序中之取回權、解除權及抵銷權

㈠取回權　取回權者，爲不依重整程序，由重整人取回不屬於公司財產之權利也（破一一〇）。此種權利，乃基於一般實體法之規定而發生。蓋重整程序中，應移轉於重整人接管之財產，應以公司所有者爲限，如財產屬於他人所有，其權利人自可不依重整程序，向重整人取回之

（公二九六Ⅱ、破一一〇），惟重整人對於他人行使取回權事件之處理，應得重整監督人事前之許可（公二九〇Ⅳ7）。

㈡解除權　出賣人已將買賣標的物發送，如公司為買受人尚未收到，亦未付清全價而受重整裁定之宣告者，出賣人得解除契約，並取回其標的物。此謂之出賣人之解除權與特殊取回權也。惟重整人得清償全價而請求標的物之交付（公二九六Ⅱ、破一一一）。重整人對於出賣人行使解除權事件之處理，亦應得重整監督人事前之許可（公二九〇Ⅳ7）。

㈢抵銷權　抵銷權者，為重整債權人於重整裁定時，對於公司負有債務者，無論種類是否相同，或其債權為附期限或附解除條件者，均得不依重整程序而為抵銷之權利也（破一一三）。惟下列各債權，均不得為抵銷（破一一四）：1.重整債權人在重整裁定後，對於重整公司負債務者。2.重整公司之債務人，在重整裁定後，對於重整公司取得債權，或取得他人之重整債權者。3.重整公司之債務人，已知公司有重整原因或在聲請重整後而取得債權者，但其取得係基於法定原因或基於其知悉以前所生之原因者，不在此限。重整人對於他人行使抵銷權事件之處理，亦應得重整監督人事前之許可（公二九〇Ⅳ7）。

五、重整債權之行使與申報　重整債權非依重整程序，不得行使其權利（公二九六Ⅰ後）。故其在訴訟進行中，或強制執行聲請或執行程序進行中，而有重整之裁定者，該訴訟程序等應當然中止（公二九四）。

重整債權人，行使重整債權，應在公告期間內提出足資證明其權利存在之文件，向重整監督人申報，經申報者，其時效中斷，未經申報者，不得依重整程序受清償（公二九七Ⅰ）。惟未經申報者，雖不得依重整程序受償，然其債權並非當然消滅，如將來公司經法院裁定終止重整時，仍恢復其權利。但公司如重整完成，其未申報之債權請求權則歸於消滅（公三〇八2、三一一Ⅰ1）。又應爲申報之人，因不可歸責於自己之事由，致未依限申報者，得於事由終止後十五日補報之，但重整計劃已經關係人會議可決時，不得依重整程序，行使其權利（公二九七Ⅲ）。

六、重整債權之審查 重整監督人，於權利申報期間屆滿後，應依其初步審查之結果，分別製作優先重整債權人，有擔保重整債權人，無擔保重整債權人及股東清册，載明權利之性質、金額及表決權數額，於本法第二八九條第一項第二款期日之三日前，聲報法院及備置於適當處所，並公告其開始備置日期及處所，以供重整債權人、股東及其他利害關係人查閱（公二九八Ⅰ）。

在法院審查重整債權及股東權之期日，重整監督人、重整人及公司負責人應到場備詢；重整債權人、股東及其他利害關係人，得到場陳述意見。有異議之債權或股東權，由法院裁定之。就債權或股東權有實體上之爭執者，應由有爭執之利害關係人，於上述裁定送達後二十日內提起確認之訴，並應向法院爲起訴之證明，經起訴後在判決確定前，仍依上項裁定之內容及數額行使其權利，但依重整計劃受償時，應予提存。重整債權及股東權，在法院宣告審查終結前，未經異議者，視為確定，對公司及全體股東、債權人有確定判決同一之效力（公二九九）。

第六項　重整債務

左列各款，為公司之重整債權，優先於重整債權而受清償（公三一二Ⅰ）：

一、維持公司業務繼續營運所發生之債務。

二、進行重整程序所發生之費用。

上述優先受償權之效力，不因裁定終止重整而受影響（公三一二Ⅱ）。

第七項　重整期間之股東權

重整裁定送達公司後，股東會之職權，應予停止（公二九三Ⅰ）。股東之原有權利，均受重整程序之限制，其股東權僅由關係人會議行使之。惟公司無資本淨值時，在關係人會議，股東組不得行使其表決權（公三〇二Ⅱ）。

公司重整程序中，公司記名股東之權利，依股東名簿之記載，毋庸為申報之行為，惟無記名股東之權利，則應提出足資證明其權利存在之文件（如股票是），在公告期間內，向重整監督人申報，未經申報者，不得依重整程序，行使其權利（公二九七Ⅱ）。惟因怠於申報，致不能行使權利者，其權利尚非當然消滅，將來公司經裁定終止重整時，其權利仍然恢復（公三〇八Ⅰ2）。

至重整程序之股東權，其審查及異議裁定等程序，均與重整債權之審查同，已如前述，茲不另贅。

第八項　關係人會議

一、關係人會議之組成　公司重整，乃在兼顧公司、股東及重整債權人之利益，故以重整債權人及股東，爲公司重整之關係人，出席關係人會議，其因故不能出席時，得委託他人代理出席。

關係人會議開會時由重整監督人爲主席（公三〇〇Ⅱ）。重整人及公司負責人雖均應列席關係人會議備詢（公三〇〇Ⅲ），但除原爲由重整監督人爲股東或債權人者外，均非關係人會議之組成員，故無表決權。

二、關係人會議之召集　第一次關係人會議期日及場所，由法院爲重整裁定時，決定之，其期日應在債權、股東權中報期間屆滿後十五日以內，並應公告之，對於已知之公司債權人及股東，亦應以書面送達之（公二八九Ⅰ3、二九一Ⅱ）。第一次以外之關係人會議，則由重整監督人召集之。重整人召集會議時，於五日前訂明會議事由，以通知及公告爲之。一次集會未能結束，經重整監督人當場宣告連續或展期舉行者，得免爲通知及公告（公三〇〇Ⅱ）。

三、關係人會議之任務　關係人會議之任務如左（公三〇一）：

㈠聽取關於公司業務與財務狀況之報告及對於公司重整之意見。

㈡審議及表決重整計劃。此項重整計劃應由重整人提出。

㈢決議其他有關重整之事項。

關係人會議開會時，重整人及公司負責人應列席備詢（公三〇〇Ⅳ）。公司負責人無正當理由對上述詢問不爲答復或爲虛僞之答復者，各處一年以下有期徒刑、拘役或科或併科二萬元以下罰金（公三〇〇Ⅴ）。

四、**關係人會議之決議**　關係人會議，應分別按本法第二九八條第一項規定之權利人，分組行使其表決權，其決議以經各組表決權總額二分之一以上之同意行之，但對於重整計劃之可決，應經各組表決權總額三分之二以上之同意行之。公司無資本淨値時，股東組不得行使表決權（公三〇二）。

第九項　重整計劃

一、**重整計劃之擬訂**　重整人應依公平而切實可行之原則，擬訂重整計劃，連同公司業務及財務報表，提請第一次關係人會議審查（公三〇三Ⅰ）。重整人經依本法第二九〇條之規定另選者，重整計劃，應由新任重整人於一個月內提出之（公三〇三Ⅱ）。

二、**重整計劃之內容**　公司重整如有左列事項，應訂明於重整計劃（公三〇四Ⅰ）：

㈠全部或一部重整債權人或股東權利之變更。
㈡全部或一部營業之變更。
㈢財產之處分。
㈣債務清償方法及其資金來源。
㈤公司資產之估價標準及方法。
㈥公司之改組及章程之變更。
㈦員工之調整或裁減。
㈧新股或公司債之發行。
㈨其他必要事項。

上述重整計劃，應訂明執行期限，但不得超過一年（公三〇四Ⅱ）。

三、重整計劃之可決與再審查　重整計劃之可決，應經關係人會議，各組表決權總額三分之二以上同意行之（公三〇二Ⅰ）。重整計劃未得關係人會議有表決權各組之可決時，重整監督人應即報告法院，法院於徵詢中央主管機關及目的事業中央主管機關之意見後得依公正合理之原則，指示變更方針，命關係人會議在一個月內再予審查（公三〇六Ⅰ）。

四、重整計劃之認可　重整計劃因關係人會議之可決而成立，惟須經法院之裁定認可，始生效力。故重整計劃經關係人會議可決者，重整人應聲請法院裁定認可後執行之，並報中央主管機關備查（公三〇五Ⅰ）。法院應徵詢中央主管機關、目的事業中央主管機關及證券管理機關之意見（公三〇七Ⅰ），以作爲裁定認可與否之參考。

重整計劃經法院指示變更再予審查，仍未獲關係人會議可決時，如公司確有重整之價値者，經徵詢中央主管機關、目的事業中央主管機關及證券管理機關意見後，法院就其不同意之組，得以左列方法之一，修正重整計劃裁定認可之（公三〇六Ⅱ）：

㈠有擔保重整債權人之擔保財產，隨同債權移轉於重整後之公司，其權利仍存續不變。

㈡有擔保重整債權人，對於擔保之財產；無擔保重整債權人，對於可充清償其債權之財產；股東對於可充分派之賸餘財產，均得分別依公正交易價額，各按應得之份，處分清償或分派承受或提存之。

㈢其他有利於公司業務維持及債權人權利保障之公正合理方法。

上述重整計劃或已經法院認可之重整計劃，因情事變遷或有正當理由致不能或無須執行時，法院得因重整監督人、重整人或關係人之聲請，以裁定命關係人會議重行審查，其顯無重整之可能或必要者，得裁定終止重整。上述重行審查可決之重整計劃仍應聲請法院裁定認可（公三〇六Ⅲ、Ⅳ）。

重整計劃，經法院認可者，對於公司及關係人均有拘束力，其所載之給付義務，適於爲強制執行之標的者，並得逕予強制執行（公三〇五Ⅱ）。

五、重整計劃之執行　重整計劃經法院認可者，重整人卽可據以執行。惟在執行重整計劃中，本法下列各條規定，如與事實確有扞格時，經重整人聲請法院，得裁定另作適當之處理（公三〇九）：1.第二七七條變更章程之規定。2.第二七八條增資之規定。3.第二七九條及第二八一條減資之通知公告期間及限制之規定。4.第二六八條至第二七〇條及第二七六條發行新股之規定。5.第二四八條至第二五〇條發行公司債之規定。6.第一二八條、第一三三條、第一四八條至第一五〇條及第一五五條設立公司之規定。

重整計劃之執行，應由重整人於計劃中所訂期限內完成之，惟公司法第三〇四條第二項所訂明之重整事項，其執行期限不得超過一年（公三〇四Ⅱ）。

第十項　重整之完成

一、重整完成之程序　公司重整人，應於重整計劃所定期限內，完成重整工作，並召集重整後之股東會。重整後之公司董事、監察人於就任後，應卽向主管機關申請登記或變更登記，並會同重整人報請法院爲重整完成之裁定（公三一〇）。

二、重整完成之效力　公司重整完成後，有左列效力（公三一一）：

㈠對債權人之效力　已申報之債權未受清償部份，除依重整計劃處理，移轉重整後之公司承受者外，其請求權消滅；未申報之債權亦同。公司債權人對公司債務之保證人及其他共同債務人之權利，不因公司重整而受影響。

㈡對股東之效力　股東股權經重整而變更或減除之部份，其權利消滅；未申報之無記名股票之權利亦同。

㈢對訴訟程序中斷之效力　重整裁定前，公司之破產、和解、強制執行及因財產關係所生之訴訟等程序，卽行失其公司債權人對公司債務之保證人及其他共同債務人之權利，不因公司重整而受影響。

㈣對重整機關之效力　重整完成後，重整人，重整監督人及關係人會議之任務，均告終了，自應解除其職務。

第十一項　重整之終止

一、**重整終止之原因**　重整程序開始後，有下列原因之一者，由法院徵詢中央主管機關及目的事業中央主管機關意見後，以裁定終止其重整程序：

㈠重整計劃未得關係人會議之可決，經法院命再予審查，仍未獲關係人會議之可決，而公司又顯無重整價值者，應裁定終止重整（公三〇六Ⅱ）。

㈡重整計劃因情事變遷或有正當理由致不能或無須執行，其公司又顯無重整之可能或必要者，得裁定終止重整（公三〇六Ⅲ）。

㈢重整計劃經法院爲不予認可之裁定確定者。

二、重整終止之效力　法院裁定終止重整，除依職權宣告公司破產者，依破產法之規定外，有左列效力（公三〇八）：

㈠法院於重整裁定前或重整裁定後，行爲之各項保全或緊急處分，均當然失其效力（公二八七、二九四、二九五、二九六）。

㈡因怠於申報權利，而不能行使權利者，恢復其權利。

㈢因裁定重整，而停止之股東會董事及監察人之職權，應即恢復。

重整經法院裁定終止者，公司之重整債務，仍應由公司負責，其優先受償之效力，不因裁定終止重整而受影響。

三、重整終止之登記　法院爲終止重整之裁定，應檢同裁定書通知主管機關爲終止重整之登記，其合於破產法規定者，法院得依職權宣告其破產（公三〇七Ⅱ）。

第十三節　股份有限公司之解散及合併

第一項　解散

股份有限公司之解散，除適用總則之一般規定外，尚有左列特殊之規定：

一、解散之事由　股份有限公司，有左列各款情事之一者，應予解散（公三一五）：

㈠章程所定解散事由。

㈡公司所營事業已成就或不能成就。

㈢股東會為解散之決議。

㈣有記名股票之股東不滿七人。

㈤與他公司合併。

㈥破產。

㈦解散之命令或裁判。

上項第㈠款得經股東會變更章程後，繼續經營；第㈣款，得增加有記名股東，繼續經營。

二、解散之決議　股東會對於公司解散之決議，應有代表已發行股份總數四分之三以上股東之出席，以出席股東表決權過半數之同意行之（公三一六Ⅰ）。公開發行股票之公司，出席股東之股份總數不足前述定額者，得以有代表已發行股份總數過半數股東之出席，出席股東表決權四分之三以上之同意行之（公三一六Ⅱ）。前述出席股東股份總數及表決權數，章程有較高之規定者，從其規定（公三一六Ⅲ）。

三、解散之通知及公告　公司解散時，除破產外，董事會應即將解散之要旨，通知各股東，其有發行無記名股票者，並應公告之（公三一六Ⅳ）。

第二項　合併

一、合併之決議　股份有限公司合併之決議，與其解散之決議同，應有代表股份總數四分之三以上股東之出席，以出席股東表決權過半數之同意行之（公三一六Ⅰ）。

二、合併契約及不同意合併之股東股份收買請求權　股份有限公司與他公司合併時，董事會應就合併有關事項，作成合併契約，提出於股東會。股東在集會前或集會中，以書面表示異議，或以口頭表示異議經記錄者，得放棄表決權，而請求公司按當時公平價格，收買其持有之股份（公三一七Ⅰ），此亦為少數股東權之一也。其請求收買之程序，則準用本法第一八七條及第一八八條之規定（公三一七Ⅱ）。上述所指之合併契約，應以書面為之，並記載左列事項（公三一七之一Ⅰ）：㈠合併之公司名稱，合併後存續公司之名稱或新設公司之名稱。㈡存續公司或新設公司因合併發行股份之總數、種類及數量。㈢存續公司或新設公司因合併對於消滅公司股東配發新股之總數、種類及數量與配發之方法及其他有關事項。㈣對於合併後消滅之公司其股東配發之股份不滿一股應支付現金者，其有關規定。㈤存續公司之章程需變更者或新設公司依第一二九條應訂立之章程。上述之合併契約書，應於發送合併承認決議股東會之召集通知時，一併發送於股東（公三一七之一Ⅱ）。

三、合併之程序　股份有限公司關於合併應為通知及公告程序，及對異議之債權人提供擔保，與因合併而消滅之公司，其權利義務，由合併後存續公司承受等規定，均準用無限公司之有關規定，詳前說明，茲不另贅（公三一九）。

四、合併後公司存續之程序　公司合併後，存續公司之董事會，或新設公司之發起人，於完成催告債權人程序後，其因合併而有股份合併者應於股份合併生效後，其不適於合併者，應於該股份爲處分後，分別循左列程序行之（公三一八Ｉ）：

㈠存續公司，應卽召集合併後之股東會，爲合併事項之報告，其有變更章程必要者，並爲變更章程。

㈡新設公司，應卽召集創立會，訂立章程。

上述變更或訂立之章程，均不得違反合併契約之規定（公三一八Ⅱ）。

五、合併之登記　依本法第三九八條第一項規定，分別爲變更、解散或設立之登記。

第十四節　股份有限公司之清算

第一項　清算之概念

解散之公司，除因合併、破產而解散者外，應行清算（公二四）。在無限公司或兩合公司解散時，得爲任意清算，惟在股份有限公司之清算因其爲資合公司，內外關係，俱極複雜，故法律採取嚴格主義，必須依法定清算程序辦理。

本法就股份有限公司之清算，分爲普通清算程序與特別清算程序二種。其性質均屬非訟事件，亦均受法院之監督，惟前者除選派清算人外，由公司自行依法定程序辦理清算，法院及債權人不干涉之；後者則法院及債權人均積極監督清算事務之進行。特別清算程序事項未規定者，準用普通清算之規定（公三五六）。

第二項　普通清算

一、清算人之任免

㈠清算人之選任

1.法定清算人　股份有限公司之清算，以董事爲清算人（公三二二Ｉ前）。故以董事充任清算人者，謂法定清算人。

2.章程規定之清算人　股份有限公司之章程，另有規定公司解散時之清算人者，則從其規定（公三二二Ｉ中）。

3.選任清算人　股份有限公司之章程，未規定清算人者，股東會得另選清算人（公三二二Ｉ後）。

4.選派清算人　不能依上述三種方法定清算人時，法院得因利害關係人之聲請，選派清算人（公三二二Ⅱ）。

㈡清算人之解任　清算人除由法院選派者外，得由股東會決議解任。法院因監察人或繼續一年以上持有已發行股份總數百分之三以上股份股東之聲請，得將清算人解任（公三二三）。

㈢清算人之聲報或公告　清算人應於就任後十五日內將其姓名、住所或居所及就任日期向本公司所在地之地方法院聲報。清算人之解任，並應由股東會於十五日內向本公司所在地之地方法院聲報。清算人如係由法院選派者，應公告之，其解任時亦同。公司負責人違反上述規定聲報期限時，各處一千元以上五千元以下之罰鍰（公三三四、八三）。

二、清算人之職務

㈠檢查財產並造具表册　清算人就任後，應即檢查公司財產情形，造具資產負債表及財產目錄，送經監察人審查，提請股東會請求承認後，並即報送法院。上項表册送交監察人審查，應於股東會十日前爲之。妨碍清算人之檢查行爲者，各科二萬元以下罰金。清算人造具表册爲虛僞記載者，依刑法或特別刑法有關規定處罰（公三二六）。

㈡召集股東會　清算人依規定所造具之資產負債表及財產目錄，應即提交股東會請求承認（公三二六Ⅰ）。於清算期中，如有必要，亦得召集股東會（公三二四）。

㈢了結現務　公司解散時，尚未終了之事務，清算人應予以了結（公三三四、八四Ｉ１）。

㈣公告催報債權　清算人於就任後，應卽以三次以上之公告，催告債權人於三個月內申報其債權，並應聲明逾期不申報者，不列入清算之內，但爲清算人所明知者，不在此限。其債權人爲清算人所明知者，並應分別通知之（公三二七）。不列入清算內之債權人，就公司未分派之賸餘財產，有清償請求權，但賸餘財產已依公司法第三三〇條分派，且其中全部或一部已經領取者，不在此限（公三二九）。

㈤收取債權　公司對第三人有債權者，清算人應予收取。

㈥清償債務　公司對第三人負有債務，清算人亦應清償之，惟不得於公告申報債權期限內，對債權人爲清償，但對於有擔保之債權，經法院許可者，不在此限。公司對上述未爲清償之債權，仍應負遲延給付之損害賠償責任。公司之資產顯足抵償其負債者，對於足致上述損害賠償責任之債權，得經法院許可後先行清償（公三二八）。

㈦分派賸餘財產　清償債務後，賸餘之財產應按各股東股份比例分派，但公司發行特別股，而章程中另有訂定者，從其訂定（公三三〇）。清算人非清償公司債務後，不得將公司財產分派於各股東，違反此項規定分派公司財產時，各處一年以下有期徒刑、拘役或科或併科二萬元以下罰金（公三三四、九〇）。

(八)宣告破產　公司財產不足清償其債務時，清算人應即聲請宣告破產。清算人移交其事務於破產管理人時，其職務即爲終了。若清算人違反規定，不即聲請宣告破產者，各科二萬元以下罰金（公三三四、八九）。

三、**清算人之權限**

股份有限公司之清算人，於清算程序中，取代董事會之職權。故清算人執行其職務，除將公司營業包括資產負債轉讓於他人時，應得股東會之同意外，有代表公司爲訴訟上或訴訟外一切行爲之權（公三三四、八四Ⅱ）。清算人有數人時，得推定一人或數人代表公司，如未推定時，各有對於第三人代表公司之權。關於清算事務之執行，取決於過半數之同意。推定代表公司之清算人，應於就任後十五日內將其姓名、住所或居所向法院聲報（公三三四、八五）。對於清算人代表權所加之限制，不得對抗善意第三人（公三三四、八六）。

四、**清算人之權義**

股份有限公司之清算人於執行清算事務之範圍內，其權利義務與董事同（公三二四）。清算人與公司之關係，亦依民法關於委任之規定。清算人得請求報酬，其報酬數額，非由法院選派者，由股東會議定，其由法院選派者，由法院決定之。清算費用及清算人之報酬，由公司現存財產中儘先給付（公三二五）。

五、清算之完結

㈠清算完結之期限　股份有限公司之清算人應於六個月內完結清算，不能於六個月內完結清算時，清算人得申敍理由，聲請法院展期（公三三四、八七Ⅲ）。清算人不於上述法定期限內，清算完結者，各處二千元以上一萬五千元以下罰鍰（公三三四、八七Ⅳ）。

㈡清算表册之造報　清算完結時，清算人應於十五日內，造具清算期內收支表、損益表連同各項簿册，送經監察人審查，並提請股東會承認。股東會得另選檢查人，檢查上述簿册是否確當。簿册經股東會承認後，除清算人有不法行爲者外，視爲公司已解除清算人之責任。在清算期內之收支表及損益表，應於股東會承認後十五日內向法院聲請。清算人違反前述聲報期限之規定時，各處一千元以上五千元以下罰鍰。對於檢查人之檢查有妨碍行爲者，各科二萬元以下罰金（公三三一）。

㈢簿册文件之保存　公司應自清算完結聲報法院之日起，將各項簿册及文件，保存十年，其保存人，由清算人及其利害關係人申請法院指定之（公三三二）。

㈣財產之重行分派　清算完結後，如有可以分派之財產，法院因利害關係人之聲請，得選派清算人重行分派（公三三三）。

第三項　特別清算

一、特別清算之開始

㈠開始原因　特別清算者，乃解散之股份有限公司，因清算之實行發生顯著之障碍，或公司負債超過資產有不實之嫌疑時，經法院命令而開始清算之特別程序。故特別清算之原因有二：1.清算之實行發生顯著之障碍時；2.公司負債超過資產有不實之嫌疑時。有其中之一原因者，卽得開始特別清算。

㈡進行程序　解散之股份有限公司有特別清算之原因者，法院依債權人或清算人或股東之聲請或依職權得命令公司開始特別清算。惟以公司負債超過資產有不實之嫌疑爲特別清算之原因者，其聲請則限於清算人（公三三五Ⅰ）。本法第二九四條關於破產、和解及強制執行程序當然停止之規定，於特別清算準用之（公三三五Ⅱ）。

㈢保全處分　法院依聲請人之聲請或依職權於命令開始特別清算前，得提前爲下列之處分：1.公司財產之保全處分。2.記名式股份轉讓之禁止。3.基於發起人、董事、監察人、經理人或清算人責任所生之損害賠償請求權，對於發起人、董事、監察人、經理人或清算人之財產之保全處分（公三三六）。

二、特別清算之機關

㈠清算人

1.清算人之任免　清算人之任免，大抵與普通清算相同。惟在特別清算程序開始，如有重要事由時，法院得解任清算人。清算人缺額或有增加人數之必要時，由法院選派之（公三三七）。

2.清算人之職務　特別清算人之職務，除準用普通清算之規定（公三五六）外，尚有左列特定職務：

⑴爲保全處分　法院依清算人之聲請，於命令開始特別清算前，得提前爲公司法第三三九條之處分（公三三六）。

⑵報告及調查　法院得隨時命令清算人，爲清算事務及財務狀況之報告，並得爲其他清算監督上必要之調查（公三三八）。

⑶召集債權人會議　清算人於清算中，認爲有必要時，得召集債權人會議（公三四一）。

⑷造具表册並陳述意見　清算人應造具公司業務及財產狀況之調查書、資產負債表及財產目錄，提交債權人會議，並就清算實行之方針與預定事項，陳述其意見（公三四四）。

⑸提出建議　清算人得徵詢監理人之意見，對於債權人會議提出協定之建議（公三四七）。

⑹請求特定債權人參加會議　清算人認爲作成協定有必要時，得請求本法第三四〇條但書所定有優先受償權或別除權之債權人參加債權人會議（公三四九）。

⑺聲請檢查　依公司財產之狀況，有必要時，法院得據清算人之聲請命令檢查公司之業務及

財產（公三五二Ⅰ）。

3.清算人之權限　特別清算人之權限，亦準用普通清算之規定，惟其爲下列各款行爲之一者，應得監理人之同意，不同意時，應召集債權人會議決議之，但其標的在資產總值千分之一以下者，不在此限（公三四六Ⅰ）：㈠公司財產之處分。㈡借款。㈢訴之提起。㈣成立和解或仲裁契約。㈤權利之拋棄。應由債權人會議決議之事項，如迫不及待時，清算人經法院之許可，得爲上述所列之行爲（公三四六Ⅱ）。

清算人違反上述規定時，應與公司對於善意第三人連帶負其責任（公三四六Ⅲ）。

清算人將公司營業包括資產負債轉讓於他人，應得股東同意之規定（公八四Ⅱ但），於特別清算不適用之（公三四六Ⅳ）。

㈡債權人會議

1.債權人會議之組成　在特別清算程序中，除有優先受償權及別除權之債權人外，凡已經申報債權或明知債權之一般債權人，均得出席債權人會議。故未依限期申報之債權人且不爲清算人所明知者，自均非此債權人會議之組成員（公三五六、三二七）。至有優先受償權或別除權之債權人，僅得由債權人會議之召集人，通告其列席債權人會議徵詢意見，無表決權（公三四二）。

2.債權人會議之召集

⑴召集人　清算人於清算中，認有必要時，得召集債權人會議（公三四一I）。占有公司明知之債權總額百分之十以上之債權人，亦得以書面載明事由，請求清算人召集債權人會議（公三四一II）。如債權人請求提出後十五日內，清算人不爲召集時，得報經地方主管機關許可，自行召集（公三四一I、一七三II）。

⑵召集程序　債權人會議之召集，應於十日前通知各債權人，對於持有公司無記名債券或票據之債權人，應於十五日前公告之（公三四三、一七二II）。通知及公告應載明召集事由。召集人違反上開通知期限之規定時，處一千元以上五千元以下罰鍰（公三四三、一七二III、VI）。惟持有公司無記名債券或票據之債權人，非於開會前五日，將其債券或票據交存於公司，不得出席（公三四三、一七六）。

3.債權人會議之權限　債權人會議有左列之權限：

⑴徵詢優先受償權或別除權之債權人意見（公三四二）。

⑵查閱清算人造具公司業務及財務狀況之調查書、資產負債表及財產目錄，並聽取清算人就清算實行之方針與預定事項，陳述之意見（公三四四）。

⑶以決議選任或解任監理人（公三四五I）。

⑷清算人爲本法第三四六條第一項各款所列行爲之同意（公三四六I）。

(5)決議協定之可決（公三五〇Ⅰ）。

(6)決議變更協定條件（公三五一）。

4.債權人會議之決議

(1)表決權　上述債權人會議之組成員均有表決權，惟其表決權，以其債權之金額比例定之（公三四三、二九八Ⅱ）。至有優先受償權或別除權之債權人雖得列席債權人會議徵詢意見，惟無表決權（公三四二）。

(2)決議方法　債權人會議之決議方法，在一般事項之決議，以出席債權人過半數，而其所代表之債權額超過總債權額之半數之同意行之（三四三、破一二三）。在協定可決之決議，則應有得行使表決權之債權人過半數之出席，及得行使表決權之債權總額四分之三以上之同意行之（公三五〇Ⅰ）。上述所謂債權總額，係指列入清算範圍內之債權而言，不包括優先受償權或別除權之債權。至債權人會議亦得委託代理出席並代爲行使表決權（公一八三Ⅲ）。

5.債權人會議之議事錄　本法第一八三條之規定，於特別清算準用之（公三四三），故債權人會議之議事錄應準用股東會關於議事錄之規定。

(三)監理人

1.監理人之意義　監理人者，乃代表債權人監督清算人執行特別清算事務之人。監理人並非清算程序之必要機關，其設置與否，由債權人會議自由酌定之。

2.監理人之任免　債權人會議，得經決議選任監理人，並得隨時解任之。此項決議應得法院之認可（公三四五）。法院僅有認可權，並不得逕行直接予以任免。

3.監理人之報酬　監理人可否支給報酬，本法並無明文規定，解釋上，可由債權人會議決定之。

4.監理人之職務　監理人有左列職務：

⑴監督清算人執行特別清算事務。

⑵清算人爲本法第三四六條第一項各款所列行爲之一者，應得監理人之同意（公三四六）。

⑶受清算人之徵詢，對於清算人提出之協定建議或變更協定，提供意見（公三四七、三五一）。

⑷列席債權人會議，陳述意見。

三、特別清算之監督

特別清算程序中之清算事務，應由法院積極加以嚴格之監督，此與普通清算有別。茲就有關事項分述如左：

㈠基於職權所爲之一般監督　法院得隨時命令清算人，爲清算事務及財產狀況之報告，並得爲其他清算監督上必要之調查（公三三八）。法院認爲對清算監督上有必要時，得爲下列之處分：1.公司財產之保全處分。2.記名式股份轉讓之禁止。3.因發起人、董事、經理人或清算人責任所生之損害賠償請求權就其財產爲保全處分（公三三九）。

㈡基於聲請或依職權爲檢查命令　依公司財產之狀況，有必要時，法院得據清算人或監理人或繼續六個月以上持有已發行股份總數百分之三以上之股東，或曾爲特別清算聲請之債權人，或占有公司明知之債權總額百分之十以上債權人之聲請，或依職權命令檢查公司之業務及財產（公三五二I）。

上述檢查準用本法第二八五條公司重整之規定，亦卽法院除將聲請書狀副本，檢送中央主管機關、目的事業中央主管機關及證券管理機關，並徵詢其意見外，並得就對公司業務具有專門學識、經營經驗而非利害關係人者，選任爲檢查人，就左列事項於選任後三十日調查完畢報告法院（公三五二、二八五、三五三）：

1.公司業務及財產狀況。

2.發起人、董事、監察人、經理人或清算人依公司法第三四條、第一四八條、第一五五條、第一九三條及第二二四條應負責任與否之事實。

3.有無爲公司財產保全處分之必要。

4.為行使公司之損害賠償請求權，對於發起人、董事、監察人、經理人或清算人之財產，有無為保全處分之必要。

檢查人對於公司業務或財務有關之一切簿册文件及財產，得加以檢查。公司之董事、監察人、經理人或其他職員，對於檢查人關於業務財務之詢問，有答復之義務。其拒絕檢查或對關於業務財務之詢問無正當理由不爲答復，或爲虛僞之陳述者，各處一年以下有期徒刑、拘役或科或併科二萬元以下罰金（公三五二Ⅱ、二八五Ⅱ、Ⅲ）。

㈢保全處分　法院據檢查人之報告，認爲必要時，得爲左列之處分（公三五四）：

1.公司財產之保全處分。

2.記名式股份轉讓之禁止。

3.發起人、董事、監察人、經理人或清算人責任解除之禁止。

4.發起人、董事、監察人、經理人或清算人責任解除之撤銷，但於特別清算開始起一年前已爲解除，而非出於不法之目的者不在此限。

5.基於發起人、董事、監察人、經理人或清算人責任所生之損害賠償請求權之查定。

6.因前款之損害賠償請求權，對於發起人、董事、監察人、經理人或清算人之財產爲保全處分。

四、特別清算之協定

協定者，乃特別清算中之公司與債權人團體間，以協定方式，爲債務之清償，使清算程序終了，而成立之一種和議。茲就本法之有關規定分述如左：

㈠協定之提出　清算人得徵詢監理人之意見，對於債權人會議提出協定之建議（公三四七）。協定之條件，在各債權人間，應屬平等，但依法得行使優先受償權或別除權之債權，不在此限（公三四八）。清算人認爲作成協定有必要時，得請求有優先權或別除權之債權人參加（公三四九）。

㈡協定之可決　協定之可決，於各債權人之利害關係重大故其決議，應有得行使表決權之債權人過半數之出席，及得行使表決權之債權總額四分之三以上之同意行之。此項決議，並應得法院之認可（公三五〇Ⅰ、Ⅱ）。

㈢協定之變更　協定在實行上遇有必要時，得變更其條件，其變更準用公司法第三四七條至第三五〇條之規定（公三五一）。

㈣協定之效力　協定經法院認可後，對於債權人會議之全體組成員，均有效力（公三五〇Ⅲ、破一三六）。

五、特別清算之終結

法院於命令特別清算開始後，有左列情形之一者，其特別清算程序終結：

㈠各債權人獲得完全清償時　在特別清算程序中，各債權人如能獲得完全清償，亦無協定之可決與認可時，自與普通清算程序之終結相同。

㈡協定實行完畢時　在特別清算程序中，如有協定之可決與認可，則在協定之條件實行完畢時，其特別清算程序亦爲終結。

㈢協定不可能時　特別清算開始後，而協定不可能時，法院應依職權依破產法爲破產之宣告（公三五五）。公司既經宣告破產，其特別清算程序，自然終結，移轉爲破產程序。

㈣協定實行上不可能時　協定雖經成立，惟在實行上不可能時，法院亦應與處理上述協定不可能時之情形相同，依職權依破產法爲破產之宣告（公三五五）。其特別清算程序，自亦終結，移轉爲破產程序。

第六章　外國公司

第一節　外國公司之概念

外國公司者，謂以營利爲目的，依照外國法律組織登記，並經中國政府認許，在中國境內營業之公司也（公四）。是故雖依照外國法律組織登記設立之公司，若未經中國政府認許，又未在中國境內營業者，非本法所稱之外國公司。

外國公司之名稱，應譯成中文，除標明其種類外，並應標明其國籍（公三七〇），以示與本國公司有別。如美商某某股份有限公司是。

第二節　外國公司之認許

一、認許之要件　外國公司須具備左列要件，始得經中國政府認許：

㈠積極要件　外國公司非在其本國設立登記營業者，不得申請認許（公三七一Ⅰ）。此乃外國公司申請認許之積極要件也。非經認許給予認許證，並領有分公司執照者，不得在中國境內營業（公三七一Ⅱ）。

㈡消極條件　外國公司有左列情事之一者，不予認許（公三七三）

1.其目的或業務，違反中華民國法律、公共秩序或善良風俗者。

2.其設分公司之地區限制外國人居住或其業務限制外國人經營者。

3.本法第四三五條所列各款事項，亦卽外國公司申請認許時，應報明之法定事項，有虛僞情事者。

4.外國公司所屬之國家，對於中國公司不予認許者，得不予認許。此項認許與否，主管機關有酌量權，得視情況需要而決定。

二、**認許之效力**　外國公司經認許後，可發生左列效力：

㈠取得外國法人資格　外國公司經認許後，即取得外國法人資格，亦即在我國法律上取得外國法人之權利能力。

㈡得在中國境內營業或設立分公司　外國公司經中國政府認許給予認許證，並領有分公司執照者，得在中國境內營業（公三七一Ⅱ）。外國公司應於認許後，將章程備置於中國境內指定之訴訟及非訴訟代理人處所，或其分公司，如有無限責任股東者，並應備置其名册。公司負責人違反此項規定，不備置章程或無限責任股東名册者，各處一千元以上五千元以下罰鍰；其所備章程或無限責任股東名册有虛僞之記載時，依刑法或特別刑法有關規定處罰（公三七四）。

㈢原則上與中國公司有同一之權利義務　外國公司經認許後，其法律上權利義務及主管機關之管轄，除法律另有規定外，與中國公司同（公三七五）。本法第九條、第十條、第十二條至二十五條之規定，於外國公司準用之（公三七七）。

㈣得購買地產　外國公司經認許後，得依法購置因其業務所需用之地產，但須先申請地方主管機關轉呈中央主管機關核准，並應以其依本國法律准許中國公司，享受同樣權利者爲條件（公三七六）。

㈤得募股募債　外國公司經認許後，自得在中國境內募股募債。惟基於平等互惠之原則，如外國公司之本國法律，不准中國公司在其境內募股募債者，該外國公司亦不得在中國境內募股募債。但其股東私人依法令規定買賣股票債券，不在此限（公三八三）。

㈥淨利孳息之結滙　本法對此無明文，惟依外國人投資條例之規定，外國公司得將其淨利孳息結滙。

三、認許之撤回與撤銷　外國公司經認許後，得予撤回或撤銷，茲分述其原因如後：

㈠認許之撤回　外國公司經認許後，無意在中國境內繼續營業者，應撤銷原認許證件，向主管機關申請撤回認許，但不得免除申請撤回以前所負之責任或債務（公三七八）。至已在中國境內設立分公司者，其分公司自應爲消滅之登記（公三七七、一二）。

㈡認許之撤銷　外國公司有左列情事之一者，主管機關應撤銷其認許（公三七九Ⅰ）：

1.申請認許時所報事項或所繳文件，經查明有虛僞情事者。

2.公司已解散者。

3.公司已受破產之宣告者。

上述撤銷認許，不得影響債權人之權利及公司之義務（公三七九Ⅱ）。

第三節　外國公司之負責人

外國公司，應在中國境內指定其訴訟及非訴訟之代理人，並以之為在中國境內之公司負責人（公三七二Ⅱ）。其代理人在更換或離境前，外國公司應另指定代理人，並將其姓名、國籍、住所或居所申請主管機關登記（公三八五）。

第四節　外國公司之監督

一、**章程名冊之備置**　外國公司應於認許後，將章程備置於中國境內指定之訴訟及非訴訟代理人處所或其分公司，如有無限責任股東者，並備置其名冊。公司負責人違反上述規定不備置章程或無限責任股東名冊者，各科一千元以上五千元以下罰鍰，其所備章程或無限責任股東名冊有虛偽之記載時，依刑法或特別刑法有關規定處罰（公三七四）。

二、**營業資金之專撥**　外國公司，應專撥其在中國境內營業所用之資金，並應受主管機關，對其所營事業最低資本額規定之限制（公三七二Ⅰ）。

三、**營業簿冊之查閱**　外國公司經認許後，主管機關於必要時，得查閱其有關營業之簿册文件（公三八四）。

第五節　外國公司之清算

撤回或撤銷認許之外國公司，應就其在中國境內營業，或分公司所生之債權債務清算了結，所有清算未了之債務，仍由該外國公司清償之。此之清算，以外國公司在中國境內之負責人，或分公司經理人爲清算人，並依外國公司性質，準用本法有關各種公司之清算程序（公三八〇）。

外國公司在中國境內之財產，在清算時期中，不得移出中國國境，除清算人爲執行清算外，並不得處分（公三八一）。

外國公司在中國境內之負責人，或分公司經理人，違反上述規定時，對於外國公司在中國境內營業，或分公司所生之債務，應與該外國公司負連帶責任（公三八二）。

第六節　外國公司臨時營業之報備

外國公司因無意在中國境內設立分公司營業，未經申請認許而派其代表人在中國境內爲業務上之法律行爲時，應報明左列各款事項，申請中央主管機關備案（公三八六Ｉ）：

一、公司名稱、種類、國籍及所在地。

二、公司股本總額及在本國設立登記之年、月、日。

三、公司所營之事業及其代表人在中國境內所爲之法律行爲。

四、在中國境內指定之訴訟及非訴訟代理人姓名、國籍、住所或居所。

上述代表人須經常留駐中國境內者，應設置代表人辦事處，並報明辦事處所在地，依前述規定辦理（公三八六Ⅱ）。

上述申請備案文件，應由其本國主管機關或其代表人業務上之法律行爲所在地或其代表人辦事處所在地之領事館或指定之機構簽證（公三八六Ⅲ）。外國公司非經申請指派代表人報備者，不得在中國境內設立代表人辦事處（公三八六Ⅳ）。

第七章　公司之登記及認許

第一節　公司登記及認許之概念

一、公司登記　公司登記者，乃公司依照公司法所定程序，將其營業與資產狀況及其他法定事項，報請主管機關登記以爲公示之謂。依本法之規定，公司之設立登記，係採登記要件主義，其他事項之登記，則採登記對抗主義（公六、十二）。

二、公司認許　公司認許者，乃外國公司依照公司法所定程序，申請我國主管機關承認其法人人格，並得在中國境內爲營業行爲之謂也。外國公司除臨時營業之報備（公三八六）外，非經認許，不得在中國境內營業或設立分公司。

第二節　公司登記及認許之共通程序

一、登記及認許之申請　公司之登記或認許，應由負責人備具申請書，連同本章所定應備之文件二份，向中央主管機關申請或報由地方主管機關轉呈中央主管機關核辦，由代理人申請時，應加具代理之委託書。前述代理人以會計師、律師爲限（公三八七）。地方主管機關對於公司設立、變更、解散、分公司設立登記，及外國公司認許、撤回認許、變更、分公司設立登記，應於收文後十日內核轉中央主管機關核辦，其他登記事項，每月向中央主管機關彙報一次（公三九〇）。

二、登記申請之改正　主管機關對於公司登記之申請，認爲有違反法令或不合法定程式者，應令期改正，非俟改正合法後，不予登記（公三八八）。

三、登記或認許之確定及公示　公司設立登記、分公司設立登記、外國公司認許及其分公司設立登記，應俟中央主管機關發給執照後，增資減資之登記，應俟中央主管機關換發執照後，方爲確定（公三八九）。

主管機關發給或換發登記執照後，應登載政府公報公布之。卽對於外國公司之認許，亦應準此規定辦理（公三九四）。

四、**登記之更正** 公司登記，申請人於登記後，確知其登記事項有錯誤或遺漏時，得申請更正（公三九一）。

五、**證明及抄閱之請求** 請求證明登記事項並無變更或別無其他事項登記者，中央或地方主管機關得酌量情形，核給證明書（公三九二）。登記簿或登記文件，公司負責人或利害關係人，得聲敍理由請求查閱或抄錄，但主管機關認為必要時，得拒絕抄閱或限制其抄閱之範圍（公三九三）。

六、**執照號數之標明** 公司因設立登記經中央主管機關發給執照後，即取得法人之人格，故其對外文件，應標明其登記執照之號數（公三九五），以示其為合法登記之公司。

七、**解散登記** 公司之解散，除破產外，命令解散或裁定解散應於處分或裁定後十五日內，其他情形之解散應於開始後十五日內，申請主管機關為解散之登記，經核准後，在本公司所在地公告之。公司負責人違反此項申請登記限期之規定時，各處一千元以上五千元以下罰鍰（公三九六）。公司解散後，不向主管機關申請解散登記者，主管機關得依職權或據利害關係人申請，撤銷其登記。主管機關對於上述之申請，應定三十日之期間，催告公司負責人聲明異議，逾期不為聲明或聲明理由不充分者，即撤銷其登記（公三九七）。

八、合併登記　公司爲合併時，應於實行後十五日內，向主管機關，分別依下列各款，申請登記（公三九八Ⅰ）：㈠因合併而存續之公司，爲變更之登記。㈡因合併而消滅之公司，爲解散之登記。㈢因合併而另立之公司，爲設立之登記。公司爲上述申請登記時，應分別情形編造資產負債表。

九、分公司之登記　本國公司或外國公司設立分公司，應於設立後十五日內，將下列各款事項，向主管機關申請登記：㈠分公司名稱。㈡分公司所在地。㈢分公司經理人姓名、籍貫、住所或居所。㈣本公司登記執照所載事項及執照號數。代表公司之股東或代表公司之董事，違反前述申請登記期限之規定，處一千元以上五千元以下罰鍰。公司在國外設立分公者，於分公司所在地政府核准後，應向主管機關報備。撤銷時亦同（公三九九）。

分公司之遷移、撤銷，應於遷移或撤銷後十五日內，向主管機關申請登記。代表公司之股東或代表公司之董事，違反前述申請登記期限之規定時，處一千元以上五千元以下罰鍰（公四〇〇）。

分公司設立變更或撤銷之登記，在無限公司、兩合公司由代表公司之股東申請之；在有限公司、股份有限公司，由代表公司之董事申請之（公四〇一）。

十、經理人之登記　公司經理人之委任、解任、調動，應於到職或離職後十五日內，將下列各款事項，向主管機關申請爲設立之登記（公四〇二Ⅰ）：㈠經理人之姓名、職稱、住所或居所。㈡經理人是否股東或董事。㈢經理人到職或離職年、月、日。代表公司之股東或代表公司之董事，違反前述申請登記期限之規定時，處一千元以上五千元以下罰鍰（公四〇二Ⅱ）。公司暫停營業一個月以上者，應於停止營業之日起十五日內，向主管機關申請爲停業之登記。上述申請停業期間最長不得超過一年，停業期限屆滿後，應於十五日內申報復業（公四〇二之一）。

十一、其他事項之變更登記 公司及外國公司登記事項如有變更時，應於變更後十五日內，向主管機關申請爲變更之登記。代表公司之股東、代表公司之董事或外國公司之負責人違反前述申請變更登記期限之規定時，處一千元以上五千元以下罰鍰（公四〇三）。

第三節 公司登記之特別程序

第一項 無限公司之登記

一、登記申請人 無限公司設立、解散、及因合併而變更之登記，由全體股東申請之；其他各項登記，由代表公司之股東申請之（公四〇四Ⅰ）。無限公司因變更組織爲兩合公司申請登記者，準用本法第四一〇條但書之規定（公四〇四Ⅱ）。

二、設立登記之期限及其應登記之事項 無限公司應於章程訂立後十五日內，將本法第四一條所列各款事項，向主管機關申請爲設立之登記。所謂本法第四一條所列各款事項：即㈠公司名稱。㈡所營事業。㈢股東姓名住所或居所。㈣資本總額及股東之出資額。㈤各股東有以現金以外之財產為出資者，其種類、數量、價格或估價之標準。㈥盈餘及虧損分派之比例或標準。㈦本公司所在地。設有分公司者，其所在地。㈧定有代表公司之股東者，其姓名。㈨定有執行業務之股東者，其姓名。㈩定有解散之事由者，其事由。(十一)訂立章程之年、月、日。公司負責人違反前述申請登記期限之規定時，各處一千元以上五千元以下罰鍰；申請登記時為虛偽記載者，依刑法或特別刑法有關規定處罰（公四〇五）。

三、**登記時應加具之文件**　無限公司申請登記時，應加具之文件，因登記事項不同而異。茲分述如後：

㈠設立登記　無限公司因設立申請登記者，應加具公司章程。股東中有未成年者，應附送法定代理人同意之證明書（公四〇六Ⅰ、Ⅱ）。

㈡合併登記　無限公司因合併而設立申請登記者，應附送本法第七三條第二項規定之通知及公告，或已依本法第七四條規定，清償或提供擔保之證明文件（公四〇六Ⅲ）。

㈢解散登記　無限公司因解散申請登記者，應敍明解散事由，其由繼承人申請者，應送其戶籍證明文件，因合併而解散者，應準用上述因合併而設立登記之規定，亦即應送合併之通知及公告，或已清償或提供擔保之證明文件（公四〇七）。

㈣變更登記　無限公司申請變更登記，應敍明變更事項，其因修改章程而登記者，應加具修正章程及其修正條文對照表；其因變更組織爲兩合公司而登記者，應加具全體股東同意書；其因合併而變更者，並準用第四〇六條第三項之規定（四〇八）。

㈤其他登記　無限公司登記事項，應得股東之同意者，應附送其同意證明書（公四〇九）。

第二項　有限公司之登記

一、登記申請人　有限公司設立、解散、增資及因合併而變更之登記，由全體董事申請之。其他事項由代表公司之董事申請之（公四一一）。

二、設立登記之期限及其應登記之事項　有限公司應於章程訂立後十五日內，將下列各款事項，向主管機關申請爲設立之登記：㈠公司法第一〇一條所列各款事項，卽：1.公司名稱。2.所營事業。3.股東姓名、住所或居所。4.資本總額及各股東出資額。5.盈餘及虧損分派比例或標準。6.本公司所在地，設有分公司者，其所在地。7.定有執行業務股東者，其姓名。8.定有解散事由者，其事由。9.公司爲公告之方法。10.訂立章程之年、月、日等事項。㈡繳足股款之證件。㈢以現金以外之財產抵繳股款者，其姓名及其財產之種類、數量、價格或估價之標準。主管機關對於上項之申請，應派員檢查。如抵繳資本之財產估價過高，主管機關得減少之。公司負責人，違反上述申請登記限期之規定時，各處一千元以上五千元以下罰鍰；申請登記時有虛僞之記載者，依刑法或特別刑法有關規定處罰（公四一二）。

三、登記時應加具之文件　有限公司申請登記時應加具之文件，因登記事項不同而異。玆分述如後：

㈠設立登記　有限公司因設立申請登記，應加具公司章程（公四一三Ⅰ）。

㈡因合併而設立之登記　有限公司因合併而設立申請登記者，應加具公司法第四〇六條第三項規定之文件（公四一三Ⅱ）。

㈢解散登記　有限公司因解散申請登記者，準用本法第四二一條之規定，即應敍明解散事由，其因股東會之決議而解散者，應加具關於解散之股東會議事錄，因合併而解散者，則準用上述因合併而設立登記之規定（公四一四）。

㈣增資登記　有限公司因增加資本申請登記時，除準用公司法第四一二條之規定外，並應加具下列各項文件（公四一五Ⅰ）：1.修正之章程及其修正條文對照表。2.股東關於增加資本之同意書。3.增資後之董事名單。

有限公司因變更組織爲股份有限公司申請變更登記者，應加具左列文件（公四一五Ⅱ）：

1.修正之章程及修正條文對照表。

2.關於變更組織之全體股東同意書。

3.變更組織後之股東名簿。

4.董事監察人名單。

5.有關之股東會及董事會議事錄。

6.對各債權人之通知及公告。

㈤修改章程登記　有限公司因修改章程申請登記者，應加具修正之章程及其修正條文對照表(公四一六)。

㈥因合併而變更之登記　有限公司因合併而變更申請登記者，應加具公司法第四〇六條第三項所規定之文件(公四一七、四二九)。

第三項　兩合公司之登記

兩合公司之登記，均準用無限公司之規定。惟在無限公司應由全體股東申請之登記，其在兩合公司，由全體無限責任股東申請之(公四一〇)。

第四項　股份有限公司之登記

一、登記申請人　股份有限公司設立、解散、增資、減資、發行新股、募集公司債及因合併而變更之登記，由半數以上之董事及至少監察人一人申請之。其他登記事項，由代表公司之董事申請之(公四一八)。

二、設立登記之期限及其應登記之事項

㈠發起設立　股份有限公司發起設立者，其董事、監察人於就任後十五日內，應將下列各款事項向主管機關申請為設立之登記：1.公司章程。2.股東名簿。3.已發行之股份總額。4.以現金以外之財產抵繳股款者，其姓名及其財產之種類、數量、價格或估價之標準暨公司核給之股數。5.應歸公司負擔之設立費用，及發起人得受報酬或特別利益之數額。6.發行特別股者，其總額及每股金額。7.董事、監察人名單，並註明其住所或居所。上開第四款、第五款所列事項，如有冒濫或虛偽者，主管機關應通知公司限期申復，經派員檢查後得裁減或責令補足。公司負責人違反前述登記期限或申復限期之規定時，各處一千元以上五千元以下罰鍰。其有妨礙檢查之行為者，各科二萬元以下罰金。申請登記時為虛偽記載者，依刑法或特別刑法有關規定處罰（公四一九）。

㈡招募設立　股份有限公司募股設立者，其董事、監察人應於創立會完結後十五日內，將下列各款事項，向主管機關申請為設立之登記：1.公司法第一四五條創立會通過之報告事項。2.公司法第一三三條規定申請核准之通知。3.本法第一四六條規定之董事、監察人或檢查人調查報告書及其附屬文件。4.創立會議事錄。5.董事、監察人名單，並註明其住所或居所。6.因合併而設立申請登記者。公司法第四〇六條第三項規定之文件。公司法第四一九條第二、第三項之規定，於此項招募設立登記準用之（公四二〇）。

三、**發行新股登記之期限及其應登記之事項**　股份有限公司，每次發行新股結束後十五日內，董事會應將下列各款事項向主管機關申請登記：1.修正之章程及其修正條文對照表。2.發行新股之總額。3.關於增加資本之股東會議事錄。4.發行新股之董事會議事錄。5.決議發行新股之年月日。6.新股收足之年月日。7.增加資本或發行新股後之股東名簿。8.增加資本或發行新股後之董事、監察人名單。9.公司法第二六八條申請核准之通知。10.發行新股者，其特別股之種類總額及每股金額。前述第七款之股東名簿，公開發行之公司得免送。但應送董事、監察人、經理人及持有股份總額百分之五以上之股東名册。11.以現金以外之財產抵繳股款者，其姓名及其財產之種類、數量、價格或估價之標準及公司核給之股數。12.應歸公司負擔之設立費用，及發起人得受報酬或特別利益之數額。上述11、12所列事項，如有冒濫或虛僞者，主管機關應通知公司限期申復，經派員檢查後得裁減或責令補足。公司負責人違反前述申請登記期限或申復限期之規定時，各處一千元以上五千元以下罰鍰。其有妨礙檢查之行爲者，各科二萬元以下罰金。申請登記時爲虛僞記載者，依刑法或特別刑法有關規定處罰（公四二二）。

四、**募集公司債登記之期限**　股份有限公司募集公司債結束後，董事會應於十五日內，向主管機關申請登記。公司負責人違反此項申請登記限期之規定者，各處一千元以上五千元以下罰鍰；發行公司債爲虛僞記載者，依刑法或特別刑法有關規定處罰（公四二四）。

五、登記時應加具之文件　股份有限公司申請登記時，應加具之文件因登記事項不同而異，玆分述如後：

㈠發起設立登記　股份有限公司因發起設立申請登記者，應加具下列文件：1.公司章程。2.股東名簿。3.董事監察人名單（公四一九Ⅰ）。

㈡招募設立登記　股份有限公司因招募設立申請登記者，應加具下列文件：1.依公司法第一四五條創立會通過之報告事項。2.依公司法第一三三條規定申請主管機關核准之通知。3.依公司法第一四六條規定董事、監察人或檢查人調查報告書及其附屬文件。4.創立會議事錄。5.董事監察人名單，並註明其住所或居所。6.因合併而設立申請登記者，公司法第四〇六條第三項規定之文件（公四二〇Ⅰ）。

㈢發行新股登記　股份有限公司因發行新股申請登記者，應加具下列文件：1.修正之章程及其修正條文對照表。2.發行新股之總額。3.關於增加資本之股東會議事錄。4.發行新股之董事會議事錄。5.決議發行新股之年、月、日。6.新股收足之年、月、日。7.增加資本或發行新股後之股東名簿。8.增加資本或發行新股後之董事監察人名單。9.依公司法第二六八條申請主管機關核准之通知。10.發行特別股者，其特別股之種類總額及每股金額。（公四二二Ⅰ）

㈣減資登記　股份有限公司，因減少資本申請登記者，應加具下列各項文件：1.修正之章程及其修正條文對照表。2.關於減少資本之股東會議事錄。3.減少資本後之股東名簿。4.公司第四〇六條第三項規定之文件（公四二三Ⅰ）。上述第3款之股東名簿，公開發行之公司得免送。但應送董事、監察人、經理人及持有股份總額百分之五以上之股東名冊（公四二三Ⅱ）。

㈤募集公司債登記　股份有限公司因募集公司債申請登記者，應加具下列各項文件：1.關於募集公司債之董事會議事錄。2.最近之資產負債表。3.募集公司債業經核准與合法公告之證明文件。4.債款繳足之證明書。此外因淸償公司債之全部或一部申請登記者，應加具所還淸數之證明書（公四二四、四二五）。

㈥改選董事監察人之登記　股份有限公司，因改選董事、監察人申請登記者，應加具選任之董事、監察人名單（公四二七）。

㈦因合併而變更之登記　股份有限公司，因合併而變更申請登記者，應加具公司法第四〇六條第三項所規定之文件（公四二九）。合併後存續公司或新設公司，因合併承擔公司債時，應於公司變更或設立登記時，並爲公司債之登記（公四二六）。

㈧解散登記　股份有限公司，因解散申請登記者，應敍明解散事由，其因股東會之決議而解散者，應加具關於解散之股東會議事錄，因合併而解散者，並準用公司法第四〇六條第三項之規定（公四二一）。

㈨其他登記事項之變更登記　股份有限公司，因其他登記事項變更申請登記者，應加具關於決議變更之股東會或董事會議事錄；章程有變更者，並應加具修正之章程及其修正條文對照表（公四二八）。

第四節　外國公司之認許與登記

第一項　外國公司之認許

一、認許申請人　外國公司申請認許，由其本公司董事或執行業務股東或其在中國之代表人或經理人或各該人員之代理人爲之。此項申請人，應附送證明其國籍之證件，及本公司之授權證書或委託書（公四三四）。

二、申請認許時應報明並備具之事項及文件　外國公司申請認許時，應報明並備具下列事項及文件：㈠公司之名稱、種類及其國籍。㈡公司所營之事業及在中國境內所營之事業。㈢資本總額，如發有股份者，其股份總額、股份種類、每股金額及已繳金額。㈣在中國境內營業所用資金之金額。㈤本公司所在地及中國境內設立分公司所在地。㈥在本國設立登記及開始營業之年、月、日。㈦董事及公司其他負責人之姓名、國籍、住所。㈧在中國境內指定之訴訟及非訴訟代理人姓名、國籍、住所或居所及其授權證書。㈨無限公司、兩合公司或其他公司之全體無限責任股東之姓名、國籍、住所、所認股份及已繳股款。㈩公司章程及其在本國登記證件之副本或影本，其無章程或登記證件者，其本國主管機關證明其爲公司之文件。㈡在其本國依特許而成立者，其本國主管機關許可文件之副本或影本。㈢依中國法令其營業須經許可者，其許可證件之副本或影本。㈢在中國營業之業務計畫書。㈣股東會或董事會對於請求認許之議事錄，此項各類文件，其屬外文者，均須附具中文譯本（公四三五）。

第二項　外國公司之登記

一、**登記申請人**　外國公司設立分公司或其他事項申請登記時，由在中國境內指定之代表人或分公司經理或其代理人申請之。並應附送證明其國籍之證件，及本公司之授權證書或委託書（公四三七）。

二、**設立分公司登記之期限**　外國公司經認許後，在中國境內設立分公司者，應於設立後十五日內，向主管機關申請登記。公司負責人違反此項申請登記限期之規定時，各處一千元以上五千元以下罰鍰（公四三六）。

第五節　規費

舊公司法將各種登記之規費，訂於條文中，似嫌刻板，新法修訂之，而於本法第四三八條規定：「公司登記費、執照費、查閱費、抄錄費及各種證明書費等，由中央主管機關以命令定之。」此將各種規費授權主管機關以行政命令訂定，以便賦予主管機關得視實際情況，隨時調整之彈性。

第八章　附　則

一、罰鍰之強制執行　本法所定之罰鍰，均為行政罰，如經主管機關核定處罰，拒不繳納者，移送法院強制執行（公四四八）。

二、本法自公布日施行（公四四九）。

第三編 票據法

第一章 通則

第一節 票據之概念

票據一詞，有廣狹二義。廣義之票據，舉凡商業上之憑證，如鈔票、發票、提單、倉庫等皆屬之；狹義之票據，則指以支付一定金額爲目的之特種證劵。本書所述，係指狹義之票據而言。因此所謂票據者，係指由發票人簽名於票上，無條件約定自己或委託他人，以支付一定金額爲目的之特種證劵也。約定自己爲一定金額之支付者，如本票是；委託他人爲一定金額之支付者，如滙票及支票是。

第二節 票據之種類

票據之種類，各國規定，殊不一致。有認滙票、本票二種爲票據，而支票則包含於滙票之中者；有認滙票、本票二種，支票則另爲一種證劵者；又有認票據爲滙票、本票及支票三種者。本法亦分票據為滙票、本票及支票三種（票一）。玆分述其義如次：

一、**滙票**　乃發票人簽發一定之金額，委託付款人於指定之到期日，無條件支付與受款人或執票人之票據（票二）。簡言之，卽委託他人支付一定金額之證券。其當事人有三：卽發票人、付款人及受款人是。滙票，學說上又稱爲信用證券或委託證券。

二、**本票**　乃發票人簽發一定之金額，於指定之到期日，由自己無條件支付與受款人或執票人之票據（票三）。簡言之，卽約定由自己支付一定金額之證券。其當事人有二：卽發票人及受款人是。本票，學說上又稱爲信用證券或預約證券。

三、**支票**　乃發票人簽發一定之金額，委託金融業者於見票時，無條件支付與受款人或執票人之票據。前述所稱金融業者，係指經財政部核准辦理支票存款業務之銀行、信用合作社、農會及漁會（票四）。簡言之，卽委託銀錢業者支付一定金額之證券。其當事人有三：卽發票人、付款人及受款人是。支票，學說上又稱爲委託證券或支付證券。

第三節　票據之性質

票據係依票據法所發行，因票據法之各項特別規定，其性質遂與民法上之指示證券及無記名證券有異，且與債權證書之僅具有證據力者有別。玆就票據之性質，析述如左：

一、票據爲有價證券　有價證券者，即表彰財產權之證券，其權利之處分或行使，必須占有證券之謂。票據爲表彰一定金額給付之證券，其權利以票據之存在爲前提，欲行使票據上之權利，亦必須占有票據，故票據爲有價證券。

二、票據爲設權證券　設權證券者，即權利之發生，必須作成證券之謂。票據上之權利，因票據之作成而發生，無票據，即無票據上之權利，故票據爲設權證券。

三、票據爲要式證券　要式證券者，即證券之作成，須具備法定要件之謂。票據有一定之形式，除本法別有規定外，欠缺應載事項之一者，即歸無效（票十一Ⅰ），故票據爲要式證券。

四、票據爲文義證券　文義證券者，即證券上之權利與義務，悉依記載證券之文義而決定之謂。凡簽名於票據者，均應依票據上所載文義負責（票五），故票據爲文義證券。

五、票據爲無因證券　無因證券者，即不問設權之原因，得依證券而主張其權利之謂。票據苟具法定要件，其權利卽行成立。至於該票據行爲之原因如何發生，執票人如何取得，則在所不問，故票據爲無因證券。

六、票據爲金錢證券　金錢證券者，卽以金錢爲給付標的物之證券。票據上所表彰之財產權，限定爲金錢之給付，故票據爲金錢證券。

七、票據爲債權證券　債權證券者，卽以表示債權爲目的之證券。票據債權人占有票據，得就票據上所載一定之金額，向特定票據債務人行使其請求權，故票據爲債權證券。

八、票據爲流通證券　流通證券者，卽得依背書或交付之方法而移轉其權利之證券。票據除發票人有禁止轉讓之記載外，得依背書或交付轉讓之（票三〇、三二），故票據爲流通證券。

九、票據爲提示證券　提示證券者，卽以證券之提示，爲請求給付之條件之謂。票據之執票人，欲行使其票據上之債權時，須於法定期間內爲付款之提示（票六九），故票據爲提示證券。

十、票據爲返還證券　返還證券者，卽以證券之返還，爲請求履行債務之條件之謂。票據之執票人於收受票據金額時，須將該票據返還於付款人，故票據爲返還證券。

第四節　票據之效用

票據在經濟上之效用，約有四端：

一、隔地滙款之工具　隔地輸送現金，運送旣需勞費，途中且有遺失或被竊之虞。若以票據用之於滙兌，則最爲簡便安全。今雖有郵滙、電滙等滙款方法，惟其效用，仍不及票據之廣也。

二、信用利用之工具　商業發達，交易日繁，買賣或其他商業交易，以現金支付，諸多不便，票據遂爲商人信用上利用所不可或缺之工具。例如甲向乙購買物品，價金爲一萬元，約定於二個月後付款，此時甲卽得對乙發行二個月後付款之本票。乙收受甲之本票後，如有急需，可將該本票持向銀行貼現，或以背書轉讓，流通市面。如是甲既得利用自己之信用，以發行票據，代現金之支付，乙又得利用甲之信用，籌措現金也。

三、**節約通貨之工具** 票據可代現金之支付，是其背書轉讓，輾轉流通，幾與通用貨幣無異。

四、**抵銷債務之工具** 國際貿易、募集外債或其他債務關係，若彼此以現金致送，不但勞費，且有不測之危險。今以票據爲國際間債務之抵銷，不惟可免現金輸送之煩，且使國際貿易，獲得簡便而安全。

第五節 票據行為

第一項 票據行爲之概念

票據行爲者，以發生票據上一定權利義務關係爲目的所爲之要式行爲也。凡發票、背書、承兌、參加承兌與保證五者均屬之。發票爲創設票據之原始行爲，乃基本之票據行爲，稱爲主票據行爲；至於背書、承兌、參加承兌及保證，則須於發票後方能爲之，乃爲附屬之票據行爲，稱爲從票據行爲。在附屬行爲中，除背書爲各種票據之共同行爲外，滙票有承兌、參加承兌與保證行爲。本票則僅有保證行爲，支票無之。關於票據行爲之性質，向有契約說及單獨行爲說，我國票據法採單獨行爲說，明定在票據上簽名者，依票據上所載文義負責，二人以上共同簽名時，應連帶負責（票五）。

第二項　票據行爲之基礎關係

票據上權利義務之成立，必基於票據行爲，故票據行爲，乃票據上法律關係之唯一基礎。票據在法律上所生之關係，可分爲票據關係與基礎關係兩種。前者係指由票據行爲所生之一切權利義務關係；後者則爲票據關係以外之法律關係，乃指實質上雖非票據行爲，卻與票據行爲具有密切關係者而言。此項關係，有係基於票據法之規定而生者，如利益償還請求權（票二二Ⅳ）、匯票執票人發行複本請求權（票一一四）、交還複本請求權（票一一七Ⅱ）、交還原本請求權（票一一九Ⅱ）等是。有係基於民法之規定而生者，如票據預約、票據原因、票據資金等是。茲僅就基於民法規定所生之基礎關係，分述如次：

一、**票據預約**　此乃當事人間授受票據之約定。此項約定，係民法上之一種契約，依當事人雙方意思表示合致而成立。通常當事人在授受票據時，對於票據之種類、金額、到期日、付款地等事項，均先有所約定；因有此項約定，始有票據行爲，因有票據行爲，遂發生種種票據關係。故票據預約雖不能直接發生票據上之權利義務，卻與票據行爲具有相當密切之關係。票據法僅規定因票據行爲所生之權利義務關係，而不及於票據預約。故票據預約存在與否，與票據發行之效力無關，僅有時得成爲當事人間之抗辯事由而已。

二、票據原因　此乃當事人間授受票據之緣由。例如因買賣、贈與、借貸等原因而授受票據是。票據爲無因證券，故此項原因關係，與票據行爲無關，原因雖有瑕疵，票據如已具備法定要件，該票據仍屬有效。故票據債權人行使其權利時，無須證明其票據授受之原因；票據債務人亦不得以其原因欠缺，而對抗善意之執票人，僅有時得成爲當事人間或對惡意第三人之抗辯事由而已。

三、票據資金　此乃發票人與付款人間之基礎關係。滙票及支票之付款人，在承兌或付款時，與發票人間有其資金關係存在；而本票以發票人自爲付款人，除有擔當付款之情形外，則無所謂資金關係存在。資金關係，通常固爲金錢，但實物、債權、信用等，亦得作爲資金。惟票據爲文義證券，票據上之權利義務，悉依票載文義爲準，資金關係存在與否，與票據之權利義務不生影響。故無資金而發行票據者，其票據仍有效，惟支票之發票人，若無資金，則應受刑罰之制裁。

第三項　票據行爲之簽名

無論爲何種票據行爲，均以行爲人之簽名爲其必要方式。票據之發票人、背書人、承兌人、參加承兌人及保證人，均因簽名於票據之行爲，而對執票人負擔票據上之責任。故本法規定，在票據上簽名者，依票上所載文義負責（票五Ⅰ）。所謂簽名，指將本人姓名，親書於票據上之行為而言，所簽者為本名或商號，均屬有效。惟簽名得以蓋章代之（票六）。蓋章雖不以本人自蓋為限，但應確出於本人之意思，如係由他人盜用，則為票據偽造問題，似不生代簽名之效力（43臺上一一六〇）。印章如確為本人所有，在法律上應推定為本人自蓋，如本人主張係由他人盜蓋者，應由其證明（48臺上五一〇）。其次，所謂依票上所載文義負責，指票據當事人依票據上所記載享受權利或負擔義務之謂。蓋票據為文義證券，應以票上所載文義，決定當事人之權利義務，所以維持票據之信用，保護交易之安全也。又同一票據行為，由二人以上共同簽名時，應連帶負責（票五Ⅱ）。

第四項　票據行為之數字錯誤

票據上記載金額之文字與號碼不符時，以文字為準（票七），至當事人之原意如何，則非所問。此為特別規定優於民法之適用，故票據行為數字之表示錯誤，不適用民法第四條之規定也。

第五項　票據行為之獨立性

票據上雖有無行為能力人或限制行為能力人之簽名，不影響其他簽名之效力（票八），此即所謂票據行為之獨立性。旨在保護交易之安全，以免妨礙票據之流通。依此，無行為能力人或限制行為能力人之簽名，固不生簽名之效力，但其他有行為能力人之簽名，則仍依票據文義負法律上之責任。例如無行爲能力人某甲，發行一票據與乙，乙以之背書讓與丙，丙復讓與丁，是某甲之發票行爲雖屬無效，惟乙、丙所爲背書承兌等票據行爲，仍屬有效，不因某甲行爲之無效而有所影響也。

第六項　票據行爲之代理

票據行爲，乃法律行爲之一種，得由他人代理爲之。其代理，須以顯名方式爲之，亦即須記載爲本人代理之意旨，始由本人負責。若代理人未載明爲本人代理之旨而簽名於票據者，應自負票據上之責任（票九）。所謂載明本人代理之旨，本法並未就此設有特定方式，故代理人於其代理權限內，以本人名義蓋本人名章，並自行簽名於票據者，縱未載有代理人字樣，而由票據全體記載之旨觀之，如係社會觀念，足認有爲本人之代理關係存在者，似難謂非已有爲本人代理之旨之載明（41臺上七六四）。無代理權而以代理人名義簽名於票據者，應自負票據上之責任。代理人逾越權限時，就其權限外之部分，亦應自負票據上之責任（票一〇）。

第七項　票據行爲之方式

票據爲要式證券，故票據行爲，爲要式行爲。若依法應記載之事項而不記載者，其票據無效（票十一）。但票據法別有規定者，仍屬有效（票十一但）。例如未載付款人之票據，以發票人爲付款人是（票二四Ⅲ）。至票據上記載本法所不規定之事項者，亦不生票據上之效力（票十二）。所謂不生票據上之效力，並非因票據記載非法定事項，而全部罹於無效，僅指該所記載之非法定事項，不生票據上之效力而已。惟記載之非法定事項，如與票據之本質抵觸者，其票據卽爲無效。例如滙票發票人爲付款之委託，附記某事項爲條件，則與滙票之本質抵觸，其票據卽屬無效是。執票人善意取得已具備本法規定應記載事項之票據者，得依票據文義行使權利；票據債務人不得以票據原係欠缺應記載事項爲理由，對於執票人主張票據無效（票十一Ⅱ）。

第八項　票據行爲之解釋原則

一、票據外觀解釋原則　票據行爲重在外觀形式，倘其行爲具備法律所要求之形式要件，則其記載事項，縱與事實不符，亦不影響該行爲效力。例如票上所載發票日與實際發票日不符，其發票行爲仍爲有效。

二、票據客觀解釋原則　票據爲文義證者，票據行爲應依票上所載文義爲客觀之判斷，而不得依票據以外之事項或證據加以任意變更或補充。

三、票據有效解釋原則　解釋票據行爲應儘量使其有效。俾助長票據之流通與交易之安全。

第六節　票據之僞造與變造

第一項　票據之僞造

票據僞造之情形有二：一爲票據之僞造，一爲票上簽名之僞造。前者指假冒他人名義爲發票之行爲；後者則指假冒他人名義爲發票以外之票據行爲，如背書、保證或承兌之僞造是。僞造之票據，原不生法律上之效力，被僞造者因非自己簽名，自不負票據上之責任。僞造者亦未簽自己名之僞造，不影響於眞正簽名之效力（票十五），亦卽眞正簽名者，不論其簽名，係在僞造簽名之前後，均仍就票據文義負責，且得就該項票據，再爲各種有效之票據行爲。

第二項　票據之變造

票據之變造，指不法變更票據上簽名以外所記載之事項，如變更金額、到期日及其他事項是。若變更簽名，乃屬僞造之範圍，非此所謂變造。又依法有變更之權限而爲票據之變更者，亦不得視爲變造。票據經變造時，簽名在變造前者，依原有文義負責；簽名在變造後者，依變造文義負責；不能辨別前後時，推定簽名在變造前（票十六Ⅰ）。例如發票人甲發行壹萬元之本票，交付於受款人乙，乙改爲參萬元，以背書讓與於丙，此時甲之簽名，在變造之前，應負壹萬元責任，而乙之簽名，則在變造參萬元之後，應負參萬元之責任。如前後不能辨別時，則推定依變造前之原有文義負責是。惟上述票據變造，其參與或同意變造者，不論簽名在變造前後，均依變造文義負責（票十六Ⅱ）。此外，爲防止票據變造，票據上之記載，除金額外，得由原記載人於交付前改寫之。但應於改寫處簽名（票十一Ⅲ）。

第七節　空白授權票據

空白授權票據者，係據票據行爲人預行簽名於票據，而將票推上其他應記載事項之全部或一部，授權他人補充完成之票據行爲。空白授權票據，因補充權之行使，而使不完成之票據，因之而成爲完全票據，故此補充權爲形成權。

第八節　票據之抗辯

票據之抗辯者，票據債務人對於票據債權人行使其請求權時所得提出之抗辯也。關於票據抗辯之限制，各國立法例不一，有爲積極限制者，有爲消極限制者。我票據法採取後者，於第十三條規定：「票據債務人不得以自己與發票人或執票人之前手間所存抗辯之事由對抗執票人。但執票人取得票據出於惡意者，不在此限。」茲析述如左：

一、票據債務人不得以自己與發票人間所存抗辯之事由，對抗執票人　即票據債務人不得以其與發票人間特種關係所得主張之事實，而與執票人對抗也。蓋票據債務人與發票人間爲基礎關係，票據債務人與執票人間之關係，始爲票據關係。票據係無因證劵，其基礎關係如何，在所不問。例如滙票經承兌後，承兌人不得以未收取發票人之資金等事由，對抗善意之執票人。

二、票據債務人不得以自己與執票人之前手間所存抗辯之事由，對抗執票人 即票據債務人不得以其與執票人前手間特種關係所得主張之事實，而爲對抗。蓋票據債務人與執票人間爲票據關係，故票據債務人不得以其自己與執票人前手間之特種關係爲理由，對善意執票人有所抗辯。例如甲向乙購貨簽發遠期本票交與乙，並定期二個月交貨，乙將該本票轉讓於丙，丙到期向甲請求付款，則甲不得以自己與丙之前手乙所存未交貨之事由，對抗執票人丙。

上述不得對抗之限制，係爲保護善意之執票人而設。若執票人之取得票據出於惡意者，自不受法律之保護，票據債務人仍得以自己與發票人執或票人前手間所存抗辯之事由，對抗執票人，此本條但書之所由設也。

第九節　票據權利之取得、行使及保全

第一項　票據權利之取得

票據權利者，爲票據所記載之金錢債權。凡持有票據者，卽取得票據上之金錢債權請求權，包括對於付款人之付款請求權，或在拒絕付款時對於票據債務人之追索權。票據權利的取得方法有原始取得與繼受取得。前者，如因發票行爲而創設取得，或自無處分票據權利人善意受讓票據而善意取得；後者指執票人自正當處分權人依背書轉讓或交付程序受讓票據而取得。本法基於誠

實與信用原則，對於票據權利之取得，設有左列兩種限制：

一、須無惡意或重大過失　凡以惡意或有重大過失取得票據者，不得享有票據上之權利（票十四Ⅰ）。所謂惡意，乃係明知其前手並無讓與票據之權利，而仍受讓其票據。所謂重大過失，係指受讓人雖非明知，但若稍加注意，即可知悉其前手非係有權讓與票據之人。有無惡意或重大過失，應由票據債務人負舉證責任。

二、須有相當之對價　凡無對價或以不相當之對價取得票據者，不得享有優於其前手之權利（票十四Ⅱ）。通常讓與人以票據讓於受讓人，多自受讓人受有相當之對價。此相當之對價，或為勞務之供給，或為買賣之價金，或為債務之抵銷，均無不可。至相當與否，應就票載金額，依一般交易上之觀念而為決定。

第二項　票據權利之行使及保全

一、行使及保全之處所　為行使或保全票據上權利，對於票據關係人應為之行為，應在票據上指定之處所為之；無指定之處所者，在其營業所為之；無營業所者，在其住所或居所為之；票據關係人之營業所、住所或居所不明時，因作成拒絕證書，得請求法院公證處、商會或其他公共會所調查其人之所在，若仍不明時，得在該法院公證處、商會或其他公共會所作成之（票二〇）。

二、行使及保全之時間　為行使或保全票據上權利，對於票據關係人應為之行為，應於其營業日之營業時間內爲之；如其無特定營業日或未訂有營業時間者，應於通常營業日之營業時間內爲之（票二一）。

第十節　票據之塗銷

票據之塗銷者，即將票據上之簽名或其他記載事項，予以塗抹銷除之行爲。例如塗抹票上之一定金額，或銷除背書人之簽名等是。倘係無權利人所爲之塗銷，則屬變造之範圍。票據上之簽名或記載被塗銷時，非由票據權利人故意爲之者，不影響於票據上之效力（票十七）。蓋票據上之權利，既已有效發生，苟無法定消滅或變更之原因，自不能使之失其效力。惟如票據權利人故意塗銷者，顯係有拋棄該部分權利之意思，其塗銷部分之權利義務，自應歸於消滅。

第十一節　票據之喪失

票據之喪失者，指因遺失、被盜或其他事變，而失其票據之占有也。票據喪失時，票據權利人除業經保付之支票外（票一三八Ⅳ），得爲止付之通知。但應於提出止付通知後五日內，向付款人提出已爲聲請公示催告之證明。若未依此項規定辦理者，止付通知失其效力（票十八）。因止除止付外，尚須依民事訴訟法之規定向法院爲公示催告之聲請。公示催告之佈告不僅應黏貼於法院之牌示處，且登載於公報或新聞紙及黏貼於交易所，有防止善意取得之效果。公示催告程序開始後，其經到期之票據，聲請人得提供擔保，請求票據金額之支付，不能提供擔保時，得請求將票據金額依法提存。其尚未到期之票據，聲請人得提供擔保，請求給與新票據（票十九）。

第十二節　票據之時效

時效，有取得時效與消滅時效之分。票據法所謂之時效，係指消滅時效而言。消滅時效者，乃請求權於一定期間內繼續不行使而致權利消滅之法律事實也。票據爲流通證券，貴在迅速解決，故票據法特別規定其短期時效。此項特別短期時效期間，計有五種，即三年、一年、六月、四月及二月是。茲分別述之如後：

一、三年特別期間　滙票及本票之執票人，對滙票承兌人及本票發票人應行使之權利，自到期日起算，見票卽付之本票，自發票日起算，三年間不行使，因時效而消滅（票二二Ｉ前段）。

二、一年特別期間　支票之執票人，對支票發票人應行使之權利，自發票日起算，一年間不行使，因時效而消滅。滙票本票之執票人，對前手之追索權，自作成拒絕證書日起算，一年間不行使，因時效而消滅；其免除作成拒絕證書者，自到期日起算（票二二Ｉ後段Ⅱ前段）。

三、六月特別期間　滙票本票之背書人，對前手之追索權，自爲清償之日或被訴之日起算，六個月間不行使，因時效而消滅（票二二Ⅲ前段）。

四、四月特別期間　支票之執票人，對前手之追索權，自作成拒絕證書日起算，四個月間不行使，因時效而消滅。其免除作成拒絕證書者，自提示日起算（票二二Ⅱ後段）。

五、二月特別期間　支票之背書人，對前手之追索權，自為清償之日或被訴之日起算，二個月間不行使，因時效而消滅（票二二Ⅲ後段）。

本法僅就時效期間，設有規定，關於時效中斷、時效不完成時之效果及時效利益不得預先拋棄等項，則均付闕如，自仍適用民法有關之規定（民一二九條以下）。

第十三節　票據之利益償還請求權

第一項　利益償還請求權之概念

利益償還請求權者，謂票據上之債權，因時效或手續之欠缺而消滅時，執票人對於發票人或承兌人於其所受利益之限度內，得請求償還其利益之權利也（票二二Ⅳ）。蓋以發票人或承兌人發行票據，通常均受有對價，執票人取得票據，通常亦付有對價。如因短期時效或法定之手續欠缺，而使發票人或承兌人享受意外利益，執票人受有損失，顯非平允之道。故本法特別規定，執票人對於發票人或承兌人有上述利益償還請求權。此項請求權，並非基於票據行為而產生，非票據上之權利，屬於一般普通債權，應適用民法一般消滅時效之規定卽有十五年之消滅時效期限。

第二項　利益償還請求權之要件

行使利益償還請求權時，須具備左列要件：

一、**客觀要件**　此指請求權成立上之條件而言。

㈠票據上之債權須因時效或手續欠缺而消滅　所謂時效消滅，已見前述。所謂手續欠缺而消滅，係指欠缺保全票據上權利之手續，如不於法定期間內，爲付款或承兌等應爲之行爲而致消滅是。

㈡發票人或承兌人須因此而受有利益　卽須發票人因此免除票據上之責任，而享受發票所得之對價，或承兌人因票據上權利之消滅，而享受因不爲付款所獲之利益。

二、**主觀要件**　此指當事人資格上之條件而言。

㈠償還請求權人須爲執票人　祇須具備執票人之資格，不問其有無對價而取得票據，皆可行使此項請求權。

㈡償還義務人須爲發票人或承兌人　利益償還請求權，僅得對發票人或承兌人行使，其他一切票據債務人，卽使證明其受有票據上利益，亦不得對之行使。

第十四節　票據之粘單

票據餘白不敷記載時，得將粘單延長之。粘單後第一記載人，應於騎縫上簽名（票二三）。粘單之要件有二：㈠票據餘白須不敷記載，㈡粘單後第一記載人須於騎縫上簽名。

票據之粘單，既爲票據之延長，因此在粘單上所爲之票據行爲，與在原票據上所爲之行爲，有相同之效力。

第二章　滙票

第一節　發票及款式

第一項　滙票之發行

滙票之意義，已如前述。滙票之發行，乃依法定款式，作成滙票，交付於受款人之基本票據行爲。是滙票之發行，包括滙票之作成及交付行爲。僅有滙票之製作，而無交付行爲，尚不得稱之爲發行，自不生發行之效力。若執票人善意取得者，仍得依本法第十四條之意旨享有票據上之權利。

第二項　滙票之款式

滙票爲要式證劵，票據上之權利義務，基於票據之發行，故法律嚴格規定其款式。發票行爲應記載之事項，爲票據之要件，如有欠缺，除有特別規定外，非特發票行爲不生效力，卽在票上所爲背書、承兌、參加承兌及保證等行爲，亦屬無效。此項應記載之事項，除發票必須簽名外，可分爲必要記載事項與任意記載事項。必要記載事項，又可分爲絕對必要記載事項與相對必要記載事項（票二四Ⅰ）。絕對必要記載事項如未記載，其滙票應爲無效。相對必要記載事項如未記載，法律另有補充規定，其滙票並不因而無效。至任意記載事項記載與否，悉依票據行爲人之自由，如未記載，固與票據之效力無關，惟若已記載於票據，仍發生票據上之效力。玆依本法規定，分述如後：

一、絕對必要記載事項

㈠表明其爲滙票之文字　滙票，必須以文字表明，以示與他種證劵之區別。表明文字，不限於「滙票」二字，他如滙劵、滙兌劵等同義文字，足以表明滙票之性質者，亦無不可（參照司法院解釋第一一四七、一四二三）。

㈡一定之金額　滙票上之金額，所以確定票上債權債務之範圍。且滙票爲金錢證劵，故以一定金額之記載爲要件。記載之金額如不確定，票據卽爲無效。票據上之金額應塡寫之，不得變更改寫（票十一Ⅲ）。票據金額文字與號碼不符時，以文字爲準（票七）。

㈢無條件支付之委託　所謂無條件，乃單純之義，卽對於支付之資金與方法，不得附有任何條件，如票上記載「錢到付款」等字樣，票據卽爲無效。

㈣發票年月日　卽滙票發行時，形式上記載之年月日也。爲定提示期間及到期日之起算點，且藉悉發票人發票時有無行爲能力，法人爲發票人時，其發票時已否成立。

二、相對必要記載事項

㈠付款人之姓名或商號　付款人，乃受發票人之委託而支付滙票金額之人。若付款人爲商業主體時，應記載其商號。付款人通常爲發票人以外之第三人，但發票人亦得以自己爲付款人（票二五）。此種滙票，學者稱之爲已付滙票或對已滙票。例如總行對分行發行之滙票是。滙票未載付款人者，以發票人爲付款人（票二四Ⅲ）。

㈡受款人之姓名或商號　受款人，乃滙票之第一債權人，故其姓名應記載於票上，受款人爲商業主體時，應記載其商號。滙票之受款人，通常固爲發票人及付款人以外之第三人，但亦得以發票人或付款人爲受款人（票二五Ⅰ）。前者稱爲己受滙票，後者稱爲付受滙票。滙票上未載受款人者，以執票人爲受款人（票二四Ⅳ），卽所謂無記名滙票是。執票人並得於無記名滙票之空白內，記載自己或他人爲受款人，變更爲記名滙票（票二五Ⅱ）。

㈢發票地　即發票人發行滙票之處所。滙票未載發票地者，其票據仍爲有效，即以發票人之營業所、住所或居所所在地爲發票地（票二四Ⅴ）。

㈣付款地　爲滙票金額之支付地，亦即執票人請求付款及作成拒絕證書之處所。滙票未載付款地者，即以付款人之營業所、住所或居所所在地爲付款地（票二四Ⅵ）。

㈤到期日　乃滙票金額支付之日期。票上未載到期日者，視爲見票即付（票二四Ⅱ）。其詳容後述之。

三、任意記載事項

㈠擔當付款人　乃代付款人擔當滙票金額支付之人。發票人得於付款人外，記載一人爲擔當付款人（票二六Ⅰ），滙票上載有擔當付款人者，其付款之提示，應向擔當付款人爲之（票六九Ⅱ）。滙票上未經發票人指定擔當付款人者，付款人得於承兌時記載之（票四九）。

㈡預備付款人　即指定在付款地之第三人，使其在付款人拒絕承兌或付款時，爲參加承兌或參加付款之人。發票人得於付款人外，記載在付款地之一人爲預備付款人（票二六Ⅱ）。滙票上經發票人指定有預備付款人者，在付款人拒絕承兌或付款時，均得向該預備付款人請求參加承兌或向其爲付款之提示（票五三Ⅰ、七九Ⅰ）。背書人亦得記載在付款地之一人爲預備付款人（票三五）。

㈢付款處所　即發票人或付款人於付款地內所指定之特定付款地點也。發票人得記載在付款地之付款處所（票二七）。付款人於承兌時，亦得於滙票上記載付款地之付款處所（票五〇）。票據上如有付款處所之記載者，則行使或保全票據上之權利，均應在該處所爲之（票二〇）。

㈣利息及利率　發票人得記載對於票據金額支付利息及其利率。利率未經載明時，定爲年利六釐。利息自發票日起算，但有特約者，不在此限（票二八）。

㈤免除擔保承兌責任　發票人得依特約免除擔保承兌之責（票二九I但書）。蓋以發票人委託他人付款而發行滙票，對於承兌，在到期前，或與付款人尙未接洽，或因款項尙未送到，預知請求承兌，亦屬無益，不妨在票據爲免除擔保承兌之記載。此項特約，應載明於滙票（票二九II）。

票據任意記載事項，固不僅上述五項，他如禁止轉讓之記載（票三〇I）、承兌期限或期之記載（票四四）、承兌或付款提示期限縮短或延長之記載（票四五、六六）、免除作成拒絕證書之記載（票九四I）、指定應給付金額之記載（票七五I但書）、免除通知之記載（票九〇）及不得發行回頭滙票之記載（票一〇二I）等等，均屬之。

第三項　滙票發票之效力

一、對發票人之效力　滙票之發票人，應照滙票文義擔保承兌及付款（票二九I）。所謂擔保承兌者，即滙票在到期前，付款人拒絕承兌時，執票人即可作成拒絕證書，向發票人行使追索權，請求其清償票款。所謂擔保付款者，即滙票到期不付款，執票人行使追索權時，發票人應負清償之責。雖然，發票人擔保承兌之責任，得以特約免除之（票二九Ⅰ但）。但擔保付款之責任，則不得免除，滙票上有免除擔保付款之記載者，其記載無效（票二九Ⅲ），藉以保持票據之信用。

二、對付款人之效力　滙票之發票僅爲發票人一方之行爲，付款人在承兌之前，並不因之當然成爲票據債務人，僅因發票而取得可以承兌之地位。

三、對執票人之效力　執票人因票據而取得付款請求權。惟該請求權在未經承兌前，僅係一種期待權而已。票據經行使與保全後，執票人亦取得追索權。

第二節　背　書

第一項　背書之概念

背書者，乃執票人以轉讓票據權利於他人爲目的，所爲之附屬票據行爲也。茲析述如後：

一、背書爲票據行爲　滙票經發行後，因有背書權利人之作成背書，即行更換權利行使之主體，故背書爲票據行爲之一種。

二、**背書爲附屬票據行爲**　票據行爲，僅發票爲基本票據行爲，必先有發票行爲，始得爲背書行爲，故背書爲附屬票據行爲。

三、**背書爲轉讓票據權利於他人爲目的之行爲**　票據經背書後，被背書人即取得票據上之權利。

第二項　背書之方法

一、**記名背書**　亦稱正式背書或完全背書。即背書人在滙票之背面或其粘單上，記載被背書人並簽名於滙票之背書也（票三一Ⅰ、Ⅱ）。此項背書，背書人得記載背書之年、月、日（票三一Ⅳ）。

票面所載金額讓與
○○○先生　○○○簽名
中華民國六十九年七月六日

二、**空白背書**　亦稱略式背書、無記名背書或不完全背書。即背書人不記載被背書人，而僅簽名於滙票之背書也（票三一Ⅲ）。此項背書，背書人亦得記載背書之年、月、日（票三一Ⅳ）。法律認許空白背書之立法理由有三：㈠使票據易於流通，㈡空白背書滙票之執票人轉讓票據時，可不負背書人之責任，㈢拒絕付款時，追索權之範圍，不致擴大。空白背書之執票人，如再將滙

票轉讓，得以下列任一方式爲之，均生轉讓之效力：㈠依滙票之交付轉讓之（票三二Ⅰ），㈡得以空白背書或記名背書轉讓之（票三二Ⅱ），㈢得於空白內記載自己或他人爲被背書人，變更爲記名背書，再爲轉讓（票三三）。

第三項　特種背書

一、**禁止背書**　乃發票人或背書人所爲禁止轉讓或再流通之背書。此種背書，本法分爲左列二種：

㈠發票人之禁止背書　記名滙票發票人有禁止轉讓之記載者，不得轉讓（票三〇Ⅱ），僅可依普通債權讓與之方法，而爲票據權利之移轉。

㈡背書人之禁止背書　背書人於票上記載禁止轉讓者，仍得依背書而轉讓之。但禁止轉讓者，對於禁止後再由背書取得滙票之人，不負責任（票三〇Ⅲ）。是背書人雖亦得爲禁止轉讓之記載，其效力則與發票人有異，該票據仍不失其流通性，被背書人仍得依背書而爲轉讓。惟爲此項記載之背書人，僅對於直接後手之被背書人負責，對於禁止後再由背書取得滙票之人，則不負責任。

二、**回還背書**　亦稱回頭背書，乃以滙票上之債務人爲被背書人之背書（票三四Ⅰ）。所謂滙票上之債務人，指發票人、承兌人、付款人或其他票據債務人（如背書人、保證人、參加人）

等而言。回還背書，如依民法混同之法理，其債權債務應歸消滅，但票據貴在流通，故不適用混同之規定。回還背書之受讓人，於滙票未到期前，得再爲轉讓（票三四Ⅱ）。若在到期日後，其票據上權利，應解爲已因混同而消滅，該受讓人不得更爲轉讓。

回還背書之效力若何？依票據法第九十九條之規定，執票人爲發票人時，對其前手無追索權。執票人爲背書人時，對該背書之後手無追索權。茲依此規定舉例說明如後：例如甲爲發票人，滙票依背書輾轉讓與，而入於乙、丙、丁之手，丁復以背書轉讓於甲，此時甲爲被背書人，對其前手乙、丙、丁，卽不得行使票據上之權利是。又如滙票因輾轉背書，而入於乙、丙、丁、戊、己之手，丁爲前背書人，已復背書於丁，此時丁爲被背書人，對於原有之後手戊、己二人，卽不得行使票據上之權利是。

三、記載預備付款人背書 卽背書人於背書時記載預備付款人之背書。惟記載之預備付款人，須在付款地之一人（票三五）。

四、一部背書 卽就滙票金額之一部所爲之背書，或將滙票金額分別轉讓於數人之背書。此種背書，不生效力（票三六）。

五、附條件背書 卽附記條件所爲之背書。票據之發票，不得附以條件，背書亦同，以免妨碍票據之流通。惟票據發票附以條件者，其票據爲無效，背書附以條件者，該背書並非無效，僅其條件視爲無記載（票三六）。

六、免除擔保承兌責任背書　背書人得依特約免除擔保承兌之責。惟背書人如爲免除擔保付款之記載者，其記載無效（票三九）。

七、委任取款背書　即執票人以委任取款爲目的所爲之背書（票四〇Ⅰ）。此種背書，僅授與被背書人以行使票據上權利之資格，得以代理取款，並非轉讓票據之所有權，與普通背書有別。被背書人得行使滙票上一切權利，並得以同一目的更爲背書。其次之被背書人所得行使之權利，與第一被背書人同（票四〇Ⅱ、Ⅲ）。所謂得行使滙票上一切權利，例如請求承兌、付款、作成拒絕證書等是。所謂得以同一目的更爲背書，指被背書人得以委任取款爲目的，而以背書移轉其代理權於第三人是。又票據債務人對於受任人所得提出之抗辯，以得對抗委任人者爲限（票四〇Ⅳ）。例如甲爲發票人，乙爲委任人（委任取款之背書人），丙爲受任人（委任取款之被背書人），受任人丙將甲行使票據上權利時，甲僅得以對抗委任人乙之事由對受任人丙提出抗辯，不得以對抗受任人丙之事由對抗委任人乙是。

八、到期日後背書　乃票據所載期限屆滿後所爲之背書。到期日後之背書，僅有通常債權轉讓之效力，背書人不負票據上之責任（票四一）。背書未記明日期者，推定其作成於到期日前（票四一Ⅱ），以確定背書人應負之責任。

第四項　背書之連續

背書之連續者，乃票據上之背書，自受款人至最後被背書人間，須前後連續而不相間斷也。例如如圖所示，第一次背書，甲爲背書人，乙爲被背書人；第二次，乙爲背書人，丙爲被背書人；第三次，丙爲背書人，丁爲被背書人；第四次，丁爲背書人，戊爲被背書人；如果甲乙丙丁戊之輾轉讓與，其背書之順序，即前後連續而不間斷也。例如左圖所示：

被背書人	背書人	年月日
乙	甲	69 4 6
丙	乙	69 5 1
丁	丙	69 6 1
戊	丁	69 7 2

滙票背書之是否連續，即可證明執票人之權源是否正當。決定背書是否連續，應就背書形式上認定其順序，至其實質是否連續，則非所問。若對背書之連續，未加注意，貿然收受背書不連續之滙票，法律即不予以保護，因背書之連續，可據以查明有無遺失或被盜之情事也。惟此係就正式背書而言，若背書中有空白背書時，則有例外規定，即以其次之背書人，視爲前空白背書之被背書人（票三七I但），以便連續。此外，在數次背書中，如有其一被塗銷時，外表上亦可

影響其連續之證明，爲當事人利益計，塗銷之背書，不影響背書之連續者，對於背書之連續，視爲無記載；塗銷之背書，影響背書之連續者，對於背書之連續，視爲未塗銷（票三七Ⅱ、Ⅲ）。

至背書連續與否之效力如何？本法第三十七條第一項規定，執票人應以背書之連續證明其權利，是爲背書連續之效力。祇須背書連續，卽可證明執票人取得票據有正當權源，執票人無庸證明其實質上權利存在也。反之，背書不連續之執票人，則不得主張票據上之權利，自不待言。

第五項　背書之塗銷

背書之塗銷者，乃將背書人之簽名，予以塗抹銷除之行爲。背書之塗銷，非由於執票人之故意，或由於執票人以外之人所爲者，不影響於票據上之效力。惟若執票人故意塗銷背書者，其被塗銷之背書人及其被塗銷背書人名次之後，而於未塗銷以前爲背書者，均免其責任（票三八）。

第六項　背書之效力

所謂背書之效力，乃票據上之一切權利，因背書而發生移轉、擔保及證明之效力。玆分述如左：

一、**移轉力**　卽票據上之一切權利，均依背書而移轉與被背書人，被背書人因此而爲票據權利人。

二、**擔保力**　卽背書人應照滙票文義擔保承兌及付款，與發票人同。滙票遇有拒絕承兌或付款時，背書人對於被背書人及其後手，均負償還義務。

三、證明力　即執票人應以背書之連續證明其權利。易言之，如背書連續，不問執票人實質上是否已取得權利，均推定爲正當執票人，卽可行使票據上之權利。

第三節　承　兌

第一項　承兌之概念

承兌者，乃滙票之付款人，因承諾付款之委託，負擔票面金額支付之義務，而將其意思表示於票面上所爲之附屬票據行爲。承兌之行爲，由付款人於滙票上以簽名爲之。付款人於未爲承兌前，並不因發票人付款之委託，而當然成爲票據債務人，須爲承兌行爲後，始負擔依委託文義付款之義務，而成爲票據之主債務人。承兌行爲以有發票行爲爲前提，故承兌爲附屬之票據行爲。承兌制度，爲滙票所獨有。惟除滙票記載應爲承兌，或見票後定期付款之滙票，執票人必須請求承兌外（票四四、四五），其無此項情形之滙票，承兌與否，悉依執票人之自由，縱未請求承兌，仍得在到期日請求付款。其係見票卽付之滙票，因見票卽應付款，更無承兌之必要。

第二項　承兌之方式

承兌之方式有二：一爲正式承兌，一爲略式承兌。茲分別說明如左：

一、**正式承兌**　亦稱完全承兌，乃在滙票正面記載承兌字樣，而由付款人簽名之謂（票四三Ⅰ）。其要件有三：㈠應在滙票正面爲承兌，如在滙票背面、粘單或謄本所爲之承兌無效；㈡應記載承兌字樣，所謂承兌字樣，不以承兌二字爲限，凡足以表示承兌意旨之文字，如兌、照兌、兌付等字樣，均可認爲有承兌之效力；㈢由付款人簽名。

二、**略式承兌**　乃付款人僅在票面簽名，而未記載承兌字樣之謂（票四三Ⅱ）。略式承兌，無須記載承兌字樣，但須在滙票正面簽名爲之，以免與空白背書相混。如滙票正面有付款人之簽名者，不論其有無承兌之意思，均視爲承兌。

至承兌日期之記載，並非承兌之要件，但在見票後定期付款之滙票或指定請求承兌期限之滙票，其承兌日期或關係到期日之計算，或關係證明執票人有無於期限內請求承兌，故應由付款人在承兌時記載其日期（票四六Ⅰ）。承兌日期未經記載時，承兌仍屬有效。但執票人得請求作成拒絕證書，證明承兌日期；未作成拒絕證書者，在見票後定期付款之滙票，以發票日起六個月承兌期限之末日爲承兌日（票四六Ⅱ，四五Ⅰ）。在指定請求承兌期限之滙票，以發票人指定之承兌期限之末日爲承兌日（票四六Ⅱ）。

第三項　承兌之限制

執票人於滙票到期日前，得隨時向付款人爲承兌之提示（票四二）。執票人提示與否，任其自由，是爲承兌自由之原則。惟此一原則，持之極端，就票據債務人言，未免過苛。故本法認許發票人、背書人對於承兌自由之原則，得爲相當之限制，是爲承兌之限制。玆分述如後：

一、**發票人所爲之限制**　發票人對於承兌所爲之限制，又分爲二：㈠積極限制：卽除見票卽付之滙票外，發票人得在滙票上爲應請求承兌之記載，並得指定其期限（票四四Ⅰ）。㈡消極限制：卽發票人得爲於一定日期前禁止請求承兌之記載（票四四Ⅱ），藉以維持票據之信用也。

二、**背書人所爲之限制**　背書人除見票卽付之滙票外，亦得在滙票上爲應請求承兌之記載，並得指定其期限（票四四Ⅰ）。惟背書人所定應請求承兌之期限，不得在發票人所定禁止期限之內（票四四Ⅲ），以免兩相衝突，致有害執票人之利益。

三、**法律所爲之限制**　卽見票後定期付款之滙票，應自發票日起六個月內爲承兌之提示。前項期限，發票人得以特約縮短或延長之。但延長之期限不得逾六個月（票四五）。蓋此種滙票，須先確定承兌日，始能計算其到期日，故爲必須承兌之滙票。

第四項　承兌之種類

承兌之種類有二：一爲普通承兌，一爲限制承兌。玆分述如左：

一、**普通承兌**　亦稱單純承兌，卽依票上記載之文義而爲承兌之謂。滙票之承兌，以普通承兌爲原則，限制承兌爲例外。

二、限制承兌　亦稱不單純承兌，卽對於票上記載之文義加以限制或變更而爲承兌之謂。茲依本法規定之如左述：

㈠一部承兌　卽付款人僅就滙票金額爲一部分承兌之謂。一部承兌，非經執票人同意，不得爲之。且執票人應將其事由，通知其前手（票四七Ⅰ）。

㈡附條件承兌　卽付款人就滙票金額承兌附有條件之謂。例如付款人於承兌時，同時爲到期日之變更、付款地之變更或記載禁止背書等事項是。承兌附條件者，視爲承兌之拒絕，但承兌人仍依所附條件負其責任（票四七Ⅱ）。例如付款人附記延期一個月付款之條件，則一個月期滿，執票人請求付款時，付款人仍應負付款之責任是。

㈢延期承兌　付款人於執票人請求承兌時，得請其延期爲之，但以三日爲限（票四八），是爲付款人法定之承兌考慮期限。此三日之期限，無待執票人之同意，且不得再行請求延長。

㈣記載擔當付款人之承兌　卽付款人於承兌時，得指定擔當付款人。發票人已指定擔當付款人者，付款人於承兌時，得塗銷或變更之（票四九）。

㈤記載付款處所之承兌　卽付款人於承兌時，得於滙票上記載付款地之付款處所（票五〇）。

第五項　承兌之撤銷

付款人雖在滙票上簽名承兌，未將滙票交還執票人以前，仍得撤銷其承兌（票五一）。蓋付款人雖在滙票上簽名承兌，然在未將滙票交還執票人以前，則其意思表示，尚未達到相對人，固未發生任何效力，縱撤銷其承兌，並無害於執票人之權利或票據流通性也。此處所謂撤銷，實係撤回或塗銷之意。但付款人已向執票人或滙票簽名人以書面通知承兌者，則不得再行撤銷，以免信其已爲承兌之人受有不測之損害（票五一但）。

第六項　承兌之效力

承兌之目的，在確定付款人之責任。故付款人於承兌後，應負付款之責（票五二Ⅰ）。承兌人到期不付款者，不特普通之執票人，得向其請求付款，卽原發票人爲執票人時，亦得就本法第九十七條及第九十八條所定之金額，直接請求支付（票五二Ⅱ）。承兌人不得以其與發票人間之資金關係，對抗執票人，儘在執票人爲原發票人時，始得以其與發票人間之資金或其他法律關係爲抗辯事由耳。

第四節　參加承兌

第一項　參加承兌之概念

參加承兌者，乃執票人於到期日前得行使追索權時，由預備付款人或票據債務人以外之第三人加入於票據關係所爲之附屬票據行爲也。所謂執票人於到期日前得行執追索權時，係指滙票不獲承兌，付款人或承兌人死亡、逃避或其他原因，無從爲承兌或付款提示或付款人、承兌人受破產宣告時之情形而言（票八五Ⅱ）。參加承兌，可發生票據權義關係，爲票據行爲之一種，惟參加承兌，須於發票後作成，故爲附屬之票據行爲。其目的在於防止到期日前追索權之行使，以維持發票人及背書人之信用。

第二項　參加承兌人之資格

參加承兌人之資格，依本法規定，可分爲二種：

一、**預備付款人**　執票人於到期日前得行使追索權時，滙票上指定有預備付款人者，得請求其爲參加承兌（票五三Ⅰ）。學者稱此爲當然參加。

二、**票據債務人以外之第三人**　除預備付款人與票據債務人外，不問何人，經執票人同意，得以票據債務人中之一人爲被參加人，而爲參加承兌（票五三Ⅱ），學者稱此爲任意參加。至票據債務人，原應就票上所載文義負責，由其參加承兌，無何實益。故通說均不認票據債務人可爲參加承兌人。

第三項　參加承兌之方式

參加承兌，應在滙票正面記載左列各款，由參加承兌人簽名（票五四Ⅰ）：

一、**參加承兌之意旨**　即在滙票正面表明參加承兌之文義，以防與其他票據行爲相混淆。

二、被參加人姓名 所謂被參加人，卽因參加承兌而直接享受利益之債務人。記載被參加人姓名，目的在確定參加承兌人係爲何人之利益參加，以爲將來行使償還請求權之依據。未記載被參加人者，視爲發票人參加承兌（票五四Ⅱ）。預備付款人爲參加承兌時，以指定預備付款人之人爲被參加人（票五四Ⅲ）。

三、年月日 藉以確定參加承兌行爲生效之時期。

第四項 參加承兌之通知

參加人非受被參加人之委託而爲參加者，應於參加後四日內，將參加事由通知被參加人。參加人怠於爲前項通知因而發生損害時，應負賠償之責（票五五）。學者稱此爲任意參加人之通知義務。

第五項 參加承兌之效力

參加承兌之效力，本法設有下述之規定：

一、消極效力 執票人允許參加承兌後，不得於到期日前行使追索權（票五六Ⅰ）。惟此僅爲追索權之暫時停止，爲免遷延時日及徒增費用負擔，被參加人及其前手仍得於參加承兌後，向執票人支付本法第九十七條所定金額，請其交出滙票及拒絕證書（票五六Ⅱ）。

二、積極效力 付款人或擔當付款人不於本法第六十九條及第七十條所定期限內付款時，參加承兌人應負支付本法第九十七條所定金額之責（票五七）。申言之。滙票經參加承兌後，執票人於到期日，仍須先向付款人或擔當付款人請求付款，必付款人或擔當付款人不於到期日或其後二日內爲付款，或付款經執票人之同意而延期，而不於延緩期內爲付款者，參加承兌人始應支付滙票金額及利息與其他必要之費用。

第五節 保證

第一項 保證之概念

票據保證者，乃票據債務人以外之第三人，爲擔保票據債務全部或一部之履行，所爲之附屬票據行爲也。票據保證，仍以有發票行爲爲前提，故爲附屬票據行爲。票據債務如有保證，則履行更爲確實，票據益便流通，故爲多數立法例所認許。

至票據保證人之資格，則以票據債務人以外之第三人爲限（票五八Ⅱ）。票據債務人原應依票據文義負責，若以之爲保證人，對於票據信用，無何實益，故法律不認許之。被保證人之資格，則以票據債務人爲限，舉凡發票人、背書人、承兌人及參加承兌人等，均得爲被保證人。付款人未爲承兌前，非票據債務人，自無被保證之資格。

第二項 保證之性質

票據保證與民法上之保證，性質不同。茲析述如左：

一、**票據保證爲要式行爲** 票據保證須依法定方式爲之（票五九）；民法上之保證則可由當事人約定，不必別具何等方式。

二、**票據保證爲單獨行爲** 票據保證僅因保證人之保證行爲而成立，無庸經票據債權人之同意；民法上之保證則爲契約行爲，須因兩造當事人合意而成之（民七三九）。

三、**票據保證具有獨立性** 票據保證除被保證人之債務，因方式之欠缺而無效者外，被保證人之債務縱爲無效，保證人仍負擔其義務（票六一Ⅱ）；民法上之保證則以主債務之存在爲前提，主債務如係無效或得撤銷者，則保證債務從而無效或得拒絕淸償（民七四三、七四四）。

四、**票據保證無檢索抗辯權** 票據保證因其保證行爲而獨立負責，且保證人與被保證人負同一責任（票六一Ⅰ），故無檢索抗辯權；民法上之保證則保證人於債權人未就主債務人之財產強制執行而無效果前，對於債權人得拒絕淸償（民七四五），而有檢索抗辯之利益。

第三項　保證之方式

保證應在滙票上或其謄本上記載左列各款，由保證人簽名（票五九Ⅰ）：

一、**保證之意旨** 保證行爲與其他票據行爲有別。其文義不限保證二字，凡其他與保證意旨相同之文句，均得記載之。

二、被保證人姓名　被保證人爲誰，於保證人之權利義務，關係頗鉅，故應記載，以明其權義所在。保證未載明被保證人者，視爲爲承兌人保證，其未經承兌者，視爲爲發票人保證。但得推知其爲何人保證者，不在此限（票六〇）。

三、年月日　保證未載明年月日者，以發票年月日爲年月日（票五九Ⅱ）。

第四項　保證之效力

票據保證之效力，可就保證人之責任及權利兩方面說明之：

一、保證人之責任　此項責任，又可分爲三種：

㈠通常責任　保證得就滙票金額之一部分爲之（票六三），學者稱爲一部保證。票據保證，保證人一經簽名於票上，無論其爲全部或一部，卽須與被保證人負同一責任（票六一Ⅰ）。亦卽票據保證人責任範圍如何，以被保證人之責任範圍而定。被保證人爲發票人者，保證人卽負發票人之責任，被保證人爲背書人、承兌人者，保證人卽負背書人、承兌人之責任是。

㈡特殊責任　被保證人之債務縱爲無效，保證人仍負擔其義務。但被保證人之債務，因方式之欠缺而爲無效者，不在此限（票六一Ⅱ）。

㈢連帶責任　二人以上爲保證時，均應連帶負責（票六二）。

二、保證人之權利　保證人清償債務後，得行使執票人對承兌人、被保證人及其前手之追索權（票六四），亦即保證人為被保證人履行票據上之債務所支付之金額，對於承兌人、被保證人及其前手，得請求償還也。

第六節　到　期　日

第一項　到期日之概念

到期日為票據債權人行使權利及債務人履行債務之期日，為滙票之必要記載事項，前已述之。通常到期日與付款日，固常相一致，惟到期日為法定休息日者，則應以其次日為付款日（民一二二），若票上所記載之貨幣不能通用於付款地者，則其折算之行市，以付款日為準（票七五I）。是到期日與付款日，仍不可不辨也。

第二項　到期日之種類

滙票之到期日有四（票六五I），當事人僅能於此四種方式中，選擇其一。茲分述如後：

一、定日付款　即記載確定之付款日期，亦稱板期滙票。例如載明某年某月某日為付款之日期是。

二、發票日後定期付款　即以發票日後一定期限之屆至為到期日。例如載明發票日後一個月付款之滙票是。

三、見票卽付　卽以提示付款之日爲到期日，亦稱卽期滙票。

四、見票後定期付款　卽以提示承兌日或拒絕承兌證書作成日後一定期限之屆至爲到期日。

滙票能否爲分期付款？立法例不一。我舊票據法原規定分期付款之滙票爲無效，以免阻碍票據之流通。惟近來工商業日趨發達，分期付款之買賣日見普遍，爲適應事實需要，以促進工商業之發展，新票據法爰採美國票據法例，准許滙票得爲分期付款。惟其中任何一期，到期不獲付款時，未到期部份，視爲全部到期。上述視爲到期之滙票金額中所含未到期之利息，於淸償時，應扣減之（票六五Ⅱ、Ⅲ），以免執票人藉此獲得不當利益。利息經約定於滙票到期日前分期付款者，任何一期利息到期不獲付款時，全部滙票金額視爲均已到期（票六五Ⅳ）。

第三項　到期日之計算

滙票之到期日，除定日付款之滙票無需計算外，餘皆須經計算，始能確定。爲免滋疑義，本法特規定其計算方法如左：

一、見票後定期付款之滙票，依承兌日或拒絕承兌證書作成日計算到期日。滙票經拒絕承兌而未作成拒絕承兌證書者，應自發票日起六個月內爲承兌之提示。前項期限，發票人得以特約縮短或延長之，但延長之期限不得逾六個月（票六七、四五）。

二、發票日後或見票日後一個月或數個月付款之滙票，以在應付款之月與該日期相當之日爲到期日。無相當日者，以該月末日爲到期日。發票日後或見票日後一個月半或數個月半付款之滙票，應依前項規定計算全月後加十五日以其末日爲到期日。票上僅載月初、月中、月底者，謂月之一日、十五日、末日（票六八）。

三、見票即付之滙票，以提示日爲到期日（票六六Ⅰ），且應自發票日起六個月內爲承兌之提示。是項期限，發票人得以特約縮短或延長之，但延長之期限不得逾六個月（票六六Ⅱ、四五）。

第七節　付　款

第一項　付款之概念

付款者，滙票付款人向執票人清償滙票金額之全部或一部之謂也。清償全部金額時，一切票據關係，因此而消滅；爲一部清償時，僅已清償之部分歸於消滅，其未清償部分之票據權利，則仍繼續存在。又票據爲金錢證券，其給付標的，應以金錢爲限。若係以金錢以外之物爲給付者，執票人得拒絕受領。然若執票人允許付款人代物清償者，則票據債務，亦因代物清償之受領而消滅。

第二項　付款之提示

一、**提示之期限** 執票人應於到期日或其後二日內爲付款之提示（票六九Ⅰ）。唯在見票即付之滙票，應自發票日起六個月內爲付款之提示（票六六Ⅱ、四五）。

二、**提示之當事人** 付款之提示人爲執票人或其代理人。受提示人爲付款人或承兌人，但滙票上載有擔當付款人者，其付款之提示應向擔當付款人爲之（票六九Ⅱ）。爲交換票據，向票據交換所提示者，與付款之提示有同一效力（票六九Ⅲ），是票據交換所，亦有爲受提示人之資格。

三、**提示之效力** 執票人未於規定期限內提示者，對於其前手喪失追索權（票一〇四）。

第三項　付款之時期

付款人在票據到期日後，於執票人爲付款之提示時，應即付款。惟如經執票人之同意，得延期爲之，但以提示後三日爲限（票七〇）。

第四項　付款之標的

滙票金額，原則上應以票上所載貨幣爲標的。惟表示滙票金額之貨幣，如爲付款地不通用者，得依付款日行市，以付款地通用之貨幣支付之。但有特約者，從其特約（票七五Ⅰ）。至於表示滙票金額之貨幣，如在發票地與付款地名同價異者，推定其爲付款地之貨幣（票七五Ⅱ）。

第五項　付款之效力

付款之效力，可自付款人之責任及權利二方面說明之：

一、**付款人之責任**　付款人對於背書不連續之滙票而付款者，應自負其責（票七一）。蓋有背書之滙票，其背書之形式上，是否連續，一望而知，故使付款人負注意之責。惟付款人對於背書簽名之眞僞及執票人是否爲票據權利人，除有惡意及重大過失外，不負認定之責（票七一Ⅱ）。又到期日前之付款，執票人得拒絕之。付款人於到期日前付款者，應自負其責（票七二）。因此付款人若於到期日前，對於無票據權利人爲付款時，卽使善意或無過失，其付款仍屬無效，應對眞正之票據權利人，負損害賠償之責。

二、**付款人之權利**

㈠一部分付款之權利　一部分之付款，執票人不得拒絕。（票七三）。付款人爲一部分之付款時，得要求執票人在票上記載所收金額，並另給收據（票七四Ⅱ）。

㈡要求交出滙票之權利　付款人付款時，得要求執票人記載收訖字樣，簽名爲證，並交出滙票（票七四Ⅰ）。

㈢提存滙票金額之權利　執票人在本法第六十九條所定期限內，不爲付款之提示時，票據債務人得將滙票金額依法提存。其提存費用由執票人負擔之。前項提存，有免除提存人債務之效力（票七六）。

第八節　參加付款

第一項　參加付款之概念

參加付款者，即於付款人不為付款時，由付款人或擔當付款人以外之人代為付款之謂。參加付款之作用，在於保全票據債務人之信用，而阻止執票人追索權之行使。票據上之債權債務，不因參加付款而消滅，參加付款人對於承兌人、被參加付款人及其前手，仍取得執票人之權利。

第二項　參加付款之時期

參加付款，應於執票人得行使追索權時為之。但至遲不得逾拒絕證書作成期限之末日（票七七）。所謂得行使追索權時，即滙票到期不獲付款，或在到期日前滙票不獲承兌，或付款人、承兌人死亡、逃避或其他原因無從為承兌或付款提示，或受破產宣告時之謂（票八五）。所謂拒絕證書，係指拒絕承兌證書及拒絕付款證書而言。拒絕承兌證書應於提示承兌提示期限內作成之。拒絕付款證書應於拒絕付款日或其後五日內作成之。但執票人允許延期付款時，應於延期之末日或其後五日內作成之（票八七）。

第三項　參加付款人

參加付款人，依本法規定，其情形有三：

一、任意參加　參加付款，不問何人，均得爲之（票七八Ⅰ）。蓋參加付款，旨在保全票據債務人之信用，於滙票付款人不爲付款時，代爲付款，故不但票據債務人得爲付款之參加，即票據關係以外之人，亦得爲之。又付款人爲付款或參加付款人爲付款，對於執票人有利無害，故執票人對於任何人參加付款，不得予以拒絕，否則對於被參加人及其後手喪失追索權（票七八Ⅱ）。

二、當然參加　付款人或擔當付款人不於到期日或其後二日內，或執票人同意延期之三日內付款者，有參加承兌人時，執票人應向參加承兌人爲付款之提示，無參加承兌人而有預備付款人時，應向預備付款人爲付款之提示。參加承兌人或預備付款人不於付款提示時爲淸償者，執票人應請作成拒絕付款證書之機關於拒絕證書上載明之。執票人違反前二項規定時，對於被參加人與指定預備付款人之人及其後手喪失追索權（票七九）。

三、競合參加　數人同時請求參加付款者，是爲參加付款人之競合。請爲參加付款者有數人時，其能免除最多數之債務者有優先權（票八〇Ⅰ）。例如甲參加付款人係以發票人爲被參加付款人，乙參加付款人係以第一背書人爲被參加付款人，丙參加付款人係以第二背書人爲被參加付款人，此際能免除最多數之債務者，爲甲參加付款人，應認其有優先參加付款之權。故意違反前項規定爲參加付款者，對於因之未能免除債務之人喪失追索權（票八〇Ⅱ）。如上例，未由甲參加付款人爲參加付款，而竟由丙參加付款人爲付款者，此際丙參加付款人雖因參加付款取得執票人之權利，但對於背書人均喪失其追索權。又能免除最多數之債務者有數人時，應由受被參加人之委託者或預備付款人參加之（票八〇Ⅲ）。

第四項　參加付款之方式

參加付款，依左列方式爲之：

一、**應就被參加人應支付金額之全部爲之**　參加付款，應就被參加人應支付金額之全部爲之（票八一）。蓋一部之參加付款，旣不足維護被參加人之信用，亦不合於參加付款之目的，故爲法所不許。

二、**應於拒絕付款證書內記載之**　參加付款，應於拒絕付款證書內記載之（票八二Ⅰ）。參加承兌人付款，以被參加承兌人爲被參加付款人；預備付款人付款，以指定預備付款人之人爲被參加付款人。無參加承兌人或預備付款人，而滙票上未記載被參加付款人者，以發票人爲被參加付款人（票八二Ⅱ）。蓋發票人爲最後之償還義務人，以之爲被參加付款人，可免除票據上一切債務人之責任。

三、**應通知被參加付款人**　參加付款人非受被參加付款人之委託而參加者，應於參加後四日內，將參加事由，通知被參加付款人。參加付款人怠於爲上項通知，因而發生損害時，應負賠償之責（票八二Ⅳ、五五）。

四、應交出滙票與收款清單及拒絕證書　參加付款後，執票人應將滙票及收款清單交付參加付款人，有拒絕證書者，應一併交付之。違反前述之規定者，對於參加付款人，應負損害賠償之責（票八三）。

第五項　參加付款之效力

執票人之票據上權利，因參加付款而消滅。參加付款人對於承兌人、被參加付款人及其前手取得執票人之權利，但不得以背書更爲轉讓。違反之者，其轉讓不生票據上背書之效力。至被參加付款人之後手，則因參加付款而免除債務（票八四）。

第九節　追索權

第一項　追索權之概念

追索權者，乃滙票到期不獲付款或期前不獲承兌，或有其他法定原因時，執票人於保全或行使滙票上權利之行爲後，對於背書人、發票人及其他票據債務人得請求償還票載金額及利息費用之權利也。

行使追索權者，通常固爲執票人，但已爲淸償之票據債務人，亦得行使之（票九六Ⅳ）。保證人爲淸償後，對於承兌人、被保證人及其前手得行使追索權（票六四）。參加付款人對於承兌人、被參加付款人及其前手，均得行使追索權（票八四）。負清償票據債務者，爲發票人、背書人及其他票據債務人，但執票人爲發票人時，對其前手無追索權，執票人爲背書人時，對該背書之後手無追索權（票九九）。又禁止背書之滙票，於禁止轉讓後，因背書而取得滙票之執票人，對於禁止轉讓者，亦無追索權（票三〇Ⅱ）。

第二項　追索權行使之原因

行使追索權之原因，依本法規定，有左列數端：

一、**到期日後**　滙票到期不獲付款時，執票人於行使或保全滙票上權利之行爲後，對於背書人、發票人及滙票上其他債務人，得行使追索權（票八五Ⅰ）。

二、**到期日前**　有左列情形之一者，雖在到期日前，執票人亦得行使前項權利（票八五Ⅱ）：

㈠滙票不獲承兌時。

㈡付款人或承兌人死亡、逃避或其他原因，無從爲承兌或付款提示時。

㈢付款人或承兌人受破產宣告時。

第三項　追索權行使之程序

一、**票據之提示**　票據爲提示證券，執票人行使追索權，須先向付款人提示票據，請求承兌或付款。滙票上雖有免除作成拒絕證書之記載，執票人仍應於所定期限內爲承兌或付款之提示，但對於執票人主張未爲提示者，應負舉證之責（票九五）。執票人因不可抗力之事變，不能於所定期限內爲承兌或付款之提示，應將其事由從速通知發票人、背書人及其他票據債務人。關於本法第八十九條至第九十三條之規定，於此項通知準用之。不可抗力之事變終止後，執票人應即對付款人提示。如事變延至到期日後三十日以外，執票人得逕行使追索權，無須提示或作成拒絕證書。如滙票爲見票即付，或見票後定期付款者，上述三十日之期限，自執票人通知其前手之日起算（票一〇五）。

二、拒絕證書之作成　滙票經提示後，全部或一部不獲承兌或付款或無從爲承兌或付款提示時，執票人應請求作成拒絕證書證明之（票八六Ｉ）。至其作成拒絕證書期限，則因行使追索權之原因不同而有異：

㈠拒絕承兌證書　應於提示承兌期限內作成之（票八七Ｉ）。

㈡拒絕付款證書　應於拒絕付款日或其後五日內作成之。但執票人允許延期付款時，應於延期之末日或其後五日內作成之（票八七Ⅱ）。拒絕承允證書作成後，無須再爲付款之提示，亦無須再請求作成付款拒絕證書（票八八）。

㈢無從爲承兌提示之拒絕證書　本法未規定其作成期限，解釋上在無從爲承兌時，亦應在法定或約定承兌期限內作成之。

行使追索權，在原則上固應作成拒絕證書，但亦有左列例外：

㈠代替拒絕證書　又稱略式拒絕證書。付款人或承兌人在滙票上記載提示日期及全部或一部承兌或付款之拒絕，經其簽名後，與作成拒絕證書有同一效力（票八六Ⅱ）。又付款人或承兌人破產時，應以宣告破產裁定之正本或節本證明之（票八六Ⅲ）。

㈡免除拒絕證書　發票人或背書人得爲免除作成拒絕證書之記載（票九四Ⅰ）。惟此項記載之效力，因記載人爲發票人或背書人而有異：

1.發票人爲此項記載時，對於其一切後手，均生效力。執票人得不請求作成拒絕證書而行使追索權。如執票人仍請求作成拒絕證書時，應自負擔其費用（票九四Ⅱ）。

2.背書人爲此項記載時，僅對於該背書人發生效力。執票人作成拒絕證書後，僅得向滙票上其他簽名人要求償還其費用（票九四Ⅲ）。

三、**拒絕事由之通知**　執票人應於拒絕證書作成後，對於背書人、發票人及其他滙票上債務人，將拒絕事由通知之（票八九Ⅰ），使其得知拒絕之事實，而爲償還之準備，玆將有關通知之事項，分述如次：

㈠通知之期限　執票人應於拒絕證書作成後四日內通知各債務人。如有特約免除作成拒絕證書時，執票人應於拒絕承兌或拒絕付款後四日內，爲上述之通知。背書人應於收到上述通知四日內，通知其前手。背書人未於票據上記載住所或記載不明時，其通知對背書人之前手爲之（票八九）。至執票人若因不可抗力不能於上開期限內，將通知發出者，應於障礙終止後四日內行之（票九二Ⅰ）。

㈡通知之方法　通知得用任何方法爲之。但主張於本法第八十九條所定期限內曾爲通知者，應負舉證之責。付郵遞送之通知，如封面所記被通知人之住所無誤，視爲已經通知（票九一）。是通知效力之發生，採發信主義，卽以發信日爲通知日。故證明於法定期限內已將通知發出者，認爲遵守通知期限（票九二Ⅱ）。

㈢通知之免除　發票人、背書人及滙票人其他債務人，得於本法第八十九條所定通知期限前，免除執票人通知之義務（票九〇）

㈣通知之違反　執票人不於本法第八十九條所定期限內爲通知者，仍得行使追索權。但因其怠於通知發生損害時，應負賠償之責。其賠償金額，不得超過滙票金額（票九三）。

第四項　追索權之效力

一、對人之效力

㈠關於追索權利人者　1.飛越或選擇追索權　執票人對其前手行使追索權時，得不依負擔債務之先後，對於發票人、承兌人、背書人及其他票據債務人之一人或數人或全體行使追索權（票九六Ⅱ）。2.變更或轉向追索權　執票人對於債務人之一人或數人已爲追索者，對於其他票據債務人，仍得行使追索權（票九六Ⅲ）。3.代位追索權　被追索者已爲清償時，與執票人有同一權利（票九六Ⅳ），亦卽取得執票人在票據上所得主張之權利。

㈡關於償還義務人者　發票人、承兌人、背書人及其他票據債務人，對於執票人連帶負責（票九六Ⅰ）。易言之，卽對於執票人各就追索之金額，負全部清償之責任也。

二、對物之效力

㈠最後執票人所得請求之金額　執票人向滙票債務人行使追索權時，得要求左列金額（票九七）：

1.被拒絕承兌或付款之滙票金額。如有約定利息者，其利息。

2.自到期日起，如無約定利率者，依年利六釐計算之利息。

3.作成拒絕證書與通知及其他必要費用。

於到期日前付款者，自付款日至到期日前之利息，應由滙票金額內扣除。無約定利率者，依年利六釐計算。

㈡被追索人所得請求之金額　被追索者爲清償後，向承兌人或前手得更爲追索，謂之再追索。惟執票人爲發票人時，對其前手無追索權。執票人爲背書人時，對該背書之後手無追索權（

票九九）。再追索得要求左列金額：

1.所支付之總金額。

2.前款金額之利息。

3.所支出之必要費用。

發票人爲本法第九十七條之清償者，向承兌人要求之金額同。

至滙票債務人爲清償時，執票人應交出滙票，有拒絕證書時，應一併交出（票一〇〇Ⅰ），以便償還義務人再向前手行使追索權。滙票債務人爲此項清償，如有利息及費用者，執票人應出具收據及償還計算書（票一〇〇Ⅱ）。背書人爲清償時，得塗銷自己及其後手之背書（票一〇〇Ⅲ），以免再遭意外之追索。又滙票金額一部分獲承兌時，清償未獲承兌部分之人，得要求執票人在滙票上記載其事由，另行出具收據，並交出滙票之謄本及拒絕承兌證書（票一〇一），俾便向其前手請求償還。

第五項　回頭滙票之發行

一、**回頭滙票之概念**　回頭滙票者，乃有追索權人，以發票人或前背書人之一人或其他票據債務人爲付款人所發行之滙票（票一〇二）。此項回頭滙票之實益，見之於有追索權人與被追索人不在同一地時，此時追索權人可簽發回頭滙票向銀行貼現或清償債務，先行作金融上之週轉，故多數立法例均有此項規定。

二、**回頭滙票之要件** 回頭滙票之發行，其要件有五：

㈠發行人須爲滙票之執票人或其他有追索權之人。

㈡付款人須爲被追索者。

㈢付款地須爲被追索人之住所所在地。

㈣須爲見票即付之滙票。

㈤須當事人無相反之約定。

三、**回頭滙票之金額** 回頭滙票之金額，除本法第九十七條及第九十八條所列者外，得加經紀費及印花稅（票一〇二Ⅱ）。又回頭滙票如爲執票人所發行者，其金額依原滙票付款地滙往前手所在地之見票即付滙票之市價定之。如爲背書人所發行者，其金額依其所在地滙往前手所在地之見票即付滙票之市價定之。上述市價，以發票日之市價爲準（票一〇三）。

第六項 追索權之喪失

追索權喪失之原因，有如左列：

一、**執票人不爲行使或保全滙票上權利之行爲者** 執票人不於本法所定期限內爲行使或保全滙票上權利之行爲者，對於前手喪失追索權。執票人不於約定期限內爲上項行爲者，對於該約定之前手喪失追索權（票一〇四）。所謂法定期限，係指承兌提示期限、付款提示期限及拒絕證書作成期限而言（票四五、四八、六六、六九、七〇、八七）。所謂約定期限，係指發票人或承兌人指定之承兌期限、發票人依特約縮短或延長之承兌或付款之提示期限而言（票四四、四五2、六六2）。

二、執票人拒絕參加付款者 執票人拒絕參加付款者，對於被參加人及其後手喪失追索權（票七八II）。詳前，茲不贅。

三、執票人未爲付款之提示者 執票人未向參加承兌人或預備付款人爲付款之提示，或未將參加承兌人或預備付款人不於付款提示時爲清償之事實，在拒絕證書上載明之者，對於被參加人與指定預備付款人之人及其後手喪失追索權（票七九）。詳前，茲不贅。

四、參加付款人故意違反規定者 參加付款人故意違反免除最多數之債務而爲參加付款者，將於因之未能免除債務之人喪失追索權（票八〇）。詳前，茲不贅。

第十節 拒絕證書

第一項 拒絕證書之概念

拒絕證書者，係證明執票人已爲行使或保全票據上權利之行爲，而未獲結果或無從爲此行爲之要式證書。其性質爲證書，而非證劵，僅能證明事實之有無，非表彰權利之工具。其作用在證明執票人曾經依法或無從行使票據權利，以爲行使追索權之根據。執票人就已爲行使或保全票據上權利之行爲，除法律另有規定外，原則上均應以拒絕證書證明之，不得以其他證據代替。所謂法律另有規定，如由付款人或承兌人在票上，載明拒絕文義之略式拒絕證書，或以宣告破產裁定之正本或節本證明之情形，及特約免除作成拒絕證書之情形是。

第二項　拒絕證書之種類

拒絕證書，因其內容不同，可分爲下列各種：

一、**拒絕承兌證書**　乃滙票不獲承兌或無從爲承兌提示時所作成之拒絕證書。

二、**拒絕付款證書**　乃滙票不獲付款時所作成之拒絕證書。

三、**拒絕複本交還證書**　乃提示承兌送出之複本，不獲接收人交還時所作成之拒絕證書。

四、**拒絕原本交還證書**　乃提示承兌送出之原本，不獲接收人交還時所作成之拒絕證書。

第三項　拒絕證書之作成

一、作成機關　拒絕證書，由執票人請求拒絕承兌或拒絕付款地之法院公證處、商會或銀行公會作成之（票一〇六）。上述法定作成拒絕證書之機關，究在何一機關作成，執票人有選擇之權。又拒絕證書作成人，應將證書原本交付執票人，並就證書全文另作抄本存於事務所，以備原本滅失時之用。抄本與原本有同一效力（票一一三）。

二、**記載事項**　拒絕證書，應記載左列名款，由作成人簽名，並蓋作成機關之印章（票一〇七）：

㈠拒絕者及被拒絕者之姓名或商號。

㈡對於拒絕者雖為請求未得允許之意旨，或不能會晤拒絕者之事由，或其營業所、住所或居所不明之情形。

㈢為前款請求或不能為前款請求之地及其年月日。

㈣於法定處所外作成拒絕證書時，當事人之合意。

㈤有參加承兌時或參加付款時，參加之種類及參加人，並被參加人之姓名或商號。

㈥拒絕證書作成之處所及其年月日。

三、**作成方式**　拒絕證書應接續滙票上、複本上或謄本上原有之最後記載作成之。在粘單上作成者，並應於騎縫處簽名（票一一一）。又對數人行使追索權時，祇須作成拒絕證書一份（票一一二）。惟拒絕證書應在何處記載，因證書之性質而不同。茲分述如左：

㈠拒絕付款證書　拒絕付款證書，應在滙票或其粘單上作成之。滙票有複本或謄本者，於提示時僅須在複本之一份或原本或其粘單上作成之。但可能時，應在其他複本之各份或謄本上記載已作拒絕證書之事由（票一〇八）。

㈡其他拒絕證書　拒絕付款證書以外之拒絕證書，應照滙票或其謄本作成抄本，在該抄本或其粘單上作成之（票一〇九），以便保存原滙票或謄本，而使其繼續流通。

㈢拒絕原本交還證書　執票人以滙票之原本請求承兌或付款而被拒絕，並未經返還原本時，其拒絕證書應在謄本或其粘單上作成之（票一一〇）。

第十一節　複　本

第一項　複本之概念

複本者，乃就單一之票據關係，所發行之數份票據證券也。複本，僅滙票有之，本票及支票不得發行複本。此數份證券，雖係原滙票之複製，其表彰之票據關係，則屬單一，每份複本，均為獨立有效之票據，與原本立於同一地位。故數份複本相互間及複本與原本間，各具有同樣之流通性，且各自獨立發生效力。惟此數份複本，在法律上僅表彰一個票據關係，如有一份複本已為承兌，其餘各份不得再為承兌。如有一份複本已為付款，則其餘複本卽失提示付款之效力。法律所以承認複本之存在者，一以預防失誤，二以助長流通，故為多數立法例所承認。

第二項　複本之發行

滙票之受款人，得自負擔其費用，請求發票人發行複本（票一一四Ⅰ）。故複本之發行人，限於發票人，其他票據關係人並無發行複本之權限。得向發票人請求發行複本者，亦限於發票人之直接後手受款人。若受款人以外之執票人請求發行複本時，須依次經由其前手請求之，並由其前手在各複本上爲同樣之背書（票一一四Ⅰ但書），是爲遞次請求主義，庶幾各複本之內容一致也。又複本發行之份數，以三份爲限（票一一四Ⅱ），藉以杜絕濫發及流弊。

第三項　複本之方式

複本應記載同一文句，標明原本字樣，並編列號數。未經標明複本字樣並編列號數者，視爲獨立之滙票（票一一五），藉以保護善意之執票人。

第四項　複本之效力

一、**付款之效力**　就複本之一付款時，其他複本，失其效力（票一一六Ⅰ）。蓋複本雖有數份，在法律上則僅爲一個票據關係。但承兌人對於經其承兌而未收回之複本，應負其責（票一一六Ⅰ但書）。此因承兌人在一份複本上所爲承兌，其效力及於他份，苟爲數份承兌，即無異爲數個獨立之票據行爲，執票人信賴其承兌而利用複本，承兌人縱就複本之一爲付款，對於未收回之其他複本，仍須負其責任。

二、**轉讓之效力**　背書人將複本分別轉讓於二人以上時，對於經其背書而未收回之複本，應負其責（票一一六Ⅱ）。蓋背書人將複本各份分別轉讓於二人以上，則一個票據關係，分爲數個票據關係，已失却複本原來之性質，故應各就其背書而負其責任。背書人將複本各份背書轉讓於同一人者，該背書人爲償還時，得請求執票人交出複本之各份，以免前手因不知情而對於他份亦爲償還，致令本人對其前手喪失追索權。但執票人已立保證或提供擔保者，不在此限（票一一六Ⅲ）。

三、**交還複本之請求** 爲提示承兌送出複本之一者，應於其他各份上載明接收人之姓名或商號及其住址。滙票上有此記載時，執票人得請求接收人交還其所接收之複本。接收人拒絕交還時，執票人非以拒絕證書證明左列各款事項，不得行使追索權（票一一七）：

㈠曾向接收人請求交還此項複本而未經其交還。

㈡以他複本爲承兌或付款之提示而不獲承兌或付款。

第十二節 謄本

第一項 謄本之概念

謄本者，乃票據原本之謄寫本也。謄本之效用，亦在助長票據之流通。滙票及本票均有之，支票則無之。謄本之性質與複本不同，複本之各份，各有其獨立之效力，謄本則僅爲原本之補充，必與原本相合，始有票據上之權利。故不能以之爲承兌或付款之提示。又謄本僅可爲背書及保證，其他票據行爲則不得爲之。且謄本之作成，可由執票人隨時爲之，卽執票人隨時有作成滙票謄本之權利（票一一八Ⅰ）。此亦與複本不同者也。

第二項　謄本之方式

謄本應標明謄本字樣，謄寫原本上之一切事項，並註明迄於何處爲謄寫部份（票一一八Ⅱ），以與原本相區別。又執票人就滙票作成謄本時，應將已作成謄本之旨記載於原本（票一一八Ⅲ）。

第三項　謄本之效力

一、**背書及保證**　背書及保證亦得在謄本上爲之，與原本上所爲之背書及保證有同一效力（票一一八Ⅳ），其目的在謀票據之流通也。

二、**交還原本**　爲提示承兌送出原本者，應於謄本上載明原本接收人之姓名或商號及其住址。滙票上有此項記載者，執票人得請求接收人交還原本。接收人拒絕交還時，執票人非將曾向接收人請求交還原本而未經其交還之事由，以拒絕證書證明，不得行使追索權（票一一九）。

第三章　本　票

第一節　發票及款式

第一項　本票之發行

本票之意義，已如前述。本票雖與滙票同爲信用證券，惟係自己爲支付行爲，而與滙票係委託第三人支付者不同。茲略述本票與滙票之區別如次；一、本票由發票人自負付款之責；滙票則由發票人委託第三人支付。二、本票之法律關係，僅有發票人及受款人二方面關係；滙票則爲發票人、付款人及受款人三方面關係。㈢本票之發票人，因發票行爲之完成，卽負付款責任；滙票付款，則須經承兌之手續，始負票據上之義務。故關於滙票承兌、參加承兌之規定，無其準用。至本票之發行，則與滙票相同，茲不贅述。

第二項　本票之款式

本票應記載左列事項，由發票人簽名（票一二〇Ⅰ）：

一、**絕對必要記載事項**

㈠表明其爲本票之文字。

㈡一定之金額。如發行見票即付，並不記載受款人之本票，其金額須在五百元以上（票一二〇Ⅵ），否則其本票無效。所謂五百元，係指銀元而言，折合新臺幣應爲一千五百元。

㈢無條件擔任支付。

㈣發票年月日。

二、相對必要記載事項

㈠受款人之姓名或商號　未載受款人者，以執票人爲受款人。

㈡發票地　未載發票地者，以發票人之營業所、住所或居所所在地爲發票地。

㈢付款地　未載付款地者，以發票地爲付款地。

㈣到期日　未載到期日者，視爲見票即付。

三、任意記載事項

㈠擔當付款人（票一二四、二六Ⅰ）。

㈡利息及利率（票一二四、二八）。

㈢禁止背書之記載（票一二四、三〇Ⅰ）。

㈣見票或付款提示限期縮短或延長之特約（票一二四、四五、六六）。

第三項　本票發票人之責任

本票發票人所負責任，與滙票承兌人同（票一二一）。蓋滙票發票人委託第三人支付票據金額，故負票據付款之義務者爲承兌人；本票之發票人自爲票據金額之支付，立於主債務人之地位，其對執票人負絕對清償之責，完全與滙票承兌人相同也。又執票人向本票發票人行使追索權時，得聲請法院裁定後強制執行（票一二三），此則爲加強本票獲償性而設之規定。其利弊俟於本章第三節中述之。

第二節　見票之提示

見票後定期付款之本票，應由執票人向發票人爲見票之提示，請其簽名，並記載見票字樣及日期。其提示期限，準用第四十五條之規定。未載見票日期者，應以所定提示見票期限之末日爲見票日。發票人於提示見票時拒絕簽名者，執票人應於提示見票期限內，請求作成拒絕證書。執票人依前項規定作成見票拒絕證書後，無須再爲付款之提示，亦無須再請求作成付款拒絕證書。執票人不於第四十五條所定期限內，爲見票之提示或作成拒絕證書者，對於發票人以外之前手喪失追索權（票一二二）。

第三節　本票之強制執行

執票人向本票發票人行使追索權時，得聲請法院裁定後強制執行（票一二三）。蓋空頭支票之泛濫，多因發行遠期支票，到期資金調度不及所致。爲減少遠期支票之發行，乃加強本票之獲償性，保障執票人之權益，兼以助長本票之流通，故規定向發票人行使追索權時，得逕請法院裁定，取得執行名義，實施強制執行，以期簡捷。然此執行之對象，僅以本票之發票人爲限。至背書人、保證人及其他票據債務人，則不得對之聲請裁書強制執行。

本票之聲請法院裁定許可強制執行，依其性質係屬非訟事件，爲裁定之法院，祗能就本票作形式上之審查，不能爲實體上之認定。因此本票發票人縱對於簽章之眞正有所爭執，法院仍應爲准許強制執行之裁定（最高法院五十年六月六日民刑庭總會決議）。依此，若本票出於僞造變造，或執票人取得票據由於惡意，以及發票行爲由於無權代理諸情形，執票人仍得聲請裁定強制執行，卽時查封拍賣發票人之財產，不當殊甚。爲彌救此弊，五十八年八月非訟事件法修正，特在商事非訟事件一章中，增列票據事件，規定本票強制執行裁定事件，應於裁定前訊問發票人，如發票人對本票之眞正有爭執者，法院應命執票人提供擔保後始予強制執行，以兼顧雙方之利益，但如無法通知或通知而不到場者，不在此限（非訟法一〇四、一〇五）。

第四節 關於滙票規定之準用

本票之法律關係與滙票相類似，故除與本票之性質相抵觸者外，關於滙票之規定，均可準用於本票（票一二四）。玆列舉於後：

一、**發票**　滙票關於變更爲記名滙票（票二五Ⅱ）、擔當付款人（票二六Ⅰ）及利息與利率（票二八）之規定，均準用之。

二、**背書**　滙票關於背書之規定，除預備付款人（票三五）外，均準用之。

三、**保證**　票票關於保證之規定，均準用之。

四、**到期日**　滙票關於到期日之規定，均準用之。

五、**付款**　滙票關於付款之規定，均準用之。

六、**參加付款**　滙票關於參加付款之規定，除向參加承兌人或預備付款人爲付款提示之規定（票七九、八二Ⅱ）外，均準用之。

七、**追索權**　滙票關於追索權之規定，除以承兌爲基礎之追索規定（票八七Ⅰ、八八、一〇一）外，均準用之。

八、**拒絕證書**　滙票關於拒絕證書之規定，均準用之。

九、**謄本**　滙票關於謄本之規定，除以承兌爲基礎之規定（票一一九）外，均準用之。

第四章 支票

第一節 發票及款式

第一項 支票之發行

支票之意義，已如前述。發行支票時，通常在發票人與付款人間，必有委託付款之契約存在，或係存有款項，或有信用契約，然後代爲付款。且付款人僅限於金融業者（票一二七）。所謂金融業者，係指經財政部核准辦理支票存款業務之銀行、信用合作社、農會及漁會(票四Ⅱ)。此爲資格之限制，如無以上資格之一者，卽不能適用本法關於支票之規定，祇能認係民法上之指示證券。又支票係支付證券，有代替現金之效用，故限於見票卽付，如有相反之記載者，其記載無效。支票在票載發票日前，執票人不得爲付款之提示（票一二八）。

支票與滙票之背書、付款、追索權、拒絕證書等規定，大致相同。惟滙票之承兌、預備付款人、擔當付款人、參加付款、保證、複本、謄本等，則均爲支票所無。

第二項 支票之款式

支票應記載左列事項，由發票人簽名（票一二五）：

一、**絕對必要記載事項**

㈠表明其為支票之文字。

㈡一定之金額。

㈢付款人之商號。

㈣無條件支付之委託。

㈤發票年月日。此以票載日期為準。

㈥付款地。記載付款地必須單一，不得為兩個以上之記載（33院二七七二號）。

二、**相對必要記載事項**

㈠受款人之姓名或商號　未載受款人者，以執票人為受款人，稱為無記名支票。發票人得以自己為受款人，稱為己受支票。發票人亦得以自己為付款人，稱為己付支票，此時發票人自為經財政部核准辦理支票存款業務之銀行、信用合作社、農會及漁會。又發票人亦得以付款人為受款人，稱為付受支票。

三、**任意記載事項**

㈠平行線之記載（票一三九）。

㈡禁止背書之記載（票一四四、三〇一）。

㈢免除拒絕事實通知或免除作成拒絕證書（票一四四、九〇、九四）。
㈣禁發回頭支票（票一四四、一〇二I）。
㈤應給付金額種類之特約（票一四四、七五）。

第二節　支票之提示

第一項　提示之期限

支票之提示，僅有付款之提示。且支票爲支付證券，若流通期間，無一定之限制，則成爲信用證券。是故本法規定，支票之執票人，應於左列期限內爲付款之提示（票一三〇）：
㈠發票地與付款地在同一省（市）區內者，發票日後七日內。
㈡發票地與付款地不在同一省（市）區內者，發票日後十五日內。
㈢發票地在國外，付款地在國內者，發票日後二個月內。

第二項　提示之效力

一、積極之效力

執票人於法定提示期限內爲付款之提示而被拒絕時，對於前手得行使追索權。但應於拒絕付款日或其後五日內，請求作成拒絕證書。付款人於支票或粘單上記載拒絕文義及其年月日並簽名者，與作成拒絕證書有同一效力（票一三一）。依我國銀行習慣，支票被拒絕付款時，均由付款人作成退票理由單粘連於支票之上，其效力與拒絕證書同。執票人向支票債務人行使追索權時，得請求自爲付款提示日起之利息，如無約定利率者，依年利六釐計算（票一三三）。

二、消極之效力

執票人不於法定提示期限內爲付款之提示，或不於拒絕付款日或其後五日內請求作成拒絕證書者，對於發票人以外之前手喪失追索權（票一三二）。此與滙票稍異，蓋滙票執票人不於法定期限內，爲行使或保全票據上權利之行爲者，對於一切之前手，均喪失追索權（票一〇四Ⅰ）。是故支票發票人雖於提示期限經過後，對於執票人仍負責任。但執票人怠於提示致使發票人受損失時，應負賠償之責。其賠償金額，不得超過票面金額（票一三四）。例如執票人不於法定期限內爲付款之提示，嗣後付款人倒閉，致發票人不能取回資金，或僅能取回其一部者，此項損失，得其就應付之支票金額內扣除。但其扣除款額，則不得超過票面金額，即祇能扣盡支票金額之全部爲限。

第三節　支票之付款

第一項　提示期限經過後之付款

付款人於提示期限經過後，仍得付款，但有左列情事之一者，除保付支票外(票一三八Ⅳ)，則不得再行付款，否則所付票款，應自負其責（票一三六）：

一、**發票人撤銷付款之委託時**　發票人在法定期限內，不得撤銷付款之委託（票一三五）。俾保持支票之信用，鞏固執票人之權利。但提示期限經過後撤銷付款之委託，則無不可。

二、**發行滿一年時**　票據上之權利，對支票發票人一年間不行使者，因時效而消滅（票二二Ⅰ）。因此支票發行已滿一年時，其消滅時效可能已經完成，付款人自不能再行付款。

第二項　一部付款

付款人於發票人之存款，或信用契約所約定之數足敷支票金額時，除收到發票人受破產宣告之通知者外，應負支付之責（票一四三）。但若不敷支付支票金額時，得就一部分支付之（票一三七Ⅰ）。付款人爲一部支付時，無須執票人之同意。執票人並應於支票上記明實收之數目（票一三七Ⅱ）。

第三項　轉帳或抵銷

以支票轉帳或爲抵銷者，視爲支票之支付（票一二九）。蓋支票爲支付證劵，原應現實支付，惟轉帳及抵銷，雖無支付之形式，實際上則與現實支付無異。以支票爲轉帳者，例如甲持有乙銀行付款之支票，而在乙銀行設立存款戶，以該支票金額轉帳存於乙銀行；或如甲、丙在乙銀行均有存款，甲執有丙發行而指定乙銀行付款之支票，請求乙銀行將該支票金額轉入自己存款戶是。以支票爲抵銷者，例如甲對乙銀行負有金錢債務，應卽償還，而甲在乙銀行本有支票存款帳戶，甲卽發行相當於該金錢債務金額而以乙爲付款人兼受款人之支票，以抵銷其債務是。

第四節 保付支票

第一項 保付支票之概念

保付支票者，卽支票之付款人，於支票上記載照付或保付或其他同義字樣之支票。在通常情形，付款人爲保付後，均從存戶帳中將該支票上所記之金額，如數劃列於保付支票帳內，以備受款人或執票人隨時提取。付款人一經保付後，卽爲票據之主債務人。受款人或執票人，縱不信任存戶，但因保付故，必信用付款人，則授受之間，無虞詐欺，而支票之流通，遂更爲活潑。

第二項 保付支票之效力

保付支票之效力，與一般支票之效力略有不同。玆分述如左：

一、對於付款人之效力　付款人於支票上記載照付或保付或其他同義字樣並簽名後，其付款責任，與滙票承兌人同（票一三八Ⅰ）。因此，付款人於提示期限經過後，固應付款，不得藉詞拒絕；縱使發票人撤銷付款之委託，或發行已滿一年，付款人仍負有絕對付款之責（票一三八Ⅳ）。又為鞏固支票之信用，維持金融之安定，並貫徹支票之支付性能，付款人不得為存款額外或信用契約所約定數目以外之保付，違反者應科以罰鍰，但罰鍰不得超過支票金額（票一三八Ⅲ）。

二、對於發票人及背書人之效力　付款人於支票上已為保付之記載時，發票人及背書人免除其責任（票一三八Ⅱ）。

三、對於執票人之效力　支票經保付後，執票人不受付款提示期限之拘束，即提示期限外，仍得請求付款。惟執票人喪失其支票時，則不得為止付之通知（票一三八Ⅳ）。

第五節　平行線支票

第一項　平行線支票之概念

平行線支票，亦稱畫線或橫線支票，即於支票正面畫平行線二道者，付款人僅得對金融業者支付票據金額。此種支票，乃在防止支票遺失或竊取之意外損失。蓋在普通支票，一經喪失，執票人若未通知止付，付款人如憑票支付金額，並不負任何責任。而畫線支票，則非由銀行不能領取票款，且非與其素有往來，亦不能委託其代爲領取，萬一支票付款後發生糾葛，則銀行可以查明係何人使用，其來蹤去跡，較易根究。對於銀行及存戶兩方面之安全，均可確保無虞也。

第二項　平行線支票之種類

平行線支票，因其性質之不同，可分爲三種：

一、**普通平行線支票**　即支票經在正面左上角晝平行線二道者，付款人僅得對金融業者支付票據金額（票一三九Ⅰ）。如圖一及圖二所示。

二、**特別平行線支票**　即支票上平行線內記載特定金融業者，付款人僅得對該特定金融業者支付票據金額（票一三九Ⅱ）。例如平行線內載有臺灣銀行字樣者，付款人對於該銀行以外之執票人爲支票付款之提示時，應拒絕之。但該特定金融業者爲執票人時，得以其他金融業者爲被背書人背書後委託其取款（票一三九Ⅱ但）。如圖三所示。

三、**受託平行線支票**　即劃平行線支票之執票人，如非金融業者，應將該項支票存入其在金融業者之帳戶，委託其代爲取款。或支票上平行線內，記載特定金融業者，應存入其在該特定金融業者之帳戶，委託其代爲取款（票一三九Ⅲ、Ⅳ）。

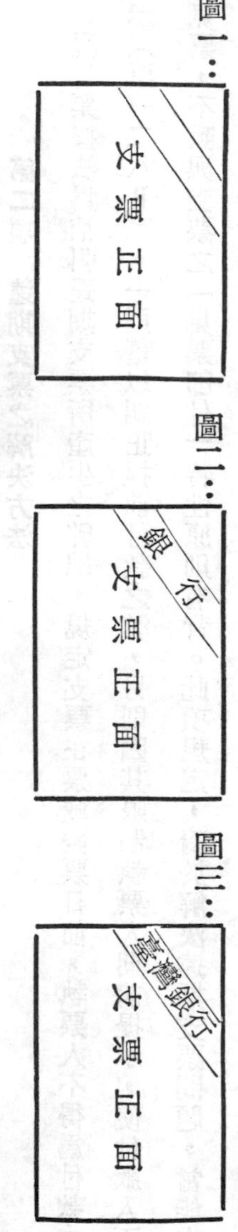

第三項　平行線支票之效力

一、付款人之責任　違反平行線之規定而付款者，付款人應負賠償損害之責。但賠償金額，不得超過支票金額（票一四〇）。

二、平行線之撤銷　劃平行線之支票，得由發票人於平行線內記載照付現款或同義字樣，由發票人簽名或蓋章於其旁。支票上有此記載者，視爲平行線之撤銷（票一三九X）。支票平行線撤銷權，專屬於發票人，即令該平行線爲背書人或執票人所畫，其撤銷亦應由發票人爲之。但支票經背書轉讓者，則不得撤銷（票一三九X但）。

第六節　遠期支票

第一項　遠期支票之形成

遠期支票，乃以未到來之日期塡爲發票日之支票。支票在本質上爲支付證券，而非信用證券，原無到期日可言，故遠期支票一詞，並非票據法上之名詞，僅係一般商業上之慣稱。遠期支票為造成空頭支票氾濫之主要原因，其形成約如下所述：

一、舊法規定　依舊票據法規定，執票人於票載日期前提示付款時，應即付款，並以其提示日視為發票日（票一二八Ⅱ、一二五Ⅴ），旨在貫徹支票「見票即付」之特性。惟事實上遠期支票所載發票日期，原係雙方約定之付款日期。玆法律准許受款人依片面意願提前提示付款，無異鼓勵債權人違背誠信原則行使債權，且使債務人猝不及防，極易陷於週轉不靈，而增加支票不能兌現之機會。

二、發票時存款不足　發票人之所以簽發遠期支票，即由於發票當時存款不足，支票之支付，乃悉賴事後籌款補存，一旦籌補不足，即成空頭，遠期支票乃構成影響票據信用之主要因素。更因法律規定，遠期支票不能兌現仍須處罰，遂使每一週轉不靈之債務人，均須遭受刑事處罰，造成刑事政策上之重大偏向。

第二項　遠期支票之解決方法

現行票據法為消弭遠期支票所產生之弊端，規定支票在票載發票日前，執票人不得為付款之提示（票一二八Ⅱ）。一則藉以糾正提前付款之弊，另則因其限制執票人期前提示，使付款人不能見票，不致與支票之「見票即付」特性原則有背。此項規定，對於解決遠期支票問題，當能有所裨益。」

第七節　支票發票人之責任

一、擔保付款之責任　支票之發票人，應照支票文義擔保支票之支付（票一二六）。因此付款人拒絕付款時，發票人對於受款人及其後手，均應負償還之責。此項擔保支付責任，係絕對的責任，不得依特約免除之（票二九Ⅱ）；惟該支票經付款人保付後，則告免除。此項擔保付款之責任，並不以票面金額爲限。執票人向發票人行使追索權時，得請求自爲付款提示日起之利息，如無約定利率者，依年利六釐計算（票一三三）。此之利息，係屬於債務人因遲延清償票款後應支付之法定利息（民二三三）。

二、提示期限經過後之責任　發票人雖於提示期限經過以後，對於執票人仍須負擔保付款之責任，但執票人怠於提示，致發票人受有損失時，應負賠償之責，其賠償之範圍，不得超過票面金額（票一三四）。

三、付款提示期間內不得撤銷付款委託之責任　依本法規定，發票人於提示期限（票一三〇）內，不得撤銷付款之委託（票一二五）。其目的乃在促進票據之流通與保障交易之安全。惟提示期限經過後，發票人得自由撤銷其付款之委託。發票人合法撤銷付款之委託後，付款人卽不得付款（票一三六Ⅰ1）。

第八節　關於滙票規定之準用

支票與滙票同爲委託付款人無條件支付與受款人或執票人之票據。故滙票之規定中，除其特有規定者外，支票亦得準用之（票一四四）。茲列舉於後：

一、發票　滙票關於無記名滙票變更爲記名滙票（票二五Ⅱ）之規定，準用之。

二、背書　滙票關於背書之規定，除預備付款人外（票三五），均準用之。

三、付款　滙票關於付款之規定，除付款之提示期限（票六九Ⅰ）、擔當付款人之提示（票六九Ⅱ）、執票人同意延期付款（票七〇）、到期日前之付款（票七二）及票據金額之提存（票七六）外，均準用之。

四、追索權　滙票關於追索權之規定，除以承兌爲基礎之事項（票八五Ⅱ1 2）、拒絕證書之作成期限（票八七、八八）、到期之利息計算（票九七Ⅰ2、Ⅱ）及淸償之方式（票一〇一）

外，均準用之。

五、**拒絕證書**　滙票關於拒絕證書之規定，除有關複本（票一〇八Ⅱ）、抄本（票一〇九）及謄本（票一一〇）各事項外，均準用之。

第四編 海商法

第一章 通則

第一節 船舶之概念

船舶有廣狹二義。凡在水面或水中可供航行之船舶，爲廣義之船舶（船一Ⅰ）。凡在海上航行及在與海相通水面或水中航行之船舶，則爲狹義之船舶（海一）。茲所研究者，爲狹義之船舶。依此，本法所指之船舶，應具備下列兩要件：

一、**須供航行之用** 其不供航行之用者，如橋船、躉船、燈船、倉庫船或繫留船等，爲僅停泊於一定港口之船舶，非此所謂船舶。

二、**須在海上及在與海相通水面或水中航行** 所謂海上，卽海洋之義；所謂與海相通，卽指該項船舶除航行於海洋外，並進出於與海相通之水面或水中，作混合之航行。至若僅在與海相通之水面或水中航行，並不進出於海洋航行者，仍爲一般之內河船舶，無論其噸位若干，均不適用本法之規定。

第二節 不適用海商法之船舶

左列船舶，除因碰撞外，不適用本法之規定（海三）：

一、總噸位未滿二十噸之動力船舶或未滿五十噸之非動力船舶　動力船舶，謂裝有機械用以航行之船舶；非動力船舶，謂不屬於動力船舶之任何船舶（船一Ⅳ）。總噸位未滿二十噸之動力船舶或未滿五十噸之非動力船舶，均為小船（船一Ⅲ），不堪航海，即或能航行於與海相通之水面或水中營利貨運，因關係不鉅，亦不必強使適用海商法規，以免徒增繁擾。

二、軍事建制之艦艇　軍事建制之戰鬪艦、巡洋艦、驅逐艦等係供作戰之用，運輸艦、巡邏艇等係輔助作戰之用，均非商船，自不適用本法之規定。

三、專用於公務之船舶　即國家或公法人所有之船舶，專用於公務，而非從事商運營利者，如檢疫船、測量船、氣象船、水上警察船等，與一般商船性質不同，亦不適用本法之規定。

四、本法第一條規定以外之其他船舶　凡非在海上或非在與海相通之水面或水中航行之船舶，均屬之。如專在內河航行之船舶，或非以航行為目的之船舶，如引水船等是。

第三節　船舶之扣押

船舶得為扣押或假扣押之標的，固與一般財產無異，惟自運送人或船長發航準備完成時起，以迄航行完成時止，不得為之（海四Ⅰ）。所謂發航準備完成時，係指已完成航行目的必要之一切準備而言。如船舶已艤裝載貨完成，海員旅客業已登船，出港航行之一切手續均已辦畢等是。所謂以迄於航行完成時止，係指該次航行已到達目的港口，並客貨起卸完畢也。本法第四條規定，旨在完成營運，以維護社會公益，否則如准許債權人之聲請，逕予扣押或假扣押，不僅對船舶所有人不利，且貨物與旅客，亦將蒙受損失。但爲使航行可能所生之債務，如備辦航行燃料、糧食或雇工修理之費用等所生之債務，旣有助於該次航行，且時機迫促，求償機會較少，若不予以保護，則影響所及，一般社會勢必相率戒懼，不敢與船舶爲財務之交易與勞務之供給，故仍許其爲扣押或假扣押（船四I但）。然則，海商法具有國際性，前述規定用意雖佳，但實施之結果對於國人殊爲不利。蓋我國海商法第四條第一項規定，船舶之扣押、假扣押，自運送人或船長發航準備完成時起，以迄航行完成時止，不得爲之。但是他國海商法之規定未必如此。況今日之國際航運，探不禁止扣押已蔚成風氣，若我國再墨守成規，無異保護外國債權人，而不保護我國債權人，其影響所及，將使我國債權人不敢貸款於船舶所有人，對於我國航運之發展及金融制度影響甚鉅。政府有鑑於此，乃循修正強制執行法之方式，達到修正海商法之目的，而於現行強制執行法第一一四條第二項規定：「對於船舶之強制執行，自運送人或船長發航準備完成時起，以迄航行完成時止，仍得爲之。」及同條第三項規定：「前項強制執行，除海商法第四條第一項但書之規定外，於保全程序之執行名義，不適用之。」基於特別法（指強制執行法）優先適用普通法（指海商法）之原則，船舶自運送人或船長發航準備完成時起，以迄航行完成時止，在發航準備完成以前，及航行完成以後，均得爲扣押、假扣押或假處分。至於爲使航行可能所生之債務，不論任何時間，均得爲船舶之扣押、假扣押或假處分。

至在國境內航行之船舶，不虞逃匿，如須執行假扣押時，得以揭示方法爲之（海四Ⅱ），俾使船舶不致因執行假扣押而影響航行。

第四節　法律之適用

海商事件，本法無規定者，適用民法及其他有關法律之規定（海五）。蓋海商法爲民法之特別法，特別法優先適用於普通法，故必海商法無規定時，而後始適用民法之規定。然海事之特別法令，如船舶法、船舶登記法者，則應優先海商法而爲適用。至海商法如無規定，而民事其他特別法令有規定時，則其他民事法令仍優先適用於民法，例如海商法中之海上保險無規定時，即須先行適用保險法之規定，必保險法無規定，始得適用民法是。

第二章　船舶

第一節　船舶所有權

第一項　船舶之特性

船舶，除本法有特別規定外，適用民法關於動產之規定（海六）。是船舶爲動產，當無疑義。但就其性質言，船舶究與其他動產不同，玆分述如左：

一、**船舶具有不動產性**　船舶因價值高，移轉難，故在法律上常與不動產同視。其情形如

(一)登記　凡物權之取得、設定、喪失及變更，在動產無須登記，在不動產非經登記，不生效力（民七五八）；而船舶關於所有權、抵押權及租賃權之保存、設定、移轉、變更、限制、處分或消滅，則非經登記，不得對抗第三人（海九、三四及船登三、四）。

(二)抵押　抵押權之標的，本限於不動產，而船舶亦得以之設定抵押權（海三一）。

(三)強制執行　凡本法所規定之船舶，其強制執行，準用不動產執行之規定（強一一四）。

二、**船舶具有人格性**　船舶爲物，係所有權之標的，但其在法律上之地位，則常類似於自然人或法人。如：

(一)船名　船名由船舶所有人自定，但不得與他船舶名相同（船一〇）。

(二)國籍　船舶原則上非領有國籍證書或臨時船舶國籍證書者，不得航行（船七）。

(三)船籍港　船舶所有人應自行認定船籍港（船一一）。船舶之有船籍港，亦同自然人或法人之有住所。

第二項　船舶所有權之範圍

船舶組成部分，極爲複雜，除給養品外，凡於航行上及營業上必需之一切設備及屬具，皆視爲船舶之一部（海七），以其在構造上、營業上及經濟上，與船舶均有不可分離之關係也。因此，船舶所有權之範圍，可歸納如下述：

一、**船體**　即船舶之本體，如龍骨、甲板及汽機等是。

二、**設備** 即船舶上之一切固定設施，如客艙、貨艙以及電信、衞生、救火等設備是。

三、**屬具** 即附屬於船舶之用具及機械，如鐵錨、雷達、海圖及桌椅、床灶之類等是。至給養品，如米菜油鹽等，則不能視爲船舶之一部。

第三項 船舶所有權之移轉

船舶所有權之取得，有由原始取得者，有由繼受取得者。前者如因建造、捕獲或沒收而取得是。後者如因繼承、讓與或贈與而取得是。茲所述者，惟船舶之讓與及登記而已。

一、**所有權之讓與** 船舶全部或一部之讓與，非作成書面，並依左列之規定，不生效力（海八）：

㈠在中華民國，應聲請讓與地或船舶所在地航政主管權關蓋印證明。

㈡在外國，應聲請中華民國領事館蓋印證明。

二、**所有權之登記** 船舶所有權之移轉，非經登記，不得對抗第三人（海九），乃以登記爲對抗第三人之公示效力。惟登記並非移轉之成立要件，船舶之移轉，即使未經登記，而其移轉契約仍生效力。

第四項 造船之破產

船舶建造中，承攬人破產而破產管理人不爲完成建造者，船舶定造人得將船舶及業經交付或規定之材料照估價扣除已付定金，給償收取之。並得自行出資在原處完成建造。但使用船廠，應給與報償（海一〇）。蓋使船舶建造，不因承攬人之破產而中輟，以謀航海事業之發展也。

第五項　船舶之共有

一、船舶共有人之內部關係

㈠共有船舶之處分　船舶共有人關於共有船舶之處分及其他與共有人共同利益有關之事項，應以共有人過半數並其應有部份之價值合計過半數之同意為之（海十一）。所謂船舶之處分，非僅船舶之讓與，即船舶之抵押，亦屬處分行為。所謂與共有人共同利益有關之事項，即係關於船舶利用之一切事項，如航海、出租等是。

㈡船舶部份之出賣　船舶共有人有出賣其應有部份時，其他共有人得以同一價格儘先承買。因船舶共有權一部份之出賣，致該船舶喪失中華民國國籍時，應得共有人全體之同意（海十二）。

㈢船舶部份之抵押　船舶共有人以其應有部份供抵押時，應得其他共有人過半數之同意（海十三）。

㈣共有關係之退除　船舶共有人為船長而被辭退或解任時，得退出共有關係，並返還其應有部份之資金。前項資金數額，依當事人之協議定之。協議不成時，由法院裁判之。至此項退出共有關係之權，自被辭退之日起算經一個月不行使而消滅（海十五）。

㈤共有關係之繼續　共有關係，不因共有人中一人之死亡、破產或禁治產而終止（海十六）。

船舶共有人死亡者，其應有部份由繼承人承受；破產者，其應有部份移交破產管理人；禁治產者，其應有部份由監護人管理之。故其共有關係，不因此而終止。

二、船舶共有人之外部關係

㈠債務之分擔　船舶共有人對於利用船舶所生之債務，就其應有部份負比例分擔之責（海十四Ⅰ）。例如船舶之修理或燃料費用，均爲利用船舶所生之債務。共有人對於發生債務之管理行爲，曾經拒絕同意者，關於此項債務，得委棄其應有部份於他共有人而免其責任（海十四Ⅱ）。蓋航海事業，本多危險，如此所以減輕船舶共有人之責任，藉以獎勵航業之投資也。

㈡船舶經理人　船舶共有人應選任船舶經理人，經理其營業。茲述本法有關經理人之規定如左：

1. 船舶經理人之選任　船舶經理人之選任，應以共有人過半數並其應有部份之價值合計過半數之同意爲之。（海十七）。

2. 船舶經理人之權限　船舶經理人關於船舶之營運，在訴訟上或訴訟外代表共有人（海十八）。船舶經理人非經共有人依第十一條規定之書面委任，不得出賣或抵押其船舶。且船舶共有人對於船舶經理人權限所加之限制，不得對抗善意第三人（海十九）。

3. 船舶經理人之義務　船舶經理人於每次航行完成後，應將其經過情形報告於共有人。共有人亦得隨時檢查其營業情形，並查閱賬簿（海二〇）。

第六項　船舶所有人之責任限制

一、限制責任之理由　船舶所有人以船舶經營海運，諸多冒險，且海難海損之發生，事所難免，故各國立法例均以法律減輕船舶所有人之責任，謂之船舶所有人責任之限制。考其限制之理由，約有四端：⑴船長在航行中權限極大，船舶所有人不易指揮命令。⑵海員在航行中，行動自由，船舶所有人無法直接指揮監督。⑶船長及其他高級海員，均須經國家考試而領有證書者，始能充任，非船舶所有人所能任意選任。⑷航業之危險性甚大，如不減輕船舶所有人之責任，將無人敢從事航海事業。

二、限制責任之主義　關於船舶所有人責任之限制，立法例不一，約有如下數種：

㈠委付主義　船舶所有人就船舶所生之債務，原則上應負人的無限責任，但對於特種債權人，得委付其海產（船舶及運費），而免除其責任。此主義，法國及日本採之。

㈡執行主義　亦稱海產主義或物的執行主義。即將船舶所有人之財產，分爲海產與陸產，船舶所有人就債務所負責任，僅以海產爲限。就海產執行不足淸償部分，船舶所有人不負其責。此主義，德國採之。

㈢金額主義　亦稱金額責任主義，即船舶所有人之責任，以其船舶噸數爲比例，分別就對人或對物之損害，而決定其所負責任之限度。此主義，英國採之。

㈣船價主義　亦稱船價責任主義，即船舶所有人之責任，原則上以航海終止時之海產價格為限，但亦得委付其海產於債權人，而免出責任。此主義，美國採之。

㈤選擇主義　即船舶所有人於委付、執行及金額責任等主義，選擇其一，以免其責任。此主義，比利時採之。

㈥併用主義　即船舶所有人所負之責任，以海產之價格為限，就船舶每噸負英貨八鎊之責任。如無海產，則每噸八鎊之責任，即不須執行。此主義為一九二三年船舶所有人責任限制統一條約案所採用。

上列各種主義，利弊互見。本法規定，船舶所有人所負責任，以本次航行之船舶價值、運費及其他附屬費為限。船舶所有人不提供船舶價值而委棄其船舶者，亦同（海二一Ⅰ）。乃原則上採執行主義，兼採委付主義也。所謂運費，對於依約不能收取之運費及票價，不包括在內。所謂附屬費，係指船舶因受損害應得之賠償，但保險金不包括在內（海二一Ⅱ、Ⅲ）。

三、限制責任之債務　關於船舶所有人責任之限制，本法規定以左列債務為限（海二一Ⅰ）：

㈠船長、海員、引水人或其他一切服務於船舶之人員，因執行業務所加損害於第三人之賠償。所謂損害，包括身體之傷害及生命之喪失在內（海二一Ⅳ）。

㈡交付船長運送之貨物，或船上其他一切財產物品所受損害之賠償。

㈢本於載貨證券所生之債務。

㈣在履行契約中所犯航行過失之賠償。

㈤船舶所加於港埠、倉庫、航路、設備及工作物之損害所應修理之義務。

㈥關於除去沉船漂流物之義務及其從屬之義務。

㈦救助及撈救之報酬。

㈧在共同海損中屬於船舶所有人應分擔之部分。

㈨船長在船籍港外，以其職權因保存船舶或繼續航行之實際需要所爲行爲，或契約所生之債務，而其需要非由發航時準備不足、船具缺陋或設備疏忽而生者。

四、限制責任之例外　上述責任限制之規定，於左列情形不適用之，亦卽船舶所有人對之應負無限責任（海二二）：

㈠本於船舶所有人之行爲或過失所生之債務。例如選任船長不當，將海員怠於監督或指示錯誤，以致第三人蒙受損害時，船舶所有人應負無限責任。

㈡船長在船籍港外，以其職權所生債務，經船舶所有人允許者。蓋其行爲既經船舶所有人之事前特別委任或事後之允諾，不啻船舶所有人自爲之行爲，故應負無限責任。

㈢本於船長、海員及其他服務船舶之人員之僱用契約所生之債務。例如船舶員工之薪水、工資、津貼等，乃員工及其家屬生活所寄託，故爲保護航海業務人員起見，特規定船舶所有人應負無限責任。

五、船舶價值之估計　船舶所有人如依本法第二十一條之規定限制其責任者，對於本次航行之船舶價值應證明之。船舶價值之估計，以左列時期之船舶狀態爲準（海二三）：

㈠因碰撞或其他事變所生共同海損之債權，及事變後以迄於第一到達港時所生一切債權，其估價依船舶於到達第一港時之狀態。

㈡關於船舶在停泊港內發生事變所生之債權，其估價依船舶在停泊港內事變發生後之狀態。

㈢關於貨載之債權或本於載貨證券而生之債權，除前二款情形外，其估價依船舶於到達目的港時或航行中斷地之狀態。如貨載應送達於數個不同之港埠，而損害係因同一原因而生者，其估價依船舶於到達該數港中之第一港時之狀態。

㈣關於本法第二十一條所規定之其他債權，其估價依船舶航行完成時之狀態。

第二節　船舶優先權與抵押權

第一項　船舶優先權

一、優先權之概念　優先權，即有優先受償之權利。船舶優先權，乃基於船舶特定之債權，就該船舶、運費及其附屬物，有優先於其他債權受淸償之權利。蓋船舶所有人僅負海產之有限責任，海上債權人祇能對海產請求，而陸上債權人則可對其任何財產請求，顯有未公，故對於海上之特種債權人加以保護，使與共益、公益及衡平有關之債權，得有優先受償之權利。此項優先債權，係由法律規定而生，不得由當事人任意創設。

二、優先權之債權　左列各款債權，有優先受償之權（海二四）：

㈠訴訟費及爲債權人之共同利益，而保存船舶或標賣並分配賣價所支出之費用、船鈔、港埠建設費、引水費、拖船費、自船舶開入最後港後之看守費、保存費、檢查費。

㈡船長、海員及其他服務船舶人員，本於僱用契約所生之債權，其期間未滿一年者。

㈢爲救助及撈救所負之費用及報酬，及船舶對於共同海損之分擔額。

㈣船舶所有人或船長、海員之過失所致之船舶碰撞或其他航行事變，旅客及船長海員之身體傷害、貨載之毀損或滅失，加於港埠設施之損害賠償。

㈤船長在船籍港外，依其職權爲保存船舶或繼續航行之實在需要所爲之行爲或契約所生之債務。

㈥對於託運人所負之損害賠償。

三、優先權之標的　依本法第二十四條規定得優先受償之標的物如左（海二五）：

㈠船舶、船舶設備及屬具或其殘餘物。

㈡在發生優先債權之航行期內之運費。惟第二十四條第二款之債權，得就同一僱傭契約期內所得之全部運費優先受償，不受限制（海二六）。

㈢船舶所有人因本次航行中船舶所受損害，或運費損失應得之賠償。

㈣船舶所有人因共同海損應得之賠償。

㈤船舶所有人在航行完成前，爲施行救助或撈救所應得之報酬。

四、優先權之位次　優先權之位次者，卽二以上優先權同時存在時，其優先受償之順序。茲分述如左：

㈠同次航行之優先債權　屬於同次航行之優先債權，其位次依第二十四條各款之規定（海二七Ⅰ）。卽該條第一款爲第一位，應最先受償；第二款爲第二位，須俟第一款清償後，始可受償；餘類推。一類中有數債權者，不分先後，比例受償（海二七Ⅱ）。第二十四條第三款及第五款所列債權，如有二個以上屬於同一種類，其發生在後者，優先受償（海二七Ⅱ）。因在先之債權，係因在後之債權始得保全也。若因同一事變所生之債權，視爲同時發生之債權（海二七Ⅳ）。例如同一事變發生兩宗撈救之報酬，因難分先後，卽視爲同時發生之債權，而比例受償。

㈡異次航行之優先債權　不屬於同次航行之優先債權，其後次航行之優先債權，先於前次航行之優先債權（海二八）。此因前次航行所生之優先債權，亦因後次航行所生之優先債權，始得保全也。

五、優先權與抵押權之位次　船舶優先權要抵押權競合時，本法第二十四條第二項規定：前項第一款至第五款所列優先權之位次，在船舶抵押權之前。換言之，亦即船舶抵押權不得先於優先權行使。蓋船舶抵押權係由當事人之契約自由發生，而優先債權係基於法律之強制規定，如不嚴加限制，恐船舶所有人於優先債權發生時，任意設定抵押權，以圖妨害也。至同條第六款對於託運人所負損害賠償之優先債權，若與船舶抵押權競合時，如何定其順位？法無明文，學者有主張應在抵押權之後者，有主張應不分先後比例受償者，亦有主張應依其發生先後定其位次者，莫衷一是。揆之法理，應以認爲在抵押權之後爲當。蓋該條項既僅規定第一款至第五款所列優先權之位次，在船舶抵押權之前，則依法條意旨，第六款之優先權，顯在排除之列。且抵押權爲物權，優先權爲債權，除法律另有規定外，物權自應優先於債權受償也。

六、優先權之效力　優先債權不因船舶所有權之移轉而受影響（海二九）。藉以防止船舶所有人爲避免債務而將船舶所有權移轉於第三人，致使債權無法受償也。

七、優先權之消滅　第二十四條各款之優先權，除法律別有規定外，以左列原因而消滅（海三〇）：

㈠第二四條第一款情形，船舶離去債權發生地者。

㈡第二四條第二款情形，自債權人得爲請求之日起，經過一年不行使者。

㈢第二四條第三款情形，自救助或撈救之行爲完成或海損分擔確定之日起，經過六個月不行使者。

㈣第二四條第四款、第六款情形，自損害發生之日起，經過六個月不行使者。

㈤第二四條第五款情形，自債權得爲請求之日起，經過六個月不行使者。

第二項　船舶抵押權

一、抵押權之概念　抵押權，卽對於債務人或第三人不移轉占有而供擔保之不動產，得就其賣得價金受償之權（民八六〇）。船舶抵押權，乃以船舶爲標的之一種抵押權。船舶本爲動產，然在法律上，則恆與不動產同視，前已述之。因此民法上有關不動產抵船權之規定，於船舶之抵押權，亦適用之。惟本法於第三一條至第三五條復設有特別規定。

二、抵押權設定之方式　船舶抵押權之設定，應以書面爲之（海三一）。且其設定，除法律別有規定外，僅船舶所有人或受其特別委任之人，始得爲之（海三三）。所謂法律別有規定者，如船舶所有人爲無行爲能力人時，得由法定代理人爲之是。所謂受特別委任之人，如船舶經理人是。

三、抵押權設定之標的　船舶抵押權，得就建造中之船舶設定之（海三三）。是船舶設定抵押權，不限於已建造完成之船舶，即建造中者，亦得爲之。所以獎勵造船事業，便利船舶所有人資金之融通，以完成其造船事業也。

四、抵押權設定之效力　船舶抵押權之設定，非經登記，不得對抗第三人（海三四）。又船舶共有人中一人或數人就其應有部分所設定之抵押權，不因分割或出賣而受影響（海三五）。故船舶設定抵押之部分，雖已經分割或出賣，抵押權人對於分割或出賣部分，仍得行使其權利也。

第三章　船　長

第一節　船長之概念

船長云者，謂受船舶所有人僱用主管船舶一切事務之人員（海二前）。故船長與船舶所有人間之關係，係基於僱傭契約，一方爲特定船舶之指揮者，他方又爲船舶所有人之代理人。不僅負有指揮全船之私法上職務，且有維持秩序、整飭紀律等之公法上權力。是船長在公私法上之權限，相當廣泛，其地位甚爲重要。各國對於船長之任免，多採干涉主義，咸以法令設有一定之限制，不得由當事人任意為之。

第二節　船長之任免

一、船長之任用　船長由船舶所有人僱用之（海三七Ⅰ）。惟因船長之權限廣泛，地位重要，故其任用，除應為中華民國國民外（海三六），並須具備相當之學識經驗，且經考試及格者，始得充任。至本法第四章有關海員僱傭契約、薪津、傷病、撫恤、退休及保險之規定，於船長得適用之（海八〇）。

二、船長之辭退　船舶所有人得隨時辭退船長，但無正當理由而辭退時，船長得請求賠償因此所受之損害（海三七Ⅱ）。所謂正當理由，純屬事實問題，應就客觀之情形定之，如觸犯刑章，顯有重大過失，行為不檢或技術不諳等是。又船長在航行中，縱其僱用期限已滿，亦不得自行解除或中止其職務（海三八）。船舶在航行中，船長死亡或因故不能執行職務（如病重），而未有繼任人選時，應由從事駕駛之海員中職位最高之一人代理執行其職務（海五二）。蓋船長一身繫全船之安危，而在航行中又難覓繼任之人選，故本法乃設此規定，以保護公益。

第三節　船長之權限

一、**指揮管理權** 船舶之指揮，僅由船長負其責任。船長爲執行職務，有命令與管理在船海員及在船任何人之權（海四〇I）。

二、**緊急處分權** 船長在航行中，爲維持船上治安及保障國家法益，得爲緊急處分（海四一）。例如在航行中，船員或旅客有妨害船上治安之行爲，船長得予懲戒，或限制其自由或禁止其離船是。

三、**特別行爲權** 船長爲支付船舶之修繕費、救助費或其他繼續航行所必要之費用，得爲下列行爲：⑴爲金錢之借入，⑵將貨運之全部或一部變賣或出質。船長變賣或出質貨載時，其損害賠償額，依其貨物應到達時目的港之價值定之。但應扣除因變賣或出質所減省之費用（海五一），例如運費、關稅及裝卸費等，以示平允。

船長之權限，除上述三種外，他如處置私貨權（海六二、一〇九、一一六及一六七）、寄存貨物權（海九四）、留置貨物權（海一六二）、避免共同危險處分權（海一五〇）等等，亦均屬之，容俟各該有關章節中述之，茲不贅。

第四節　船長之義務

一、**注意執行職務之義務** 船長對於執行職務中之過失，應負責任。如主張無過失時，應負證明之責（海三九）。在船長未舉證證明其無過失前，推定其有過失，以保護相對人。

二、遵照預定航程之義務　船長非因事變或不可抗力，不得變更船舶之預定航程（海四〇Ⅱ）。

三、處置遺留財物之義務　旅客或海員死亡或失蹤時，其遺留於船上之財物，船長應以最有利於繼承人之方法處置之（海四二）。

四、放棄船舶諮詢之義務　船長在航行中，不論遇何危險，非經諮詢各重要海員之意見，不得放棄船舶，但船長有最後決定權（海四三Ⅰ）。

五、救護旅客海員之義務　放棄船舶時，船長非將旅客、海員救出，不得離船，並應盡其力所能及，將船舶文書、郵件、金錢及貴重物救出（海四三Ⅱ）。

六、備驗船舶文書之義務　船長在船舶上，除船舶文書外，應備有關於載客載貨之各項文件（海四四）。所謂船舶文書，係指船舶法第八條及海員服務規則第二十七條所規定之各項文書而言。主管機關依法查閱船舶文書時，船長應即送驗（海四五）。

七、報請檢定船舶之義務　船長於船舶到達目的港或入停泊港後，除休假日外，應在二十四小時內報請主管機關檢定其船舶之到達日時（海四六）。

八、檢送文書簽證之義務　船長應於第四十六條所定之期限內，將船舶文書檢送於下列機關：⑴在國內檢送於該目的港或停泊港之主管機關，⑵在國外檢送於中華民國領事館。前項機關應將船舶到港及離港日時在航行記事簿上簽證，於船舶發航時發還船長（海四七）。

九、限制開艙卸貨之義務　船長除必要外，不得開艙，亦不得在船舶文書未經送驗前卸載貨物（海四八）。

十、作成海事報告之義務　船長遇船舶沈沒、擱淺、碰撞、強迫停泊或其他意外事故，及有關於船舶、貨載、海員或旅客之非常事變時，應作成海事報告，載明實在情況，檢送主管機關。前項海事報告，應有海員或旅客之證明（海四九）。海事報告未經海員或旅客證明者，不能發生裁判上之證據力。但其報告係船長於遭難後獨身脫險之處所作成者，不在此限（海五〇）。

以上所述者，僅限於船長一章中所規定者而已。至於其他之義務，散見於本法其他章節者頗多，諸如海員送回原港之義務（海六一）、卸載貨物準備完成向受貨人通知義務（海九三）、貨物因故寄存通知各關係人之義務（海九四ⅠⅡ）、應託運人之請求發給載貨證券之義務（海九七）、依載貨證券交付貨物之義務（海一〇二Ⅲ）、運送旅客至目的地之義務（海一二三、一二八）、目的港發生災難送旅客至最近港口或送返乘船港之義務（海一二九）、航行中船舶修繕時，應無償供給旅客膳宿之義務（海一三〇）、指示貨物卸載及旅客離船之義務（海九三Ⅲ、一三一）、遇有特殊重大事件、立即報告所屬公司之義務，將船舶性能及管理事項詳告義件船長之義務、救助遭難船舶之義務、船舶碰撞後處理之義務（海一四九）。

第五節　船長之責任

一、船長在航行中，自行解除或中止其職務者，處六月以下有期徒刑（海三八、五三）。

二、船長未諮詢重要海員而放棄船舶者，就自己所採措施負其責任（海四三Ⅲ前）。

三、船長於放棄船舶時，違反救出人物之義務者，處七年以下有期徒刑。因而致有死亡者，處三年以上十年以下有期徒刑（海四三Ⅲ後）。

四、船長違反備驗船舶文書、報請檢定船舶、檢送文書簽證及限制開艙卸貨等義務者，處拘役或五百元以下之罰金（海四四至四八、五三）。

第四章　海　員

第一節　海員之概念

海員云者，謂受船舶所有人僱用，由船長指揮服務於船舶上所有人員（海二一後）。故受船舶所有人僱用，而服務於船舶上之所有人員，均為海員。舊海商法原規定海員一詞包括船長及船員。民國五十一年間海商法修正時，將船舶所有人僱用服務於船舶上之人員，分爲船長及海員，故船長不在海員之列。惟在民國五十一年海商法修正前頒訂之航政法規，如船舶法、海員管理規則、海員服務規則等稱海員者，包括現行海商法上所稱之船長及海員；稱船員者，則爲現行海商法上之海員。至海員與船舶所有人間之關係，亦純係基於僱傭契約，於特定船舶上服海上之勞務，且本法有關海員之規定，多爲保護海員而設，原則上均爲強行法規，當事人不得以契約變更之。

第二節　海員之僱用

海員由船舶所有人僱傭，應簽訂僱傭契約。該項契約經雙方同意簽訂之，係屬有償之要式雙務契約，具有勞動法與商事法雙重關係之特種契約。茲就本法規定分述如左：

一、簽訂之當事人　海員僱傭契約之僱用人，爲船舶所有人，包括船舶共有人、船舶經理人及船舶承租人等。船長無僱用海員之權。至受僱人，依法令須備具規定資格及證明者，其僱傭契約之簽訂，以合格人員爲限（海五四Ⅲ）。

二、簽訂之方式　海員僱傭契約之簽訂，除應經雙方同意外，並應載明左列事項（海五五）：

㈠海員姓名、年齡、籍貫。

㈡職務名稱。

㈢訂立日期及地點。

㈣服務船舶名稱。

㈤航行種類。

㈥薪資及津貼。

㈦僱傭期間。

㈧伙食標準。

㈨其他雙方協議事項。

三、**契約之認可** 海員僱傭契約簽訂後，在國內應送請航政機關，在國外送請中華民國領事館認可。僱傭契約修正或終止時，亦同。國內無航政機關或國外無領事館之地區，應於到達船籍港二十四小時內補辦認可手續（海五四I）。

第三節 海員之解僱

海員之解僱，包括僱傭契約之終止及僱傭契約期限之屆滿。玆依本法規定，分述如左：

一、契約終止

㈠當然終止　船舶有左列情事之一者，除海員因施救船舶人命或貨物之緊急措施必須工作者，仍認爲契約繼續有效外，僱傭契約卽告終止（海五六）：

⑴船舶已沈沒或已失蹤者。船舶於四個月內無存在消息者，以失蹤論。

⑵船舶已完全失去安全航行之能力者。

㈡當事人終止　僱傭契約除上述當然終止外，船舶所有人或海員之一方或雙方，於具備法定事由時，亦得終止契約。其情形如下：

1.船舶所有人得終止者：如有左列情事之一者，船舶所有人得終止僱傭契約（海五七）：

⑴海員不能勝任職務者。

⑵海員怠忽職務致遭重大損失者。

⑶海員不遵船長指定時間內上船者。

⑷海員在船擾亂秩序而情節重大者。

⑸海員因第六十七條但書之事由，受傷或患病致不能工作者。

⑹海員故意損害船舶設備及屬具者。

2.海員得終止者：如有左列情事之一者，海員得終止僱傭契約（海五八）：

⑴船舶喪失國籍者。

⑵違反僱傭契約之規定者。

⑶受傷或患病致不能繼續工作者。

⑷發航前隱匿眞正目的港，致中途變更預定航程者。

⑸海員介紹他人接替其職務，經船舶所有人或船長同意者。

3.雙方均得終止者：無定期僱傭契約，船舶所有人或海員均得於七天前，以書面通知對方終止契約（海五九）。

二、僱期屆滿　定有僱傭契約，其僱傭期限如已屆滿，僱傭關係當然消滅。惟如其期限於航行中屆滿者，以船舶到達第一港後經過四十八小時爲終止（海六〇），以免影響船舶之航行。

第四節　海員之權利

一、薪金請求權　海員基於僱傭契約，有請求報酬之權，其主要者爲薪金，乃僱傭契約必須載明之事項。本法設有特別規定如左：

㈠比例增薪　按航給薪之海員，於航程或航行日數延長時，得按薪額比例請求增薪。但於航程或航行日數縮短時，不得減薪（海六三）。

㈡傷病支薪　海員因受傷或患病時，在船舶所有人負擔治療費之期間內，仍支原薪津（海七〇）。海員除因酗酒或重大過失或不守紀律之行爲外，其受傷或患病，不論是否爲執行職務所致，船舶所有人均應負擔其治療費，並支給原薪津。

㈢辭退加薪　船舶所有人於新航前，非因海員自己之事由而辭退海員時，如海員係按月給薪者，自辭退之日起加給一個月薪金。其在發航後辭退者，加給三個月薪金。如係按航給薪而在發航前辭退者，應給半薪。其在發航後辭退者，應給全薪（海六四）。但因不可抗力致不能航行而辭退海員時，海員僅得就其已服務之日數，請求薪金（海六五）。

二、治療費請求權　海員於服務期內受傷或患病者，由船舶所有人負擔治療費。但其受傷或患病係因酗酒或重大過失或不守紀律之行爲所致者，不在此限（海六七）。但海員非因執行職務而受傷或患病已逾三個月者，船舶所有人得停止治療費之負擔（海六八）。又海員因受傷或患病上陸，應由船舶所有人支給必要之費用（海六九），其受傷或患病是否與執行職務有關，亦非所問。

三、殘廢補助金請求權　海員不論其爲按月或按航給薪，如在受僱期間因執行職務而受傷或患病，雖已痊癒而成殘廢者，自傷病痊癒後，得按其殘廢情況之輕重，比照原薪金給與六個月以上二十個月以下之殘廢補助金（海七一）。

四、撫恤金請求權　海員在職期間死亡而有法定繼承人者，船舶所有人應一次給與相等於原薪津六個月之撫恤金。如其服務在三年以上者，每增加一年加給一個月。船舶沈沒或失蹤致海員死亡，船舶所有人應按前項之規定，給與撫恤金（海七二）。如海員因執行職務死亡或因執行職務而受傷、患病以致死亡，而有法定繼承人者，船舶所有人除按第七十二條規定之服務年資應給予撫恤金外，並應一次加給原薪津十二個月之撫恤金（海七三）。

五、喪葬費請求權 海員在職死亡或因傷患病死亡者，船舶所有人應給與相等於原薪津三個月之喪葬費（海七四）。

六、退休金請求權 海員在同一船舶所有人所屬船舶，連續服務在十年以上，而年齡已滿五十五歲者，得聲請退休。年齡已滿六十五歲者，應強迫退休（海七五）。海員退休時，船舶所有人應一次給予退休金，並不得低於下列之規定：⑴年齡已滿六十歲連續服務滿十年者，給與相等於退休時薪津十五個月之退休金。自第十一年起每增加一年加給一個半月。⑵年齡已滿五十五歲連續服務滿十年者，依照⑴款規定標準給與百分之八十五金額（海七六）。

七、保險費請求權 海員依本法之規定，應得之權利，如船舶所有人爲其保險而負擔全部保險費者，所領賠償金額有不足時，應予補足。前項保險費，如由海員負擔一部分者，其所領賠償金額應全部歸海員所有（海七七）。

八、送回原港請求權 海員於受僱港以外，其僱傭關係終止時，不論任何原因，船長有送回原港之義務。其因患病或受傷而上陸者，亦同。前項送回原港之義務，包括運送、居住、食物及其他必要費用之負擔而言。海員被遣送回國時，如有在航程中擔任工作者，應得報酬（海六一）。

九、**其他規定** 海員權利費用之支給，本法另設有下列保障之規定：

㈠薪金及治療費以外權利費用之支給標準 殘廢補助金、撫恤金、喪葬費或退休金之給付標準，交通部應就各公營航業組織所定之數額中，認爲適當者核定之。核定後所有公民營航業組織，就本條之給付，不得低於該標準（海七八）。

㈡船舶經政府徵租時之支給機關 本法第四章有關海員待遇傷病之規定，於船舶經政府徵租時，除另有規定或約定者外，由徵租機關支給之。依年資計算之退休金及撫恤金，由船舶所有人及徵租機關按其服務及徵租期間比例分擔。但因執行徵租職務而致死亡者，其撫恤金由徵租機關負擔之（海七九）。

第五節 海員之義務

一、**不得私載貨物之義務** 海員不得在船舶上私載貨物。如私載之貨物爲違禁品或有致船舶或貨載受損害之虞者，船長得將該貨物投棄（海六二）。

二、**服從上級命令及不得離船之義務** 海員關於其職務，應服從其上級海員及船長之命令，非經許可，不得離船（海六六）。

第五章　運送契約

第一節　貨物運送

第一項　貨物運送契約之概念

貨物運送契約者，謂一方支付運費，他方以船舶由甲地代為運送貨物至乙地之契約也。運送原分陸運、空運及海運。玆處乃指海運而言。海運以船舶為主力，又可分為貨物運送及旅客運送兩種。旅客之運送，除特有規定外，多準用關於貨物運送之規定。貨物運送契約，以其性質而論，實含有承攬契約、雙務契約、有償契約、要式契約及利他契約等性質在內。

第二項　貨物運送契約之種類

貨物運送契約有件貨運送契約與傭船契約之別（海八一），玆分述如左：

一、件貨運送契約　又稱搭載契約，係以件貨之運送為目的之運送契約。

二、傭船契約　係以船舶之全部或一部供運送為目的之運送契約。其以船舶之全部供運送為目的者，為全部傭船契約；以船舶之一部供運送為目的者，為一部傭船契約。其供在特定期間為運送者，爲定時傭船契約；其供於特定航行爲運送者，爲定程傭船契約。

傭船契約與件貨運送契約不同，與船舶租賃契約亦有異。茲分別比較如左：

㈠傭船契約與件貨運送契約之區別：

1.前者，傭船人所包定之部位，雖有空地可裝貨物，船舶所有人非經傭船人之同意，不得與他人訂約，另行裝載；後者，船艙若有空地，船舶所有人得自由與他人訂約，裝載貨物。

2.前者，其運費之計算，多以艙位之大小，期間之長短爲標準；後者，則多以貨物之重量、容積或個數爲標準。

3.前者，多屬於不定期航海；後者，則多屬於定期航海。

4.前者，不因船舶所有權之移轉而受影響；後者，則無此適用。

㈡傭船契約與船舶租賃契約之區別：

1.前者爲承攬契約，其目的在於完成運送；後者爲租賃契約。其目的則在於船舶之使用與收益。

2.前者之傭船人，不得占有船舶；後者之承租人，則可占有。

3.前者之船舶，由船舶所有人艤裝；後者則由承租人艤裝。

4.前者之傭船人，僅支付運費，無須負擔航行費用；後者之承租人，除支付租金外，尚須負擔航行費用。

5.前者之傭船人，對於海員無若何關係；後者則海員多由承租人僱用。

6.前者，雖屬全部傭船，亦僅利用其船艙；後者，承租人則利用船舶之全部。

7.前者之傭船人，對於第三人無若何法律關係；後者之承租人關於船舶之利用，對於第三人與船舶所有人有同一之權利義務。

第三項　貨物運送契約之訂立

貨物運送契約之訂立，因其為傭船契約，抑為件貨運送契約而有不同。茲分述如下：

一、傭船契約之訂立　以船舶之全部或一部供運送為目的之運送契約，應以書面為之（海八二），故為要式契約，並應載明左列事項（海八三）：

㈠當事人之姓名、住所。

㈡船舶之國籍。

㈢運送貨物之種類及其噸數。

㈣運送之預定期限。

㈤運費。

二、件貨運送契約　此項契約，應如何訂立，法無明文，應適用民法之規定。通常僅託運人於運送人請求時，始塡給託運單（民六二四），故爲不要式契約。

第四項　貨物運送契約之效力

一、**積極效力**　以船舶之全部或一部供運送之契約，不因船舶所有權之移轉而受影響（海八四）。蓋船舶所有權之移轉，有時或於航行中爲之，如使傭船契約而受船舶所有權移轉之影響，不僅託運人對於貨物之卸裝，有所未便，即承受人有時亦不免有意外損失也。至此項規定所以未及於件貨運送契約者，蓋以件貨之運送，爲數不多，即使受船舶所有權移轉之影響，而中途換船卸載，亦無不便故也。

二、**消極效力**　運送契約如記載條款、條件或約定，以免除運送人或船舶所有人對於因過失或本章規定應履行之義務而不履行，致有貨物毀損、滅失之責任者，其條款、條件或約定，不生效力（海一〇五）。

第五項　貨物運送契約之履行

一、**運費之負擔**　運費爲運送人以船舶運送貨物所得之報酬。本法設有特別規定如左：

㈠船舶可使用期間之負擔　以船舶之全部於一定時期內供運送者，託運人僅就船舶可使用之期間，負擔運費（海九〇Ｉ）。

㈡船舶停止時之負擔　船舶因航行事變所生之停止，仍應由託運人負擔運費（海九〇Ｉ但書）。但若船舶之停止，係因運送人或其代理人之行爲或因船舶之狀態所致者，則託運人不負擔運費，如有損害，並得請求賠償（運九〇Ⅱ）。

㈢船舶行踪不明時之負擔　船舶行踪不明時，託運人以得最後消息之日爲止，負擔運費之全部，並自最後消息後以迄於該次航行通常所需之期間應完成之日，負擔運費之半數(海九〇Ⅲ)。

㈣裝載貨物不及約定數量時之負擔　以船舶之全部或一部供運送者，託運人所裝載之貨物不及約定之數量時，仍應負擔全部運費。但應扣除船舶因此所減省費用之全部，及因另裝貨物所取得運費四分之三(海九一)。

㈤解除契約時之負擔　託運人因解除契約應付全部運費時，得扣除運送人因此減省費用之全部及另裝貨物所得運費四分之三（海九二）。

㈥中途運回貨物之負擔　船舶發航後，因不可抗力不能達到目的港而將原裝貨物運回時，縱其船舶約定爲去航及歸航之運送，託運人僅負擔去航運費（海一一〇）。

㈦中途提取貨物之負擔　船舶在航行中，因海上事故而須修繕時，如託運人於到達目的港前提取貨物者，應付全部運費（海一一一）。

㈧中途轉運貨物之負擔　船舶在航行中遭難或不能航行，而貨物仍由船長設法運到目的港時，如其運費較低於約定之運費者，託運人減支兩運費差額之半數。如新運費等於約定之運費，託運人不負擔任何費用。如新運費較高於約定之運費，其增高額由託運人負擔之（海一一二）。

二、運送之方法 以船舶之全部於一定時期內供運送者，託運人僅得以約定或以船舶之性質而定之方法，使為運送（海八九），是為原則上之一般規定。其關於卸載、通知、提存及裝卸期間等，容再依次述之：

㈠卸載及通知　以船舶之全部或一部供運送者，於卸載貨物之準備完成時，運送人或船長應即通知受貨人。件貨運送之受貨人，應依運送人或船長之指示，即將貨物卸載。卸載之貨物離船時，運送人或船長解除其運送責任（海三）。

㈡提存　受貨人怠於受領貨物時，運送人或船長得以受貨人之費用，將貨物寄存於港埠管理機關或合法經營之倉庫，並通知受貨人。受貨人不明或受貨人拒絕受領貨物時，運送人或船長得依上項之規定辦理，並通知託運人及受貨人（海九四）。

㈢裝卸期間　以船舶之全部或一部供運送者，其裝載期間，以託運人接到船舶準備裝貨通知之翌日起算。卸載期間，以受貨人按照契約應開始卸貨時之翌日起算。無約定時，裝卸期間及其起算，從各地之習慣。上項裝卸期間，休假日不算入。裝載或卸載超過裝卸期間者，運送人得按其超過之日期，請求相當損害賠償。上項超過裝卸期間，休假日亦算入之（海九五）。裝卸期間，僅遇裝卸不可能之日，始不算入。超過裝卸期間，雖遇有不可抗力時，亦算入之（海九六）。

所謂裝卸不可能，如狂風暴雨，不能裝卸貨物是。

第六項　貨物運送契約之解除

貨物運送契約之解除，有法定解除與任意解除之別。茲分述如左：

一、法定解除　運送人所提供給之船舶有瑕疵，不能達運送契約之目的者，託運人得解除契約（海八五）。蓋運送人有擔保船舶安全航行能力之責任，若所供給之船舶有瑕疵，例如機件故障，修繕不可能時，既不能達成託運之目的，自應准許託運人解除契約。

二、任意解除　因其為全部傭船或一部傭船契約而不同：

㈠全部傭船契約之解除　以船舶之全部供運送時，託運人於發航前得解除契約，但應支付運費三分之一。如託運人已裝載貨物之全部或一部者，並應負擔裝卸之費用（海八六）。此固在限制託運人之任意解除，亦用以彌補運送人因此所受之損失也。

㈡一部傭船契約之解除　其情形有二：

1.單獨解約　以船舶之一部供運送時，託運人於發航前，非支付其運費之全部，不得解除契約，如託運人已裝載貨物之全部或一部者，並應負擔裝卸費用及賠償加於其他貨載之損害（海八七Ⅰ）。此係指託運人中單獨解約，尚有其他託運人並未解約，而船舶仍須繼續航行者而言。

2.全體解約　上項情形，託運人皆為契約之解除者，各託運人僅負支付運費三分之一，如已裝載貨物者，並應負擔裝卸費用（海八七Ⅱ）。此則一部傭船契約之託運人全體解約時，其結果與全部傭船契約之解除相同，運送人仍可將該船舶另供別用也。

㈢任意解除之例外　第八十六條及第八十七條得解除契約之規定，於按時或為數次繼續航行所訂立之運送契約，不適用之（海八八）。所謂按時航行所訂立之運送契約，乃指按時計算運費之傭船契約而言。所謂為數次繼續航行所訂立之運送契約，乃指連續數次之傭船契約而言。以上兩種契約，均屬於繼續性之契約，僅得依法終止，而不得任意解除。

第七項　載貨證券

一、載貨證券之概念

載貨證券者，即運送人或船長於貨物裝載後，因託運人之請求，所發給之貨物受取證券也（海九七）。載貨證券原為裝載貨物之收據，但因其有轉讓貨物之效用，故具有一般證券之性質，與陸上運送之提單相同，屬於有價證券之一種。此項證券，係因託運人之請求而發給，不論其為件貨運送或傭船運送，託運人未為請求者，運送人或船長即無發給之必要。且為免證券內所記載之貨物數量與實際之裝載不符，致貽糾紛，應於貨物裝載後，經託運人請求時發給之。至其發給份數，則無限制，一任託運人請求。

二、載貨證券之特性

㈠要式性　載貨證券以記載法定之事項爲要件（海九八）。

㈡流通性　記名式載貨證券，除有禁止轉讓之記載外，得以背書而爲轉讓（海一〇四、民六二八）。

㈢要因性　載貨證券所記載者，爲運送契約上之權利，與其原因關係之運送契約，不可分離。

㈣文義性　運送人與載貨證券持有人間，關於運送事項，依其載貨證券之記載（海一〇四、民六二七）。

㈤物權性　交付載貨證券於有受領貨物權利之人時，其交付就貨物所有權移轉之關係，與貨物之交付，有同一之效力（海一〇四、民六二九）。

㈥返還性　受貨人請求交付貨物時，應將載貨證券交還（海一〇四、民六三〇）。

三、載貨證券之形式

載貨證券具有要式性，應載明左列各款事項，由運送人或船長簽名（海九八）：

㈠船舶名稱及國籍。

㈡託運人之姓名、住所。

㈢依照託運人書面通知之貨物種類、品質、數量、情狀及其包皮之種類、個數及標誌。

㈣裝載港及目的港。

㈤運費。

㈥載貨證券之份數。

㈦塡發之年月日。

前項第三款之通知事項，如與所收貨物之實際情況有顯著跡象，疑其不相符合或無法核對，運送人或船長得不予載明。

四、載貨證券之效力

㈠物權效力　交付載貨證券於有受領貨物權利之人時，其交付就貨物所有權移轉之關係，與貨物之交付，有同一之效力（海一〇四、民六二九），此種效力，學者稱之爲物權之效力。惟載貨證券有數份時，請求交付貨物者，如僅持有一份，是否應向其交付貨物，本法特設規定如左：

1. 在貨物目的港交付時

⑴證券一份請求交貨時　在貨物目的港請求交付貨物之人，縱僅持有載貨證券一份，運送人或船長不得拒絕交付（海一〇二Ⅰ）。

⑵一人先受貨物交付時　載貨證券之持有人有二人以上者，其中一人先於他持有人受貨物之交付時，他持有人之載貨證券失其效力（海一〇三Ⅰ）。

⑶二人以上證券持有人同時請求交付時　二人以上之載貨證券持有人請求交付貨物時，或其中一人先受領一部貨物後，他持有人請求交付貨物者，運送人或船長應即將貨物或其賸餘部分，寄存於港埠管理機關或合法經營之倉庫，並通知曾爲請求之各持有人（海一〇二ⅢⅣ），俾使其另依適法途徑，解決各持有人間之權利。

⑷尙未交付物貨時　載貨證券之持有人有二人以上，而運送人或船長尙未交付貨物時，其持有先受發送或交付之證券者，得先於他持有人行使其權利（海一〇三Ⅱ）。

2.不在貨物目的港交付時

請求交付貨物，而不在貨物目的港時，運送人或船長非接受載貨證券之全數，不得爲貨物之交付（海一〇二Ⅱ）。蓋以在目的港以外之交付，已變更原契約之內容，應收回全數，以免糾紛。

㈡債權效力　載貨證券塡發後，運送人與證券持有人間，關於運送事項，依其證券之記載（海一〇四、民六二七）。此種效力，學者稱之爲債權之效力。例如關於運費之金額，如託運人與運送人發生爭議時，悉以其證券所記載者爲準是。又載貨證券記載條款、條件或約定，以免除運送人或船舶所有人對於因過失或本法第五章規定應履行義務而不履行，致有貨物毀損、滅失之責任者，其條款、條件、約定，不生效力（海一〇五）。

第八項　貨物運送之責任

一、運送人之責任

㈠應負責任部分

1.必要注意及措置之責任　運送人或船舶所有人於發航前及發航時，對於下列事項，應爲必要之注意及措置：⑴使船舶有安全航行之能力，⑵配置相當海員設備及船舶之供應，⑶使貨艙、冷藏室及其他供載運貨物部分適合於受載運送與保存（海一〇六Ⅰ）。又運送人對於承運貨物之裝卸、搬移、堆存、保管、運送及看守，應爲必要之注意及措置（海一〇七）。

2.對於禁運及偷運貨物運送之責任　運送人對於禁運及偷運貨物之運送應拒絕之，其貨物之性質足以毀損船舶或危害船舶上人員之健康者，亦同。運送人違反此項規定者，對於因此所生之損害，負賠償責任（海一〇八）。

3.貨物裝載甲板上之責任　運送人或船長如將貨物裝載於甲板上，致生毀損或滅失時，應負賠償責任（海一一七前段）。

4.載貨證券記載應爲行爲之責任　載貨證券之發給人，對於依載貨證券所記載應爲之行爲，均應負責。此項發給人對於貨物之各連續運送人之行爲，應負保證之責。但各連續運送人僅對於自己航程中所生之毀損、滅失及遲到負其責任（海一一八）。

㈡不負責任部分

1.由於不可抗力或不可歸責於運送人或船舶所有人之事由而生之損失 因下列事由所發生之毀損或滅失，運送人或船舶所有人不負賠償責任：⑴船長、海員、引水人或運送人之受僱人，因航行或管理船舶之行爲而有過失者。⑵海上或航路上之危險或意外事故。⑶失火。⑷天災。⑸戰爭。⑹暴動。⑺公共敵人之行爲。⑻依法之拘捕、扣押、管制、徵用或沒收。⑼檢疫限制。⑽罷工或其他勞動事故。⑾救助或意圖救助海上人命或財產。⑿包裝不固。⒀標誌不清或不符。⒁因貨物之瑕疵、變質或病態所致分量、重量之耗損、毀損或滅失。⒂貨物所有人、託運人或其代理人之行爲或不行爲。⒃船舶雖經注意仍不能發現之隱有瑕疵。⒄非由於運送人或船舶所有人之故意或重大過失或其代理人、受僱人之過失所發生之毀損或滅失（海一一三）。

2.託運人故意虛報貨物之性質或價值之損失 託運人於託運時，故意虛報貨物之性質或價值，運送人或船舶所有人對於其貨物之毀損或滅失，不負賠償責任。除貨物之性質、價值或裝載前已經託運人聲明，並註明於載貨證券者外，運送人或船舶所有人對於貨物之毀損、滅失，其賠償責任以每件不超過三千元爲限（海一一四）。

3.正當理由變更航程貨物之損失 爲救助或意圖救助海上人命、財產或因其他正當理由變更航程者，不得認爲違反運送契約，其因而發生毀損或滅失時，船舶所有人或運送人不負賠償責任。但變更航程之目的爲裝卸貨物或乘客者，不在此限（海一一五）。

4.未經同意裝載貨物之損失　貨物未經船長或運送人之同意而裝載時，運送人或船舶所有人對於其貨物之毀損或滅失，不負責任（海一一六）。

5.經同意或爲航運種類所許裝載甲板貨物之損失　裝載甲板之貨物，如經託運人同意或爲航運種類或商業習慣所許者，運送人或船長不負賠償責任（海一一七但書）。

6.船舶發航後突失航行能力之損失　船舶於發航後，因突失航行能力所致之毀損或滅失，運送人不負賠償責任。惟運送人或船舶所有人，爲免除此項責任之主張，應負舉證責任（海一〇六ⅡⅢ）。

二、託運人之責任

㈠應負責任部分

1.通知不正確之責任　託運人對於交運貨物之種類、品質、數量、情狀及其包皮之種類、個數暨標誌之通知，應向運送人保證其正確無訛。其因通知不正確所發生或所致之一切毀損、滅失及費用，由託運人負賠償責任。運送人對於此項賠償請求權，不得以之限制其貨載證券之責任對抗託運人以外之第三人（海九九）。

2.貨物未報明之責任　運送人或船長發現未經報明之貨物，得在裝載港將其起岸，或使支付同一航程同種貨物應付最高額之運費，如有損害，並得請求賠償。此項貨物，在航行中發見時，如係違禁物或其性質足以發生損害者，船長得投棄之（海一〇九）。

㈡不負責任部分

運送人或船舶所有人所受之損害，非由託運人或其代理人、受僱人之過失所致者，託運人不負賠償責任（海一〇一）。

三、受貨人之責任

㈠怠於受領貨物之責任　受貨人怠於受領貨物時，運送人或船長得以受貨人之費用，將貨物寄存於港埠管理機關或合法經營之倉庫，並通知受貨人。受貨人不明或受貨人拒絕受領貨物時，運送人或船長得依上項之規定辦理，並通知託運人及受貨人（海九四）。

㈡未依記載點清貨物之責任　貨物一經有受領權利人受領，視為運送人已依照載貨證券之記載交清貨物。故受貨人請求受領貨物時，應依證券記載點清貨物，如有毀損或滅失情形，應於提貨前或當時以書面通知運送人，或在收貨證件註明；如毀損、滅失之情形並不顯著，而於提貨後發覺者，應於提貨後三日內以書面通知運送人，否則一經受領，即視為貨物業已清收，不得再主張權利。受領權利人之損害賠償請求權，自貨物受領之日或自應受領之日起一年內不行使而消滅（海一〇〇）。

第二節　旅客運送

第一項　旅客運送契約之概念

旅客運送契約者，謂一方支付運費，他方以船舶由甲地將旅客運送至乙地之契約也。旅客運送契約，可分爲搭客契約與傭船契約兩種；傭船契約，亦有全部傭船與一部傭船之別。一般之旅客運送，多爲搭客契約，而團體運送，始有傭船契約。船舶所有人與旅客之關係，其性質與貨物運送之件貨運送契約相同；船舶所有人與傭船人之關係，其性質則與貨物運送之傭船契約相同。故旅客運送，除另有規定外，均準用貨物運送之規定（海一一九）。

第二項　旅客運送契約之訂立

旅客運送與貨物運送，雖同爲承攬契約，但貨物運送之傭船契約，係要式契約，而旅客運送契約，無論搭客與傭船，一般皆認爲諾成契約，其契約之訂立，無須具備若何之形式。一般商業習慣，雖均有發行船票，以爲證明，然法律對於其應載事項，則無一定之限制。其爲無記名式之船票，並得自由讓與。

第三項　旅客運送契約之效力

一、運送人之義務與責任

㈠供給膳食　對於旅客供膳者，其膳費應包括於票價之內（海一二〇）。是則票價內已支付膳費者，運送人應供給旅客膳食。

㈡送至目的港　運送人或船長應依船票所載，運送旅客至目的港。運送人或船長如違反此項規定時，旅客得解除契約，如有損害，並得請求賠償（海一二三）。又船舶因不可抗力不能繼續航行時，運送人或船長應設法將旅客運送至目的港（海一二八），以保障旅客利益。惟旅客之目的港，如發生天災、戰亂、瘟疫或其他特殊事故，致船舶不能進港卸客者，運送人或船長得依旅客之意願，將其送至最近之港口或送返乘船港（海一二九）。

㈢完成航程　運送人或船長在航行中為船舶修繕時，應以同等級船舶完成其航程。旅客在候船期間，並應無償供給膳宿（海一三〇）。

㈣運送行李　運送人對於旅客之行李，縱不另取運費，亦應負等於貨物運送之責任（民六五七）。

二、旅客之義務與責任

㈠給付票價　票價之給付，為旅客最基本之義務。如旅客在船舶發航或航程中，不依時登船或船長依職權實行緊急處分，迫令其離船者，仍應給付全部票價（海一二五）。旅客在航程中自願上陸時，仍負擔全部票價。其因疾病上陸或死亡時，僅按其已運送之航程負擔票價（海一二七）。

㈡服從命令　旅客於船舶抵達目的港後，應依船長之指示，即行離船（海一三一）。

㈢投保意外險　爲保障旅客之安全，旅客於實施意外保險之特定航線及地區，均應投保意外險。保險金額載入客票，視同契約。其保險費包括於票價內，並以保險金額爲損害賠償之最高額。上項特定航線地區及保險金額，由交通部定之（海一二二），是爲強制保險，不容旅客或運送人有選擇之自由。又旅客除上述保險外，自行另加保意外險者，其損害賠償依其約定，但應以書面爲之（海一二二），是爲任意保險，旅客得自由爲之。

第四項　旅客運送契約之解除

一、**法定解除**　其法定原因有三：

㈠船舶遲誤發航日期　船舶不於預定之日發航者，旅客得解除契約（海一二六）。

㈡旅客有不得已之事由　旅客於發航前，因死亡、疾病或其他基於本身不得已之事由，不能或拒絕乘船者，亦得解除契約，但運送人得請求票價十分之一（海一二四後）。

㈢違反運送目的港之義務　運送人不依約定運送旅客至目的港，旅客亦得解除契約（海一二三Ⅱ），前已述之。

二、任意解除　旅客於發航二十四小時前，得給付票價十分之二，任意解除契約（海一二四前段)。

第三節　船舶拖帶

第一項　船舶拖帶之概念

船舶拖帶者，乃以此船舶拖帶彼船舶而爲航行也。拖帶之船舶，曰拖船；被拖帶之船舶，曰被拖船。拖船與被拖船間之法律關係，爲海上運送契約之一種，故船舶拖帶，亦可稱爲拖船契約。易言之，即由當事人約定以一方之船舶，於一定期間或向一定地點，拖帶他方船舶，而由他方給與報酬之契約。此項契約之性質及內容如何，法律無明文規定，應依其性質類推適用貨物運送之規定。

第二項　船舶拖帶之種類

一、單一拖帶　即以一拖船拖帶一個或數個被拖船也。

二、共同拖帶　即以二個以上之拖船並行拖帶一個或數個被拖船也。

三、連接拖帶　即以二個以上之拖船連續銜接拖帶一個或數個被拖船也。

第三項　船舶拖帶之責任

一、單一拖帶之責任　拖船與被拖船如不屬於同一所有人時，其損害賠償之責任，應由拖船所有人負擔（海一三二）。蓋指揮航行之權，操諸拖船，被拖船僅係隨同航行故也。但契約另有訂定者，不在此限（海一三二但書）。

二、共同或連接拖帶之責任　共同或連接之拖船，因航行所生之損害，對被害人負連帶責任。但他拖船對於加害之拖船有求償權（海一三三）。蓋共同或連接拖帶，多數船舶連接一起，究由何一船舶所加之損害，此等船舶之航行指揮權究竟屬誰，均甚難證明。法律爲保護被害人，故令其負連帶責任。惟此項連帶責任，僅爲對外關係，至其內部關係，則仍應由實際加害之船舶負之。因此，他拖船對於加害之拖船有求償權。

第六章　船舶碰撞

第一節　船舶碰撞之概念

船舶碰撞者，乃二以上船舶相互接觸發生損害之謂也。其構成要件有二：

一、須二以上船舶相互接觸　所謂船舶，乃指廣義之船舶，無論其噸位大小，動力或非動力，軍用或非軍用，專用於公務與否，均包括在內。但船舶與碼頭、橋樑、浮標、沙洲、礁石等相接觸，則非船舶碰撞。至船舶之碰撞，是否在航行中或停泊港內，均非所問。

二、須有損害之事實 所謂損害，乃指船舶、人命、身體、貨載或其他財產受有損害而言。又船舶之碰撞，不論發生於何地，皆依本章之規定處理之（海一三四）。故碰撞不論發生於海洋、內河、港灣或內陸湖泊，亦不論是否發生在我國領水之內，均適用本法之規定處理。

第二節 船舶碰撞之責任

船舶發生碰撞之原因不同，其損害之責任亦異。茲依其碰撞原因，而述其損害責任如左：

一、碰撞係因不可抗力者 碰撞係因不可抗力而發生者，被害人不得請求損害賠償（海一三五），應各自承擔其所受之損害。

二、碰撞係因一船舶之過失者 碰撞係因於一船舶之過失所致者，由該船舶負損害賠償責任（海一三六）。所謂因一船舶之過失，乃指由於該船舶之船長或海員等之不注意之謂。又引水人雖非海員，其過失亦包括在內（海一三八）。

三、碰撞係因各船舶有共同過失者 碰撞之各船舶有共同過失時，各依其過失程度之比例，負其責任。不能判定其過失之輕重時，雙方平均負其責任。有過失之各船舶，對於因死亡或傷害所生之損害，應負連帶責任（海一三七）。上項過失，由引水人所致者，亦包括在內（海一三八）。

第三節　船舶碰撞之處理

一、賠償之請求　因船舶碰撞所生之請求權，自碰撞日起算，經過兩年不行使而消滅（海一三九）。此與民法上侵權行為之短期時效相同（民一九七）。

二、扣押之執行　船舶在中華民國領水港口河道內碰撞者，法院對於加害之船舶得扣押之。碰撞不在中華民國領水港口河道內，而被害者為中華民國之船舶或國民，法院於加害之船舶進入中華民國領水後，得扣押之。被扣押之船舶，得提供擔保，請求放行（海一四〇）。蓋所以保護被害者，並防止加害之船舶遠颺，而逍遙法外也。

三、訴訟之管轄　關於碰撞之訴訟，得向左列法院起訴（海一四一、民訴一五Ⅱ）：

㈠被告之住所或營業所所在地之法院。

㈡碰撞發生地之法院。

㈢被告船舶船籍港之法院。

㈣船舶扣押地之法院。

㈤受害船舶最初到達地之法院。

第七章　救助及撈救

第一節　救助及撈救之概念

救助及撈救，合稱海難救助，乃指無法律上義務之人，於他人之船貨或人命在海上遭遇緊急危難時，予以援助之行爲也。在海難程度較輕，船貨尙未脫離原占有人之占有，而加以援助者，謂之救助。在海難程度較重，原占有人已喪失船貨之占有，加以援助使回復占有者，謂之撈救。兩者在程度上雖有差異，但其適用法律，則無不同。

海難救助有對人救助與對物救助之別。前者乃對淹沒或其他危難之人所施之救助；後者則爲對船舶或船貨所施之救助，屬於狹義之海難救助。惟此種救助，始發生報酬之請求權。至對人救助，基於人道精神，原則上不發生報酬問題。

第二節　對人救助

一、**一般海難之救助**　船長於不甚危害於船舶、海員、旅客之範圍內，對於淹沒或其他危難之人，應盡力救助。違反此項規定者，處三年以下有期徒刑或拘役（海一四二）。

二、**船舶碰撞之救助**　船舶碰撞後，各碰撞船舶之船長，於不甚危害其船舶、海員或旅客之範圍內，對於他船舶船長、海員及旅客應盡力救助，各該船長除有不可抗力之情形外，在未確知繼續救助為無益前，應停留於發生災難之處所。各該船長應於可能範圍內，將其船舶名稱及船籍港並開來及開往之處所，通知於他船舶。違反上開救助及停留之規定者，處五年以下有期徒刑（海一四九）。

三、**無報酬請求權**　對人救助，本法不承認有報酬請求權。惟於實行施救中救人者，對於船舶及財物之救助報酬金，有參加分配之權（海一四七），以免施救者爭先搶救財物，以圖得報酬，而置人命於不顧。且施救者，非獨立享有報酬請求權，惟於船舶及貨載同時被救時，始得就船舶與財物之救助費，享受分配。

第三節　對物救助

一、**請求報酬之要件**　對於船舶或船舶上所有財物，施以救助或撈救而有效果者，得按其效果請求相當之報酬（海一四三）。依此規定，對物救助報酬之請求，須具備下列要件：㈠須遭遇海難，㈡須救助之標的為船貨，㈢須無救助義務，㈣須救助有效果。具備上述要件，縱令兩船舶屬於同一所有人，其救助或撈救，仍得請求報酬（海一四四）。但經以信號聯絡有正當理由拒絕施救，而仍強為施救者，不得請求報酬（海一四八）。所謂正當理由者，例如船舶遭遇海難時，尚有力量足以自救是。反之，如無正當理由，例如寧可沈沒，不願被救而付報酬，則有背公序良俗，雖經拒絕，施救後仍得請求報酬也。

二、報酬金額之決定　報酬金額由當事人協議定之，協議不成時，得請求航政機關調處或聲請法院裁定之（海一四五）。

三、報酬金額之分配　施救人與船舶間及施救人間之分配報酬之比例，亦由當事人協議定之，協議不成時，亦得請求航政機關調處或聲請法院裁定之（海一四六）。

第八章　共同海損

第一節　共同海損之概念

共同海損者，謂在海難中，船長為避免船舶及貨載之共同危險所為處分，而直接發生之損害及費用也（海一五〇）。依此定義，共同海損須具備左列四要件：

一、須為現實之危險　若因預想不確定之危險而為處分，則非共同海損。至於現實危險之原因如何，並非所問。縱使因船舶或貨物固有瑕疵或因利害關係人之過失所致之損害及費用，仍為共同海損。該項損害及費用，其他關係人仍應分擔之；但對於固有瑕疵或過失之負責人得請求償還（海一五五）。

二、須為船貨之共同危險　其危險若僅及船舶，或僅及貨載，則非共同海損。

三、須為船長之故意處分　若為自然力或第三人之行為，或船長無意識之行為所生之損害，則非共同海損。

四、須有損害及費用　共同海損以生有損害及費用為必要，若無損害，又無費用，不生共同海損問題。損害之屬於物質上者，如斷桅、棄船等是；屬於金錢上者，如救助費、修繕費等是。

第二節　共同海損之立法主義

一、共同海損之成立，是否必須因船長之處分，而得保存船貨，立法例不一：

㈠因果主義　船舶及貨載，須因船長之處分而得保存，亦即處分與保存間，須有因果關係，始能成立共同海損。法國法系採之。

㈡殘存主義　船長為處分後，祇須船舶或貨載有所保存，其保存與處分間，有無因果關係，則非所問。英、德法系採之。

依本法第一五一條規定之意旨，係採取上述之殘存主義。蓋以海上遇難，處分行為是否有效，極難逆料，有無因果關係，亦不易判斷也。

二、船舶與貨載因處分而保存其一，是否爲共同海損之要件，立法主義亦有不同。

㈠船貨併存主義　即處分後，須船舶與貨載兩者均獲保存。德商法採之。

㈡船舶單存主義　即處分之結果，至少須保存船舶。法商法採之。

㈢船貨不問主義　即處分後，僅須有所保存，至於爲船爲貨，在所不問。日商法採之。

依本法第一五一條規定觀之，似採船貨併存主義。惟實際上則以船貨不問主義爲優，俾船長於處分當時，得就利害輕重，臨機應變，而爲適宜之處分。

第三節　共同海損之範圍

一、原則規定

凡船長所爲之處分而直接發生之損害及費用，均屬於共同海損之範圍，且運費因貨載之毀損或滅失，致減少或全無者，亦認爲共同海損；但運送人因此減省之費用，應扣除之（海一五四）。

二、例外規定

㈠裝載於甲板上之貨物，除其裝載爲航運習慣所許者外，該項貨物經投棄者，不認爲共同海損。但若經撈救，仍應分擔共同海損（海一五六）。

㈡無載貨證券，亦無船長收據之貨物，或未記載於目錄之設備、屬具經投棄者，不認為共同海損。但經撈救者，仍應分擔共同海損（海一五七）。

㈢貨幣、有價證券或其他貴重物品，除經報明船長者外，不認為共同海損，但經撈救者，仍應分擔共同海損（海一五八）。

㈣船長所備糧食、武器、海員之衣物、薪津及旅客之行李，不分擔海損。但如經投棄，其損害應由各關係人分擔之（海一六〇）。

第四節　共同海損之分擔

一、計算之方法

共同海損，應以左列各項與共同海損之總額為比例，由各利害關係人分擔之（海一五一）：

㈠所存留之船舶。

㈡所存留貨載之價格。

㈢運費之半額。

㈣為共同海損行為所犧牲之財物。

此項共同海損分擔額之計算公式，乃以⑴所存留船舶之價格，⑵所存留貨載之價格，⑶運費之半額，④為共同海損行為所犧牲之財物（以下簡稱犧牲額）等四種基準額之和為分母，而以損害額為分子，再分別乘以各該基準額，所得之數，即為各該利害關係人應分擔之額。

(1) $\dfrac{\text{共同海損總額}}{\text{所存留船價}+\text{所存留貨價}+\text{運費半額}+\text{犧牲額}}\times\text{所存留船價}=\text{船舶所有人之分擔額}$

(2) $\dfrac{\text{共同海損總額}}{\text{所存留船價}+\text{所存留貨價}+\text{運費半額}+\text{犧牲額}}\times\text{所存留貨價}=\text{貨物所有人之分擔額}$

(3) $\dfrac{\text{共同海損總額}}{\text{所存留船價}+\text{所存留貨價}+\text{運費半額}+\text{犧牲額}}\times\text{運費半額}=\text{運費取得人之分擔額}$

(4) $\dfrac{\text{共同海損總額}}{\text{所存留船價}+\text{所存留貨價}+\text{運費半額}+\text{犧牲額}}\times\text{犧牲額}=\text{被犧牲財物人之分擔額}$

茲舉實例說明之：設船舶價值為新臺幣六百萬元，裝載貨物全部價值為一百八十萬元，運費為四十萬元。若共同海損總額為二百萬元，其中船舶損失額為一百二十萬元，貨物損失額為八十萬元。則所存留之船舶價格為四百八十萬元，存留之貨物價格為一百萬元，運費半額為二十萬元，其應分擔之海損總額為八百萬元。各利害關係人應分擔額如次：

(1) 船舶所有人之分擔額為

$$\frac{200}{480+100+20+200}\times480=120\text{（萬元）}$$

(2)貨物所有人之分擔額爲

$$\frac{200}{480+100+20+200}\times 100=25\text{（萬元）}$$

(3)運費取得人之分擔額爲

$$\frac{200}{480+100+20+200}\times 20=5\text{（萬元）}$$

(4)被犧牲財物人之分擔額爲

$\frac{200}{480+100+20+200}\times 200=50$（萬元）本案船舶所有人之犧牲額佔$\frac{3}{5}$及貨物所有人之犧牲額佔$\frac{2}{5}$，故船舶所有人之犧牲額應分擔30萬元，貨物所有人之犧牲額應分擔20萬元。於是船舶所有人之分擔額爲120萬元＋30萬元＝150萬元；至於貨物所有人之分擔額爲25萬元＋20萬元＝45萬元

二、計算之標準

(一)關於共同海損之分擔額，船舶以到達地、到達時之價格爲準。貨物以卸載地、卸載時之價格爲準。但關於貨物之價格，應扣除因滅失無須支付之運費及其他費用（海一五二）。

(二)共同海損之損害額，以到達地、到達時之船舶價格或卸載地、卸載時之貨物價格定之。但

關於貨物價格應扣除因毀損或滅失無須支付之費用（海一五三）。

㈢毀損或滅失之貨物，於裝載時曾為不實之聲明，而所聲明之價值少於實在之價值者，其毀損或滅失，以聲明之價值為準，分擔額以實在之價值為準。聲明之價值多於其實在之價值者，其毀損或滅失，以實在之價值為準，分擔額以聲明之價值為準（海一五九）。

㈣共同海損之計算，由全體關係人協議定之，協議不成時，得請求航政機關調處或商務仲裁協會仲裁或由法院裁判之（海一六一）。

第五節　共同海損之效力

一、**留置貨物**　運送人或船長對於未清償分擔額之貨物所有人，得留置其貨物（海一六二），此為法定留置權，旨在促使貨物所有人清償其分擔額，以保護運送人或其他共同海損債權人之利益。但貨物所有人提供擔保者，其共同海損之債權，既無虞不能清償，自不在此限（海一六二但書）。

二、**優先權**　船舶對於共同海損之分擔額有優先權，此為共同海損債權之一種擔保（海二四Ⅰ3）。

三、**委棄存留物**　應負分擔義務之人，得委棄其存留物而免分擔海損之責（海一六四），即應分擔之義務人，如不提供擔保，自得委棄其存留物以代擔保，而免除其分擔之責。

四、返還分擔額　利害關係人於受分擔額後，復得其船舶或貨物之全部或一部者，應將其所受之分擔額返還於關係人。但得將其所受損害及復得之費用扣除之（海一六三）。以免享有不當之利益及受無辜之損失。

第六節　共同海損債權之時效

因共同海損所生之債權，自計算確定之日起，經過一年不行使而消滅（海一六五），以免航海糾紛，久延不決。所謂計算確定之日，指共同海損計算經各利害關係人議定之日；其由商務仲裁協會仲裁者，自仲裁人之判斷交付或送達於當事人之日；其由法院裁判者，指法院裁判確定之日。

第五編　保險法

第一章　總　則

第一節　保險法之概念

保險法者，乃以保險爲規律對象之一切法規也。有廣義與狹義之分，亦有形式意義與實質意義之別。茲分述如下：

一、**廣義與狹義**　廣義之保險法，係以保險爲規律對象之一切法規的總稱。可分爲保險公法與保險私法兩種。前者，乃爲規定保險上公法關係之法規，如保險事業監督法及社會保險法是。後者，乃爲規定保險上私法關係之法規，如保險事業組織法及保險契約法是。狹義之保險法，則專指保險私法而言，保險公法不包括在內。

二、**形式意義與實質意義**　形式意義之保險法，係指法律中以「保險」命名者而言。如我國現行保險法是。實質意義之保險法，則除成文之保險法外，凡與保險有關之一切法規，均包括在內。

我國現行保險法，於民國五十二年修正時，曾將原自成一法之保險業法併入。保險業法爲關於保險組織之法律，係屬私法，但就中關於保險事業監督之法規，則爲公法。故現行保險法不獨爲保險契約法與保險事業法，且因有保險事業監督之規定，而兼有公法之性質。至海商法中關於海上保險之規定，則屬於特別保險法之性質，故關於海上保險，海商法無規定者，適用保險法之規定（海一六六）。

第二節　保險之意義

保險者，謂當事人約定，一方支付保險費於他方，他方對於因不可預料或不可抗力之事故所致之損害，負擔賠償財物之行爲（保一Ｉ），是爲保險在法律上之定義。依通說，保險須以危險、協力及補償三者，爲其成立之要素。茲析述如下：

一、危險　危險爲保險之第一要素，無危險卽無保險。危險須具備下列諸要件：

㈠危險發生須不確定　不確定之內涵有二：卽1.危險發生之本身，須爲不確定，如火災保險之於火災是；2.危險發生之時間，須爲不確定，如傷害保險之於傷害是。

㈡危險發生須爲偶然　危險之發生，如由於被保險人或受益人之故意者，如人壽保險之被保險人縱火自殺，或受益人謀害被保險人等是；或由於保險標的物之本身自然消耗者，如酒精之蒸發，或鮮菓肉類之腐爛等是，則悉在排除之列。

㈢危險發生須爲可能　不可能發生之危險，自無保險之必要。

㈣危險程度須能測定　危險之程度，爲計算保險費之要件，若不能測定，則保險費卽無從確定。

㈤危險範圍須經約定　保險人所負之責任，係以保險事故爲準，危險若無範圍，則保險人之責任，將茫無界限。

㈥危險發生須爲適法　危險之發生，如係違背法律規定或公序良俗者，皆非此所謂保險。

二、協力　協力者，卽依危險分散之法則，使集中少數人之危險，由多數人分擔其損失，於社會連帶及互助互救之觀念下，共同所爲之努力，故以協力爲保險之第二要素。

三、補償　危險或保險事故發生時，其所致之損失，依其保險契約，此方對於他方得要求一定之財物，以資塡補，此所謂塡補，亦卽補償或賠償，故以補償爲保險之第三要素。

第三節　保險之種類

一、以保險標的爲標準分：

㈠財產保險　俗稱產物保險，卽以物或其他財產利益之損害爲標的之保險。包括火災保險、海上保險、陸空保險、責任保險、保證保險及經主管機關核准之其他財產保險。

㈡人身保險　係對人保險，卽以人爲標的之保險。包括人壽保險、健康保險、傷害保險及年金保險。

二、以保險經營之主體爲標準分：

㈠公營保險　指公法人所經營之保險，如社會保險、產業保險等是。

㈡民營保險　指私人或私法人所經營之保險，如營業保險、相互保險等是。

三、以保險舉辦之目的爲標準分：

㈠營業保險　指以營利爲目的而經營之保險。我保險法上之財產保險及人身保險均屬之。

㈡社會保險　指國家基於社會安全政策，以法律規定強制實施之保險，如上述之公營保險是。

四、以保險標的之價值爲標準分：

㈠定值保險　指保險契約訂立時，載明保險標的一定價值之保險（保五〇Ⅱ）。

㈡不定值保險　指保險契約訂立時，載明保險標的之價值須至危險發生後，估計而定之保險（保五〇Ⅰ）。

五、以保險人之人數爲標準分：

㈠單保險　指要保人以同一保險利益，同一保險事故，向一個保險人訂立一個或數個契約之保險。

㈡複保險　指要保人對於同一保險利益，同一保險事故，向數個保險人分別訂立數個契約之保險。

六、以保險人所負責任之次序爲標準分：

㈠原保險　指保險人對被保險人因保險事故所致之損害，第一次予以賠償之保險。

㈡再保險　指保險人以其所承保之危險，轉向他保險人爲保險之保險。

第二章　保險契約

第一節　保險契約之概念

保險契約者，謂當事人約定，一方交付保險費於他方，他方對於因不可預料或不可抗力之事故所致之損害，負擔賠償財物之契約也（保一）。茲將其性質述之如左：

一、保險契約爲有名契約　凡法律賦予一定名稱之契約，謂之有名契約。保險契約乃保險法所明定，自屬有名契約。

二、保險契約爲有償契約　當事人互爲對價關係之給付之契約，謂之有償契約。保險契約以要保人支付保險費，爲換取保險人承擔危險之對價，若無對價，卽不發生保險契約上之權利義務關係，故爲有償契約。

三、保險契約爲雙務契約　當事人雙方互負履行一定義務之契約，謂之雙務契約。保險契約要保人負有支付保險費之義務，保險人於事故發生時負有給付保險金額之義務，故爲雙務契約。

四、保險契約爲要式契約　契約之成立須具備一定之方式者，謂之要式契約。保險契約，應以保險單或暫保單爲之，並應記載法定事項，故爲要式契約。然則梁宇賢教授認爲保險契約爲不要式契約。蓋我國保險法第四十五條規定，保險契約應以保險單或暫保單爲之，乃是立法上之錯誤。因爲保險單或暫保單，均由保險人單方發給，非屬契約。參酌日本商法第六四九條第一項規定：「保險人因要保人之請求，應交付保險證劵。」即可證之。又保險法第五五條規定：「保險契約應記載事項」，應更正爲「保險單應記載事項」爲妥。此均早期立法之錯誤，致與實務及外國法例不合。

五、保險契約爲誠意契約　通常契約之訂立，無不出於當事人之誠意；但保險契約之締結，更須本於當事人最大之誠意。要保人對於保險人書面所爲之詢問，有據實聲明之義務，否則保險人得據以解除契約，故爲誠意契約。

六、保險契約爲射倖契約　契約之效果於訂約時不能確定者，謂之射倖契約。保險契約訂立時，對於未來危險事故之是否發生，無法確定。僅要保人一方，預爲支付保險費，而保險人是否給付保險金額，則繫於不確定之偶然事故，故爲射倖契約。

第二節　保險契約之主體

第一項　保險契約之當事人

保險契約之當事人有二：即保險人與要保人，亦卽與保險契約有直接利害關係之人。茲分述如次：

一、**保險人** 係指經營保險事業之各種組織，在保險契約成立時，有保險費之請求權，在承保危險事故發生時，依其承保之責任，負擔賠償義務之人（保二）。保險事業，責任綦重，影響國民經濟等甚大，故本法爲防止保險人投機射利及爲社會安全計，對於保險人之資格，特加限制，明定保險業之組織，以股份有限公司或合作社爲限。非保險業，不得兼營保險或類似保險之業務（保一三六）。

二、**要保人** 係指對保險標的具有保險利益，向保險人申請訂立保險契約，並負有交付保險費義務之人（保三）。要保人之資格，法律上並無何種限制，凡自然人或法人，對於保險標的有保險利益者，均得充之。惟法人爲要保人時，須有自然人爲其代表。保險契約之受益人，縱非要保人，保險費仍由要保人負給付義務。要保人之訂立保險契約，因利益之誰屬，其情形有三：

㈠要保人爲自己利益而訂立保險契約者　卽要保人以自己之名義，並爲自己之利益而訂立之保險契約。換言之，亦卽由保險契約所生之權利與義務，由要保人自己享受或負擔。此時，要保人兼爲受益人。

㈡要保人爲他人利益而訂立保險契約者　卽要保人以自己之名義，爲他人之利益而訂立之保險契約。此時，保險金請求權，不屬於要保人，而屬於第三者之受益人。要保人得不經委任，爲他人之利益訂立保險契約。受益人有疑義時，推定要保人爲自己之利益而訂立（保四五）。爲他人利益訂立之保險契約，於訂約時，該他人未確定者，由要保人或保險契約所載可得確定之受益人享受其利益（保五二）。

㈢要保人爲自己利益兼爲他人利益而訂立保險契約者　即要保人以自己之名義，爲自己利益兼爲他人利益所訂立之保險契約。其情形有二：1.爲全體合夥人或共有人之利益而訂立者。如本法規定，保險契約由合夥人或共有人中之一人或數人訂立，而其利益及於全體合夥人或共有人者，應載明爲全體合夥人或共有人訂立之意旨（保四七）。2.視同並爲第三人之利益而訂立者。如本法規定，就集合之物而總括爲保險者，被保險人家屬、受僱人或同居人之物，亦得爲保險標的，載明於保險契約，在危險發生時，就其損失享受賠償。此時保險契約，視同並爲第三人利益而訂立（保七一）。保險契約係爲被保險人所營事業之損失賠償責任而訂立者，被保險人之代理人、管理人或監督人所負之損失賠償責任，亦享受保險之利益。其契約視同並爲第三人之利益而訂立（保九二）。

第二項　保險契約之關係人

保險契約之關係人有二：即被保險人與受益人，亦即與保險契約有間接利害關係之人。茲分述如次：

一、**被保險人**　係指於保險事故發生時，遭受損害，享有賠償請求權之人（保四前段）。在財產保險，被保險人爲被保險財產之所有人，恆爲要保人本人；在人身保險，其契約由本人訂立者，則本人兼爲要保人及被保險人；其由第三人訂立者，則僅以被保險之人爲被保險人。

二、**受益人**　係指被保險人或要保人約定享有賠償請求權之人（保五前段）。簡言之，卽在保險契約上，被指定爲領受保險金額之人。一般財產保險契約，均以被保險人爲當然受益人，惟人壽保險契約，除被保險人外，則另有其受益人，故受益人有時爲要保人本人，有時爲被保險人其人，有時則爲要保人或被保險人以外之第三人。

第三項　保險契約之輔助人

保險契約之輔助人有四：卽保險代理人、保險經紀人、保險公證人及保險業務員。玆分述如次：

一、**保險代理人**　係指根據代理契約或授權書，向保險人收取費用，並代理經營業務之人（保八）。保險代理人因代營保險業務，故屬於保險人方面之補助人。其代理之本質，均與民法上一般法律行爲之代理相同，除保險契約由代理人訂立者，應載明代訂之意旨外（保四六），餘均適用民法之規定。

二、**保險經紀人**　係指基於被保險人之利益，代向保險人洽訂保險契約，而向承保之保險業收取佣金之人（保九）。保險經紀人之任務，係代要保人向保險人洽訂保險契約，而非逕為代訂，其保險契約，仍由要保人自行訂定。保險經紀人，非經登記，並領有執業證書，不得執行業務（保一六三I）。其與保險契約雙方當事人之關係，與一般商業居間人大致相同，應準用民法居間之規定（民五七〇以下）。

三、保險公證人　係指向保險人或被保險人收取費用，為其辦理保險標的之查勘、鑑定及估價與賠款之理算、洽商，而予證明之人（保一〇）。蓋財產保險標的之勘估、賠款之理算工作，必須具備專門之知識與技術，因之通常即由公證人承辦，將其所作決定出具證明，以為雙方所接受。保險公證人，非經登記，並領有執業證書，不得執行業務（保一六三I）。

四、保險業務員　保險業務員者，指為保險業、保險經紀人公司、保險代理人公司，從事保險招攬之人（保八之一）。

第三節　保險契約之客體

第一項　保險利益之概念

保險利益者，乃指要保人或被保險人對於保險標的具有利害關係所得享有之利益也。無論財產保險或人身保險，必以保險利益之存在為前提。要保人或被保險人對於保險標的無保險利益者，保險契約失其效力（保十七）。法律規定契約之成立，須有保險利益存在，其目的有三：

一、損害塡補之限制　保險利益，為保險契約所能塡補損害之最高限度。易言之，保險事故發生後，要保人或被保險人所得請求損害賠償之範圍，不得超過其保險利益之金額或價值。

二、賭博行爲之避免 賭博爲投機取巧，以圖得不正當利益之行爲。其與公序良俗有背，故爲法所不許。若保險契約不以保險利益之存在爲前提，則將與賭博無異。例如就漠不相干之他人房屋，而投保火災保險，實爲賭博而非保險。

三、道德危險之防範 要保人或被保險人就保險標的有保險利益者，雖亦間有促成保險事故發生之行爲，但所得者依通常情形，僅爲原有之利益，實無爲此違法行爲之必要。故保險利益之存在，足以防範道德危險之發生。

第二項　保險利益之種類

保險利益之種類甚多，茲就本法所規定保險利益之範圍，分述如左：

一、財產上之保險利益 其情形有三：

㈠現有利益　要保人對於財產上之現有利益，有保險利益（保一四前段）。所謂現有利益，即要保人對於某項財產現在所享有之利益。例如要保人對於其自己之房屋，依據所有權而享有其所有人之利益是。

㈡期待利益　要保人對於因財產上之現有利益而生之期待利益，有保險利益(保一四後段)。所謂期待利益，係指未來可希望獲得之利益，例如企業家對於所經營企業之預期利益，果樹園主對於果實之收穫利益，均屬之。

㈢責任利益　運送人或保管人對於所運送或保管之貨物，以其所負之責任爲限，有保險利益（保一五）。此係對於他人貨物之安全，因運送或保管而負有責任之故，遂發生一種利害關係，而有保險利益之存在，自可以此項貨物爲保險標的，而訂立保險契約。

二、人身上之保險利益　要保人對於左列各人之生命或身體，有保險利益（保一六）：

㈠本人或其家屬　要保人以自己之生命或身體爲保險標的，而訂立保險契約，其有保險利益，自無問題。至於家屬，係以永久共同生活爲目的而同居一家之親屬或非親屬（民一一二二、一一二三），與家長當然有利害關係，因而以此等人之生命或身體爲保險標的，自亦有保險利益存在。

㈡生活費或教育費所仰給之人　此係指要保人受其供給生活費或教育費之人。要保人對於此等人具有生活上或教育上之經濟利益。例如岳父母受女婿供給，爲岳父母者在此關係中，對於其女婿之生命身體，卽有保險利益是。

㈢債務人　此係指要保人爲債權人，對於債務人具有債權上之經濟利益，故有保險利益存在。反之，要保人如爲債務人，則不得以其債權人之生命或身體，爲保險之標的。

㈣爲本人管理財產或利益之人　此等人與本人具有管理上之經濟利益，故有保險利益存在。

例如共同繼承人互推之遺產管理人，為信託人經管產業之受託人等是。

無論人身保險或財產保險，須以要保人或被保險人對於保險標的具有保險利益為必要條件，已如上述。本法為免遺漏，復規定：凡基於有效契約而生之利益，亦得為保險利益（保二〇），以資概括。此一規定，對於財產保險與人身保險，均有適用。前者如運送人因運送契約所生之運費是；後者如未婚之夫妻，基於婚約，亦得互為被保險人是。

第三項　保險利益之要件

保險利益須具備下列要件：

一、**須為適法之利益**　所謂適法之利益，即其利益不違反強行法規或公序良俗之謂。例如因逃稅、竊盜或賭博所生之利益，皆不得為保險契約之標的是。

二、**須為確定之利益**　所謂確定之利益，即其利益已確定或可得確定之謂。已確定者，即為現有利益；可得確定者，即為期待利益。

三、**須為有價之利益**　所謂有價之利益，即其利益具有財產上價值而得以金錢計算之謂。財產保險與人身保險之保險利益皆然。

四、**須具有利害關係之利益**　所謂利害關係之利益，在財產保險，保險標的固為財產，然必須人對於財產具有利害關係之利益，如要保人或保險人對於保險標的無保險利益者，保險契約失其效力（保一七）。在人身保險方面，保險標的既爲人身，要保人與被保險人間，必須有利害關係之存在（如親屬、契約等關係），倘要保人與被保險人對於保險標的無保險利益者，保險契約失其效力。

第四項　保險利益之移轉

一、繼承　被保險人死亡時，除保險契約另有訂定外，仍爲繼承人之利益而存在（保一八）。亦即其保險利益因之而移轉於繼承人。惟在人身保險，其被保險人死亡時，則或爲保險事故發生，或爲保險標的消滅，均無所謂保險利益之移動。

二、讓與　保險標的物所有權移轉時，除保險契約另有訂定外，仍爲受讓人之利益而存在（保一八），亦即其保險利益隨同保險標的物之讓與而移轉於受讓人。倘係合夥人或共有人聯合爲被保險人時，其中一人或數人讓與保險利益於他人者，其保險契約不因之而失效（保一九）。例如合夥股份之轉讓（民六八三）或共有人應有部分之轉讓（民八一九），其保險利益應隨同移轉，由受讓人繼續享有之。

三、破產　要保人破產時，保險契約仍爲破產債權人之利益而存在（保二八）。蓋破產後之要保人，對其財產喪失處分權，故其保險契約上之保險利益，乃移轉而存在於其破產債權人。但破產管理人或保險人得於破產宣告三個月內終止契約。其終止後之保險費已交付者，應返還之（

保二八但書）。

第四節　保險契約之成立

第一項　保險契約之簽訂

保險契約，應以保險單或暫保單爲之（保四三），且由保險人於同意要保人聲請後簽訂。利害關係人，均得向保險人請求保險契約之謄本（保四四）。所謂保險單，乃保險人簽發用以代替保險契約之書面。暫保單或稱臨時保險單，則係保險人爲證明保險契約之簽訂及其內容，對於要保人所簽發之一種臨時書據。此種書據，在正式保險單未簽發前，有保險單同一之效力。

保險契約由代理人訂立者，應載明代訂之意旨（保四六）。其由合夥人或共有人中之一人或數人訂立，而其利益及於全體合夥人或共有人者，應載明爲全體合夥人或共有人訂立之意旨（保四七）。

第二項　保險契約之內容

一、基本條款　即保險契約之當事人，於訂約時必須記載之條款也。保險契約，除本法另有規定外，應記載左列各款事項（保五五）：

㈠當事人之姓名及住所　卽指保險人及要保人之姓名或名稱及住所而言。至受益人之姓名，則可任意記載之。

(二)保險之標的物　此係指財產保險而言。保險之標的物，為保險事故發生之客體，如以房屋為火災保險，則該房屋卽為保險之標的物。此在人身保險，應稱為保險標的，亦卽被保險人之生命或身體。

(三)保險事故之種類　此為保險人基於保險契約，所負責任之事由，亦卽其所保之危險。例如火災保險之火災、傷害保險之傷害等是。

(四)保險責任開始之日時及保險期間　保險責任開始之日時，卽為保險人負擔保險責任開始之日時。通常與保險契約成立之日時相同，但經當事人約定於契約成立前或在後者，亦為法所許。保險期間，則為保險人對於保險事故負擔責任之期間。保險事故在此期間內發生，保險人應負給付保險金額之義務，逾此期間則否。

(五)保險金額　卽保險人在保險事故發生時所應給付之賠償金額。在人身保險，其保險金額與賠償金額恆為一致；惟在財產保險，其契約所約定之保險金額，則為表示保險人負擔賠償責任之最高金額。至其實際賠償金額，須視實際之損害情形定之。

(六)保險費　卽保險人負擔賠償責任之對價而由要保人給付之金額。應於契約內記載，以為要保人履行此項義務之依據。

(七)無效及失權之原因　即當事人約定，保險契約無效或要保人、被保險人及受益人喪失契約權利之事由。例如保險費欠繳若干期，則契約自始無效或喪失保險金之請求權是。惟此種原因之約定，不得違反法律之強制規定（保五四）。

(八)訂約之年月日　即保險契約簽訂之時期。此項記載，與保險契約之效力，關係甚大。

二、特約條款　乃為當事人於保險契約基本條款外，承認履行特種義務之條款（保六六）。

(一)特約條款之內容　除不得違反法律之強制規定外，凡與保險契約有關之一切事項，不問過去現在或將來，均得以特約條款定之（保六七）。玆分述如次：

1.過去事項　指契約成立前之事項。例如人壽保險約明被保險人過去未曾患有某種疾病是。

2.現在事項　指契約成立時之事項。例如火災保險約明屋內並未儲存煤油是。

3.將來事項　指契約成立後之事項。例如傷害保險約明被保險人不得旅行危險地帶是。

(二)特約條款之效力　其效力有二：

1.積極效力　保險契約當事人之一方違背特約條款時，他方得解除契約。其危險發生後，亦同（保六八Ⅰ）。此項解除契約權，自解除權人知有解除之原因後，經過一個月不行使而消滅，或契約訂立後經過二年，即有可以解除契約之原因，亦不得解除契約（保六八Ⅱ、六四Ⅲ）。

2.消極效力　關於未來事項之特約條款，於未屆履行期前危險已發生，或其履行為不可能，或在訂約地為不合法而未履行者，保險契約不因之而失效（保六九）。

第五節 保險契約之效力

第一項 對於要保人及被保險人之效力

一、**交付保險費之義務** 保險費之交付，為要保人之主要義務。茲分述如次：

㈠保險費之交付 保險費應由要保人依契約規定交付（保二二Ⅰ），亦即要保人不論其為自己或他人之利益而訂立保險契約，均負有交付保險費之義務。惟要保人為他人利益訂立之保險契約，保險人對於要保人所得為之抗辯，亦得以之對抗受益人（保二二Ⅱ）。保險費分一次交付及分期交付兩種。保險契約規定一次交付或分期交付之第一期保險費，應於契約生效前交付之。但保險契約簽訂時，保險費未能確定者，不在此限（保二一）。

㈡保險費之增減 保險費依保險契約所載增加危險之特別情形計算者，其情形在契約存續期內消滅時，要保人得按訂約時保險費率，自其情形消滅時起算，請求比例減少保險費（保二六Ⅰ）。

㈢保險費之返還

1.保險契約無效時 保險契約訂立時，僅要保人知危險已發生者，保險人不受契約之拘束，其已收受之保險費無須返還，並得請求償還費用（保二四Ⅰ、五一Ⅱ）。惟保險契約訂立時，僅保險人知危險已消滅者，要保人不受契約之拘束，故保險人不得請求保險費及償還費用，其已收受者，應返還之（保二四Ⅱ、五一Ⅲ）。又複保險契約因要保人故意不將他保險人之名稱及保險金額通知各保險人，或意圖不當得利而無效時，保險人於不知情之時期內，仍取得保險費（保二三Ⅱ、三七）。

2.保險金額總額超過保險價額時　以同一保險利益，同一保險事故，善意訂立數個保險契約，其保險金額之總額超過保險標的之價值者，在危險發生前，要保人得依超過部份，要求比例返還保險費（保二三Ⅰ）。

3.保險契約解除時　要保人及被保險人對於保險人之書面詢問有不實之說明或故意隱匿，其不實之說明或故意隱匿達保險人拒保程度者，無論在危險發生前或發生後，保險人均得解除契約，無須返還其已收受之保險費（保二五、六四Ⅱ）。

4.保險契約終止時　其情形如下：

(1)保險人對於減少保險費不同意時，要保人得終止契約，其終止後之保險費已交付者，保險人應返還之（保二六Ⅱ）。

(2)保險契約所載之危險，如此增加或減少時，得終止契約，或提議另訂保險費，如要保人不同意者，其契約卽爲終止。終止後之保險費已交付者，應返還之（保二四Ⅲ、六〇）。

⑶保險標的物，非因保險契約所載之保險事故，而完全滅失時，保險契約卽爲終止。終止後之保險費已交付者，應返還之（保二四Ⅲ、八一）。

⑷保險標的物受部分之損失者，保險人與要保人均有終止契約之權。終止後，已交付未損失部分之保險費，應返還之（保八二Ⅰ）。

⑸保險人破產時，保險契約於破產宣告之日終止，其終止後之保險費已交付者，應返還之（保二七）。

⑹要保人破產時，保險契約仍爲破產債權人之利益而存在。但破產管理人或保險人得於破產宣告三個月內終止契約。其終止後之保險費已交付者，應返還之（保二八）。

二、據實說明之義務　訂立契約時，要保人對於保險人之書面詢問，應據實說明。要保人及被保險人對於保險人之書面詢問有不實之說明或故意隱匿，其不實之說明或故意隱匿達保險人拒保程度者，保險人得解除契約，其危險發生後亦同。但要保人證明危險之發生未基於其說明或未說明之事實時，不在此限（保六四Ⅱ）。此項解除契約權，自保險人知有解除之原因後，經過一個月不行使而消滅，或契約訂立後經過二年，卽有可以解除之原因，亦不得解除（保六四Ⅲ）。

三、危險通知之義務

㈠危險發生時　要保人、被保險人或受益人，遇有保險人應負保險責任之事故發生，除本法另有規定或契約另有訂定外，應於知悉後五日內通知保險人（保五八）。違反此項通知義務者，對於保險人因此所受之損失，應負賠償責任（保六三）。

㈡危險增加時　要保人對於保險契約內所載增加危險之情形應通知者，應於知悉後通知保險人（保五九Ⅰ）。上述危險增加應通知之期間，因其危險增加，是否由於要保人或被保險人之行為而有不同：

1.危險增加，由於要保人或被保險人之行為所致，其危險達於應增加保險費，或終止契約之程度者，要保人或被保險人應先通知保險人（保五九Ⅱ）。

2.危險增加，不由於要保人或被保險人之行為所致者，要保人或被保險人應於知悉後十日內通知保險人（保五九Ⅲ）。否則，對於保險人因此所受之損失，應負賠償責任（保六三）。

㈢無庸通知之情形

1.危險增加，如有下列情形之一時，要保人或被保險人不負通知之義務：⑴損害之發生不影響保險人之負擔者，⑵為防護保險人之利益者，⑶為履行道德上之義務者（保六一）。

2.當事人之一方，對於下列各款，不負通知之義務：⑴為他方所知者，⑵依通常注意為他方所應知，或無法諉為不知者，⑶一方對於他方經聲明不必通知者（保六二）。

第二項　對於保險人之效力

一、賠償責任之負擔　保險契約成立後，保險人對於契約上所定之危險事故，即負危險擔保之責任，此爲保險契約直接發生之效力。基此效力，保險人始有賠償保險金額之義務。茲將此項責任之範圍，分述如次：

(一)法定之責任範圍

1.由不可預料或不可抗力所致之損害　保險人對於由不可預料或不可抗力之事故所致之損害，負賠償責任。但保險契約內有明文限制者，不在此限（保二九Ⅰ）。所謂不可預料，指其危險之發生，事前不能加以確定。所謂不可抗力，指其危險之發生，非人力所能抗拒。所謂契約內有明文限制，例如火災保險，在契約中載明如由地震而生之火災，不負賠償責任是。

2.由要保人或被保險人或其代理人之過失所致之損害　保險人對於由要保人或被保險人或其代理人之過失所致之損害，負賠償責任。但出於要保人或被保險人或其代理人之故意者，不在此限（保二九Ⅱ）。

3.因履行道德上義務所致之損害　保險人對於因履行道德上之義務所致之損害，應負賠償責任（保三〇）。蓋履行道德上義務所爲之行爲，既非貪圖保險給付，爲維護善良風俗，縱其行爲近於故意，保險人仍應賠償。例如人壽保險，爲拯救他人溺水，致自己淹斃是。

4.因要保人或被保險人之受僱人或其所有之物或動物所致之損害　保險人對於因要保人或被保險人之受僱人，或其所有之物或動物所致之損害，應負賠償責任（保三二）。例如火災保險，要保人之受僱人失火，或因煤氣筒爆炸，房屋被焚；或傷害保險，被保險人被自己之犬咬傷等是。

5.因戰爭所致之損害　保險人對於因戰爭所致之損害，除契約有相反之訂定外，應負賠償責任（保三二）。戰爭亦屬不可抗力之一種，其所致之損害，保險人自應負責。所謂契約有相反之訂定者，係指當事人得以契約訂定，對於戰爭所致之損害，不負賠償責任。此種訂定，稱為「兵險除外條款」。

㈡約定之責任範圍　上述法定之責任範圍，除法律有強制規定者外，當事人亦得以契約加以限制或擴張。有此約定時，保險人之賠償責任，自應從其約定。

二、保險金額之給付　保險事故發生後，保險人應向被保險人或受益人給付保險金額。茲將給付之數額及給付之時期，分述如次：

㈠給付之數額　在人身保險，其保險契約上所記載之保險金額，即為賠償金額，兩者恆為一致。而在財產保險，除定值保險外，則視損失程度之輕重，而於訂約時所定之保險金額範圍內，負擔賠償其損失。故其賠償金額與契約上所記載之保險金額，兩者未必一致。惟除本法另有規定或當事人另有約定外，保險人不負擔賠償金額以外之義務（保三四Ⅱ）。所謂本法另有規定，如本法第三三條及第七九條所定之費用償還是。除第七九條另述於後外，第三三條一項規定爲：「保險人對於要保人或被保險人爲避免或減輕損害之必要行爲所生之費用，負償還之責任。其償還數額與賠償金額，合計雖超過保險標的之價值，仍應償還。但契約另有訂定者，不在此限」。蓋避免或減輕損害之必要行爲，足以防止保險事故發生，或救護其發生後所致之損害，對於保險人有利也。惟保險金額與保險標的之價值，未必相同，故保險人對於上述費用之償還，以保險金額對於保險標的之價值比例定之（保三三Ⅱ）。至所謂當事人另有約定，例如房屋火災保險，約定負責重建或修繕；傷害或健康保險，約定負責醫療等是。

㈡給付之時期，應付之賠償金額確定後，保險人應於約定期限內給付之，無約定者，應於接到通知後十五日內給付之（保三四Ⅰ）。保險人如不依期給付保險金者，應負給付遲延之責任。

三、代位權利之發生　被保險人因保險人應負保險責任之損失發生，而對於第三人有損失賠償請求權者，保險人得於給付賠償金額後，代位行使被保險人對於第三人之請求權（保五三Ⅰ），是爲保險人之代位請求權。其成立要件有二：⑴被保險人因保險事故之發生，對於第三人有損失賠償請求權；⑵保險人因保險事故之發生已給付其賠償金額。兩者如缺其一，卽不能成立。蓋保險標的發生損失之原因，由於第三人之行爲所致，則被保險人已得依法向其請求損害賠償，若更因此獲得由保險人賠償損失之金額，則爲受雙重之賠償，顯違損害塡補之原則。至其所請求之數額，以不逾賠償金額爲限（保五三Ⅰ但書）。例如房屋被焚實際損失爲八萬元，而保險人之賠償金額僅爲五萬元，則保險人得代位行使之權利以在五萬元範圍內爲限。惟該第三人如爲被保險人之家屬或受僱人時，保險人無代位請求權（保五三Ⅱ）。因彼等與被保險人共同生活，關係密切，若因其過失所致之損失，使保險人對之有求償之權利，實與使被保險人自己賠償無異，故爲法所不許。但其損失係由彼等之故意所致者，爲防止勾串詐欺，企圖賠償，是以保險人仍得行使代位權（保五三Ⅱ但書）。

第六節　保險契約之變動

第一項　保險契約之變更、停止與恢復

一、保險契約之變更　係指在保險契約存續期間內，其主體或內容有所變更之謂。茲分述如次：

㈠主體變更　保險契約之主體，常因轉讓或繼承而變更。保險契約除人身保險外，得爲指示式或無記名式（保四九Ⅰ）。其爲指示式者，得以背書方法，變更當事人一方之姓名而爲轉讓；其爲無記名式者，僅以交付方法，卽發生轉讓之效力。此時保險人對於要保人所得爲之抗辯，亦得以之對抗保險契約之受讓人（保四九Ⅱ）。至本法第一八條及第二八條所規定者，亦屬主體變

更之一種，前已述之，茲不贅。

㈡內容變更　保險契約之內容，經雙方當事人同意，得予以變更。故變更保險契約，保險人於接到通知後十日內，不爲拒絕者，視爲承諾。但人壽保險，不在此限（保五六）。因人壽保險契約內容之變更，保險人須重驗其體格，應有較充裕之時間，故不以十日爲限。

二、保險契約之停止　係指在保險契約存續期間內，因某種原因，而使其效力暫時停止之謂。保險契約在停止期間，保險人不負擔保危險之責任，此所謂某種原因，本法僅就人壽保險加以規定，即人壽保險之保險費，到期未交付者，除契約另有訂定外，經催告到達後逾三十日，仍不交付者，保險契約之效力停止(保一一六Ⅰ)。至其他保險，本法雖無明文，解釋上亦應如是。

三、保險契約之恢復　係指保險契約之效力停止後，仍可依一定程序使其恢復之謂。本法規定如左：

㈠恢復停止效力之保險契約，保險人於接到通知後十日內，不爲拒絕者，視爲承諾。但人壽保險，不在此限（保五六），亦即保險人如無拒絕之表示，在通知後屆滿十日之際，該項保險契約之效力，即告恢復。

㈡停止效力之人壽保險契約，於保險費及其他費用清償後，翌日上午零時，開始恢復其效力（保一一六Ⅲ）。

㈢保險契約載有被保險人故意自殺，保險人仍應給付保險金額之條款者，其條款於訂約二年後，始生效力。恢復停止效力之保險契約，其二年期限，應自恢復停止效力之日起算（保一〇九Ⅱ）。

第二項　保險契約之無效與失效

一、保險契約之無效　係指保險契約成立後，因違反法定或約定事項，自始不生效力之謂。其無效之原因及效果，除適用民法之規定外，本法特規定如次：

㈠法定無效　即其無效之原因，係基於本法之明文規定也。

1.絕對無效，即任何人均得主張其契約之無效。

⑴保險契約訂立時，保險標的之危險已發生或已消滅者，除當事人雙方不知情者外，其契約無效（保五一Ⅰ）。

⑵複保險，除另有約定外，要保人應將他保險人之名稱及保險金額通知各保險人。如故意不為通知或意圖不當得利而為複保險者，其契約無效（保三六、三七）。

⑶由第三人訂立之死亡保險契約，未經被保險人書面承認，並約定保險金額，其契約無效（保一〇五）。

⑷以十四歲以下之未成年人，或心神喪失或精神耗弱之人為被保險人，而訂立之死亡保險契

約無效。保險人或要保人故意違反此項規定者，處一年以下有期徒刑、拘役或五百元以下罰金（保一〇七）。

⑸人壽保險契約，被保險人年齡不實，而其眞實年齡已超過保險人所訂保險年齡限度者，其契約無效（保一二二前段）。

2.相對無效　即僅當事人之一方，得主張其保險契約之無效。

⑴訂約時，僅要保人知危險已發生者，保險人不受契約之拘束（保五一Ⅱ）。

⑵訂約時，僅保險人知危險已發生者，要保人不受契約之拘束（保五一Ⅲ）。

3.全部無效　即其契約之全部，自始不生效力。例如前述絕對無效之規定是。

4.一部無效　即其契約之一部，自始不生效力。例如保險金額超過保險標的之契約，如當事人之一方，並無詐欺情事者，除定値保險外，其契約僅於保險標的價値之限度內爲有效是（保七六Ⅰ）。

㈡約定無效　即其無效之原因，係基於當事人在契約上之任意約定也。例如約定保險費不得欠繳若干，否則契約無效是。無效之原因，雖得由當事人任意約定，但不得違背法律強制規定或公序良俗，且須記載於保險契約（保五五7）。

二、保險契約之失效　係指保險契約自失效原因發生時起，喪失其效力之謂。本法設有規定如左：

㈠積極規定　凡法條上基於一定之事由，而規定保險契約失其效力者屬之，如本法第一七條是，前已述之。

㈡消極規定　凡法條上基於一定之事由，而規定保險契約不因之而無效者屬之，如本法第一九條及第六九條是，前已述之。

第三項　保險契約之解除與終止

一、保險契約之解除　係指當事人之一方，基於契約成立後之事由，行使解除權，而使契約效力自始消滅之謂。

㈠法定解除權　解除權之發生，由於法律之規定者謂之。本法規定如左：

1. 怠於通知之解除　當事人之一方，對於他方應通知之事項而怠於通知者，除有不可抗力之事故外，不問是否故意，他方得據爲解除契約之原因（保五七）。

2. 不據實說明之解除　要保人及被保險人對於保險人之書面詢問有不實之說明或故意隱匿，其不實之說明或故意隱匿達保險人拒保程度者，保險人得解除契約，其危險發生後亦同。但要保人證明危險之發生未基於其說明或未說明之事實時，不在此限（保六四Ⅱ）。

3. 違背特約條款之解除　保險契約當事人之一方，違背特約條款時，他方得解除契約，其危險發生後亦同（保六八Ⅰ）。

4.超額保險之解除）保險金額超過保險標的價值之契約，係由當事人一方之詐欺而訂立者，他方得解除契約（保七六I前段）。

㈡約定解除權　解除權之發生，由於當事人之約定者謂之。當事人在不違反法律強制規定或公序良俗之前提下，得於契約中任意約定，基於一定事由之發生，一方或雙方得據以解除契約，並得約定其解除權之行使期間。

二、保險契約之終止　係指保險契約在其存續期間內，因一定事由之發生，而使其效力自終止之時起歸於消滅也。茲就本法所定契約終止原因，分述如次：

㈠保險人破產　保險人破產時，保險契約於破產宣告之日終止（保二七）。

㈡要保人破產　要保人破產時，破產管理人或保險人得於破產宣告三個月內終止契約（保二八）。

㈢保險標的物滅失　保險標的物非因保險契約所載之保險事故而完全滅失時，保險契約即爲終止（保八一）。保險標的物受部分之損失者，保險人與要保人均有終止契約之權。此項終止契約權，於賠償金額給付後，經過一個月不行使而消滅。保險人終止契約時，應於十五日前通知要保人。要保人與保險人均不終止時，除契約另有訂定外，保險人對於以後保險事故所致之損失，其責任以賠償保險金額之餘額爲限（保八二）。

㈣保險費另議不成　要保人對於保險契約內所載增加危險之情形應通知者，應於知悉後通知保險人，如違反危險通知義務時，保險人得終止契約，或提議另訂保險費。要保人對於另訂保險費不同意者，其契約卽爲終止。但保險人知危險增加後，仍繼續收受保險費，或於危險發生後給付賠償金額，或其他維持契約之表示者，卽喪失終止契約之權（保六〇）。

㈤危險發生變動　保險費依保險契約所載增加危險之特別情形計算者，其情形在契約存續期間內消滅時，要保人得按訂約時保險費率，自其情形消滅時起算，請求比例減少保險費。保險人對於減少保險費不同意時，要保人得終止契約（保二六）。

㈥優惠期間屆滿　人壽保險之保險費到期未交付，除契約另有訂定外，經催告到達後逾三十日仍不交付時，保險人於期限屆滿後，有終止契約之權（保一一六Ⅰ、Ⅳ）。

第七節　複保險與再保險

第一項　複保險

一、複保險之概念

複保險者，謂要保人對於同一保險利益，同一保險事故，與數保險人分別訂立數個保險之契約行爲（保三五）。依此規定，複保險須具備下列要件：

㈠須要保人與數保險人分別訂立數個保險契約　若要保人與數保險人共同訂立一個保險契約，則爲共同保險，而非複保險。

㈡須對於同一保險利益　非就同一保險利益，訂立數個保險契約，則不構成複保險。例如貨主爲其貨物訂立一個火災保險契約，而倉庫營業人基於保管責任，又爲之訂立一個火災保險契約，不構成複保險是。

㈢須對於同一保險事故　如非對於同一保險事故，則非複保險。例如貨主就同一貨物，一面訂立火險契約，一面訂立盜險契約，不構成複保險是。

㈣須爲同一保險期間　數個保險契約須同時存在，若非同時存在，例如房屋所有人就其房屋與甲保險公司訂立一火險契約，定期三年，期滿後再與乙保險公司訂立同樣保險契約，亦非此所謂複保險。惟複保險契約之始期與終期，無須絕對相同，祇須其間有一段重複，則在重複期間內，仍爲複保險。

二、複保險之通知　複保險，除另有約定外，要保人應將他保險人之名稱及保險金額通知各保險人（保三六），以便各保險人互爲知悉，並考慮其契約有無流弊。若要保人故意不爲通知，或意圖不當得利而爲複保險者，其契約無效（保三七）。

三、複保險之效力　惡意之複保險，其保險契約無效，不生賠償應如何給付問題。至善意之複保險，其保險金額之總額超過保險標的之價値者，除另有約定外，保險人對於保險標的之全部價値，僅就其所保金額，負比例分擔之責。但賠償總額，不得超過保險標的之價値（保三八）。

第二項　再保險

一、再保險之概念　再保險者，謂保險人以其所承保之危險，轉向他保險人爲保險之契約行爲（保三九）。再保險契約，以有原保險契約爲前提，故再保險之要保人，必爲原保險契約之保險人。惟再保險契約雖以原保險契約之存在爲前提，但爲獨立之保險契約，原保險契約之要保人或被保險人、受益人，與再保險契約之保險人不生任何權益關係。

二、再保險之性質　再保險係以原保險人基於原保險契約所負之責任爲對象之保險，性質上屬於責任保險之一種。是再保險契約有關事項，應適用責任保險之規定。

三、再保險之效力　可自三方面言之：

㈠原保險契約之被保險人，對於再保險人無賠償請求權（保四〇）。蓋原保險契約與再保險契約，在法律上乃爲各別之契約，再保險契約之當事人，係原保險人及再保險人，而被保險人不與其內也。

㈡再保險人不得向原保險契約之要保人，請求交付保險費（保四一）。蓋原保險契約與再保險契約，各有其獨立性，再保險人不能因原保險人不給付保險費，而直接向原保險契約之要保人請求交付也。

㈢原保險人不得以再保險人不履行再保險金額給付之義務為理由，拒絕或遲延履行其對於被保險人之義務（保四二）。理由同前。

第三項　複保險與再保險之不同

一、就訂的動機言　複保險除善意外，往往由要保人企圖不正當之利得而致於此；再保險則係由原保險人為避免或減輕其所負擔之責而致於此。

二、就契約的訂立對象言　複保險乃為要保人就同一保險利益，同一危險，與數個保險人，分別訂立數個保險之契約；而再保險則為保險人以其所承保之危險，轉向他保險人為保險之契約。

三、就要保人言　複保險之要保人，同時可為數個保險契約之要保人；而再保險之要保人，則為原保險契約之保險人。

四、就通知事項與通知人而言　複保險除另有約定外，要保人應將他保險人之名稱及保險金額，通知各保險人；而再保險則無此規定。

五、就責任與權利言　善意之複保險，其保險金額之總額，超過保險標的之全部價值時，除另有約定外，各保險人對於保險標的之全部價值，僅就其所保金額，負比例分擔之責，但賠償總額不得超過保險標的之價值；至於再保險，其前原保險契約之被保險人，對於再保險人無賠償請求權。

第八節 保險契約之消滅時效

由保險契約所生之權利，自得爲請求之日起，經過二年不行使而消滅（保六五前段）。所謂由保險契約所生之權利，如保險費返還請求權、保險金給付請求權及損害賠償請求權等是。所謂自得爲請求之日，如因終止契約所生保險費返還請求權，應自其終止之日起算；保險金請求權，應自保險事故發生之日起算；損害賠償請求權，應自其責任事由發生之日起算是。除此而外，如有左列各款情形之一者，其期限之起算，依各該款之規定（保六五）：

一、要保人或被保險人對於危險之說明，有隱匿、遺漏或不實者，自保險人知情之日起算。此係對保險人之賠償請求權而言。

二、危險發生，利害關係人能證明其非因疏忽而不知情者，自其知情之時起算。此係對利害關係人（如要保人或受益人等）之保險金額給付請求權而言。

三、要保人或被保險人對於保險人之請求，係由於第三人之請求而生者，自要保人或被保險人受請求之日起算。此係對責任保險之要保人對保險人行使之賠償請求權而言。

第三章　財產保險

第一節　火災保險

第一項　火災保險之概念

火災保險者，謂火災保險人，對於直接或間接由火災所致保險標的物之毀損或滅失，負賠償責任之保險（保七〇Ⅰ）。火災保險以財產爲保險標的，並以火災所致之毀損或滅失爲保險事故。故火無論大小，凡足以致成災害者，皆爲火災。因火災而有損害，保險人始負賠償之責。損害不分其爲直接損害或間接損害，一有損害，卽爲火災。直接損害，如焚燬、烟燻或燒焦等是；間接損害，如因救火而毀壞牆壁，或衣物因搶救而破壞等是。此等間接損害，均係因救護保險標的物發生之損失，應視同所保危險所生之損失（保七〇Ⅱ）。火災之發生，不論由於天災或人禍，除契約另有訂定外，其因此所致保險標的物之毀損或滅失，保險人均應負賠償之責。

第二項　火災保險之種類

一、依保險標的物之不同分：

㈠動產火災保險　卽爲以動產爲保險標的者。所謂動產，乃不動產以外之物（民六七），例如衣服、傢俱、商品等是。動產不以置於屋內之物爲限，置於戶外之器具、積木等，亦均得爲動產火災保險之標的物。

㈡不動產火災保險　卽爲以不動產爲保險標的者。不動產本包括土地及其定着物，土地無保險之必要，故茲專指定着物而言。例如住宅、店鋪、工廠、倉庫及其他建築物等是。又不限於已完成者，卽在建造中之房屋，亦得投保火險。

㈢混合火災保險　卽以動產與不動產同時爲保險標的之火災保險，例如以房屋及屋內之傢俱、衣物爲保險標的，並估計其總數爲保險金額而訂立之火災保險。

㈣無形利益火災保險　卽爲以無形之利益爲保險標的者。例如房租保險、停業損失保險、利潤保險等是。

二、依保險標的物是否單一分：

㈠單獨火災保險　卽爲以特定之某一財物爲保險標的者。例如以鋼琴一座爲保險標的是。

㈡集合火災保險　卽爲以集合之財物總括而爲保險標的者。例如住宅內之傢俱什物、圖書館之書籍圖表爲保險標的是。本法規定，就集合之物而總括爲保險者，被保險人家屬、受僱人或同居人之物，亦得爲保險標的，載明於保險契約，在危險發生時，就其損失享受賠償。此項保險契約，視同並為第三人利益而訂立（保七一）。蓋以被保險人之家屬、受僱人或同居人，對保險人而言，均為第三人，被保險人以第三人所有之財物，一併與保險人成立之保險契約，自得視同並為第三人之利益而訂立。

三、依保險標的物是否定值分：

㈠定值火災保險　即為火災保險契約上載明保險標的一定價值之保險。蓋保險標的，得由要保人依主管機關核定之費率及條款，作定值或不定值約定之要保（保七三Ⅰ）。故保險標的以約定價值為保險金額者，發生全部損失或一部損失時，均按約定價值為標準計算賠償（保七三Ⅱ）。所謂全部損失，係指保險標的全部滅失或毀損，達於不能修復，或其修復之費用超過保險標的恢復原狀所需者而言（保七四）。所謂一部損失，係指保險標的，僅有一部分之滅失或毀損者而言。

㈡不定值火災保險　即為火災保險契約上未載明保險標的之價值，而須至危險發生後予以估計之保險。保險標的未經約定價值者，發生損失時，按保險事故發生時實際價值為標準，計算賠償。其賠償金額，不得超過保險金額（保七三Ⅲ）。蓋保險金額為保險人在保險期內，所負責任之最高額度。保險人應於承保前，查明保險標的物之市價，不得超額承保（保七二）。故其賠償金額不得超過契約中所訂定之最高額度。

第三項　火災保險標的之價額

保險標的之價額，簡稱保險價額，乃保險標的物，在某特定時期內，得以金錢估計之價值總額。在財產保險，保險金額不得超過保險價額，保險價額爲損害發生時保險人負擔賠償責任之最高限度。保險契約有無超過保險或一部保險，均視保險價額爲決定；而保險人對於保險事故發生後所負損害賠償義務之多寡，亦以保險價額爲衡量。一般財產保險，保險價額與保險金額，固多一致，但亦有超過或不及者，即所謂超過保險與一部保險是。茲分述如次：

一、**超過保險**　即保險金額超過保險標的之價值。超過保險，爲本法所不許（保七二）。故超過保險，係由當事人一方之詐欺而訂立者，他方得解除契約，如有損失，並得請求賠償。無詐欺情事者，除定值保險外，其契約僅於保險標的價值之限度內爲有效，其超過保險標的價值之部分，則爲無效（保七六Ⅰ）。無詐欺情事之保險契約，經當事人一方將超過價值之事實通知他方後，保險金額及保險費，均應按照保險標的之價值比例減少（保七六Ⅱ）。

二、**一部保險**　即保險金額不及保險標的之價值。一部保險，或爲契約訂立時即僅以保險標的之價值一部投保者，或爲契約訂立後，因保險標的之價值上漲而成爲一部保險者，無論係何項情形，除契約另有訂定外，保險人之負擔，以保險金額對於保險標的物之價值比例定之（保七七）。

此外，與上述一部保險類似而又有其不同者，則為合力保險。所謂合力保險，卽保險人得約定保險標的物之一部分，應由要保人自行負擔由危險而生之損失也。有此項約定時，要保人不得將未經保險之部分，另向他保險人訂立保險契約（保四八），以促使要保人或被保險人對於保險標的就保險事故之發生加意防範。此則與一部保險有異，在一部保險，要保人得將未經保險之部分，另向他保險人訂立保險契約也。

第四項　火災保險損失之估計

一、**現狀之保留**　損失未估定前，要保人或被保險人除為公共利益或避免擴大損失外，非經保險人同意，對於保險標的物不得加以變更（保八〇）。蓋以保險標的物現狀如有變更，不獨影響估計之正確，且要保人或被保險人有藉以隱蔽眞實損害情形之虞。

二、**估計之遲延**　損失之估計，因可歸責於保險人之事由而遲延者，應自被保險人交出損失清單一個月後加給利息。損失清單交出二個月後尙未完全估定者，被保險人得請求先行交付其所應得之最低賠償金額（保七八），以免因估計遲延，影響要保人或被保險人之權益。

三、**費用之負擔**　保險事故發生後，保險人或被保險人為證明及估計損失所支出之必要費用，除契約另有訂定外，由保險人負擔之（保七九Ⅰ）。蓋此等費用，均屬於保險人之業務費用也。至保險金額不及保險標的物之價值時，保險人對於上項費用之償還，除另有約定外，以保險金額對於保險標的物之價值比例定之（保七九II）。

第二節　海上保險

第一項　海上保險之概念

海上保險者，謂海上保險人對於保險標的物，除契約另有規定外，因海上一切事變及災害所生之毀損、滅失及費用，負賠償責任之保險也（保八三、海一六九）。海上保險事故，範圍甚為廣泛，舉凡暴風、怒濤、觸礁、擱淺、碰撞、船破、投棄、火災、捕獲及掠奪等等皆是。依海商法第一六六條規定：「關於海上保險，本章無規定者，適用保險法之規定」。是海上保險章，對於保險法係居於特別法之地位。關於海上保險事項，應先適用海上保險章之規定，其無規定者，始得適用保險法（保八四）。

第二項　海上保險之標的

海上保險之標的，種類頗多，凡航行中可能發生危險之財產權益，得以金錢估價者，皆得為保險標的（海一六七），是其範圍相當廣泛，舉凡船舶、貨物、運費及利益等，均得為保險標的。至於在航海中船員或旅客之生命身體，因非財產權益，則不屬於海上保險之範圍。茲分述如次：

一、**船舶**　不以船體爲限，並包括其設備及屬具。且不僅以航行中船舶爲限，停泊於船塢內者亦包含之。

二、**貨物**　指船舶所載之一切貨物而言。貨物保險，在海上保險中最爲發達，凡貨物所有人、運送人、運送經理人等對於貨物有利害關係者，皆得爲被保險人。通常可分爲安全保險及水漬保險兩種。前者指因海上一切事變及災害所生之毀損、滅失及費用之保險；後者則指因水潮濕汚損，不能維持其原有價值，而由保險人負責之保險。

三、**運費**　指船舶因運送貨物所收取之代價，包含手續費及其他費用在內。

四、**應有利得**　指貨物安全到達目的地後所可預期獲得之利益。此種保險，亦稱利益保險或希望利益保險。

第三項　海上保險之保險期間

保險期間，爲保險人應負擔危險之責任期間，得由當事人自由約定。凡依一定航程而訂定之者，爲航程保險；其依一定時期而訂定之者，爲航期保險；其同時以一定時期及一定航程而訂定之者，爲混合保險。當事人未約定保險期間者，本法設有規定如左（海一六八）：

一、**船舶及其設備屬具**　自船舶起錨或解纜之時，以迄目的港投錨或繫纜之時，爲其期間。

二、**貨物**　自貨物離岸之時，以迄目的港起岸之時，爲其期間。

第四項　海上保險之保險價額

保險價額之計算，除當事人另有約定外，依左列之規定：

一、**船舶**　關於船舶之保險，以保險人責任開始時之船舶價額爲保險價額（海一七六）。

二、**貨物**　關於貨物之保險，以裝載地裝載時之貨物價額、裝載費、稅捐、應付之運費、保險費及可期待之利得爲保險價額（海一七七）。

三、**運費**　關於運費之保險，以運送契約內所載明之運費額及保險費爲保險價額。運送契約未載明時，以卸載時卸載港認爲相當之運費額及其保險費爲保險價額。若係以淨運費爲保險標的，而其總額未經約定者，以總運費百分之六十爲淨運費（海一七九）。

四、**應有利得**　關於因貨物之到達時應有利得之保險，其保險價額未經契約約定者，以保險金額視爲保險價額（海一七八）。

第五項　海上保險損害額之計算

海上保險損害額之計算，因保險標的物之全部損失或局部損失而有異。玆分述如次：

一、**全部損失**　指保險標的物全部滅失而言。其損害額，依前述保險價額之計算標準定之，其保險價額，卽爲損害額。

二、**局部損失**　指保險標的物部分損失而言。其損害額，依左列規定定之：

㈠貨物受損時　貨物之損害額，依其在到達港於完好狀態下所應有之價值，與其受損狀態之價值比較定之（海一八〇）。通常在實務上，卽先求完好價值與受損價值之比率，然後再依此比率，乘以保險價額，卽爲保險人應負擔之保險金額。

㈡保險標的變賣時　受損害之船舶或貨物如經變賣者，以變賣價額與保險價額之差額爲損害額，但因變賣後所減省之一切費用，應扣除之。此項變賣，除由於不可抗力或船長依法處理者外，應得保險人之同意（海一八一）。

第六項　海上保險契約之效力

一、對於保險人之效力

㈠危險責任之負擔

1. 應負責部分

⑴保險人對於保險標的物，除契約另有規定外，因海上一切事變及災害所生之毀損、滅失及費用，負賠償責任（海一六九）。

⑵戰事之危險，除契約有反對之訂定外，保險人應負賠償責任（海一七〇）。

2. 得免責部分

⑴因要保人或被保險人或其代理人之故意或重大過失所致之損失，保險人不負賠償責任（

海一七三）。但保險標的物之毀損或滅失，由於船長、海員、引水人或運送人之受僱人，因航行或管理船舶之行爲有過失，或由於救助或意圖救助海上人命或財產所致者，保險人仍應負賠償責任（海一七三但書）。

⑵保險人得約定保險標的之一部分，應由要保人自行負擔由危險而生之損失。有此約定時，保險人亦得免此部分之責任。且要保人不得將未經保險之部分，另向他保險人訂立保險契約（海一七一）。

㈡保險金額之給付

1.給付之期間　保險人應於收到要保人或被保險人證明文件後三十日內，給付保險金額。保險人對於此項證明文件如有疑義，而要保人或被保險人提供擔保時，仍應將保險金額全部給付。經給付後，如查明不實，保險人自得請求返還其已給付之保險金額。惟此項返還請求權，自給付後經過一年不行使而消滅（海一九一）。

2.給付之變通　保險人對於要保人或被保險人，爲避免或減輕損失之必要行爲所生之費用，負償還之責。其償還數額與賠償金額合計雖超過保險標的之價值，除契約另有訂定者外，仍應償還。保險人對於此項費用之償還，以保險金額對於保險標的之價值，比例定之（海一七二）。

二、對於要保人或被保險人之效力

海上保險契約成立後，要保人或被保險人除依保險法第六十四條第一項及第二十二條之規定，應據實說明及交付保險費外，依本法規定，尚有左列義務：

㈠危險通知義務　要保人或被保險人於知保險之危險發生後，應卽通知保險人（海一九〇），否則保險人得解除契約（保五七）。

㈡損害通知義務　要保人或被保險人自接到貨物之日起一個月內，不將貨物所受損害通知保險人或其代理人時，視爲無損害（海一九二）。

第七項　海上保險契約之消滅

一、**契約之解除**　要保人或被保險人於保險人破產時，得解除契約，但以保險人不提供擔保者爲限（海一七五）。

二、**契約之失效**　貨物保險時，未確定裝運之船舶者，要保人或被保險人於知其已裝載於船舶時，應將該船舶之名稱及國籍卽通知於保險人，不爲通知者，保險契約失其效力（海一七四）。

第八項　海上保險之委付

一、**委付之概念**

委付者，指被保險人於發生法定委付原因時，得將保險標的物之一切權利移轉於保險人，而請求支付該保險標的物之全部保險金額也（海一八二）。蓋海上保險標的物，如爲全部滅失時，保險人固須負支付全部保險金額之義務，然有時其標的物雖非全部損失，卻與全部滅失無異；或雖爲全部滅失，卻無從取得證明；甚或雖能取得證明，但其手續過於繁雜，因此法律爲謀實際便利，均視同全部損失，使被保險人得將保險標的物之一切權利，表示委付於保險人，而取得全部保險金額之請求權也。委付制度，爲海上保險所獨有，陸上保險則無之。

二、委付之原因

㈠船舶委付之原因　被保險船舶之委付，得於有左列各款情形之一時爲之（海一八三）：

1.船舶被捕獲或沈沒或破壞時。

2.船舶因海損所致之修繕費總額達於保險金額四分之三時。

3.船舶不能爲修繕時。

4.船舶行蹤不明或被扣押，已逾四個月仍未放行時。

㈡貨物委付之原因　被保險貨物之委付，得於有左列各款情形之一時爲之（海一八四）：

1.船舶因遭難或其他事變不能航行已逾四個月，而貨物尚未交付於受貨人、要保人或被保險人時。

2.裝運貨物之船舶行蹤不明已逾四個月時。

3.因應由保險人負保險責任之損害，於航行中變賣貨物達於其全價值四分之三時。

4.貨物之毀損或腐壞已失其全價值四分之三時。

㈢運費委付之原因　運費之委付，得於船舶行蹤不明已逾四個月時爲之（海一八五）。

㈣兵險委付之原因　專就戰事危險爲保險者，被保險之船舶、貨物或運費之委付，得在被捕獲或被扣留時爲之（海一八六）。

三、委付之要件

㈠應就保險標的物之全部爲之　此爲委付之不可分性，如得就一部爲委付，則易啓爭端，且與委付係以迅速結束當事人間之保險關係爲目的者不合。但保險單上僅有其中一種標的物發生委付原因時，得就該一種標的物爲委付，請求其保險金額（海一八七Ⅰ）。

㈡不得附有條件　委付須單純，不得附有條件（海一八七Ⅱ），否則徒增當事人間糾紛，有失委付之原意。

㈢須經承諾或判決　委付非單獨行爲，被保險人爲委付時，須經保險人承諾後，始生效力。若保險人不爲承諾時，須以訴訟方式請求法院判決，經判決確定後，亦生委付之效力。

四、委付之效力

㈠保險標的物之移轉　委付經承諾或判決爲有效後，自發生委付原因之日起，保險標的物即視爲保險人所有（海一八八）。

㈡保險金額之給付　保險人因委付之結果，取得該項保險標的物之一切權利，並應負給付保險金額之義務。如以船舶行蹤不明或被扣押已逾四個月仍未放行爲委付原因時，卽使船舶在委付後歸來，保險人仍應給付保險金額（海一八九）。

五、委付之時效

委付之權利，於知悉委付原因發生後，自得爲委付之日起，經過四個月不行使而消滅（海一九三）。

第三節　陸空保險

第一項　陸空保險之概念

陸空保險者，謂陸上內河及航空保險人，對於保險標的物，除契約另有訂定外，因陸上內河及航空一切事變及災害所致之毀損、滅失及費用，負賠償責任之保險也（保八五）。故雖曰陸空保險，實係包含內河船舶航行之保險在內。惟關於航行內河船舶運費及裝載貨物之保險，除本節另有規定外，準用海上保險有關條文之規定（保八九）。至所謂陸上內河及航空一切事變及災害，其範圍甚廣，凡車輛之脫軌、傾覆；船隻之沈沒、擱淺；車船之碰撞以及火災、電閃、暴風雨、強盜及其他偶然事故，均包含之。故陸空保險之事故，具有綜合性，與海上保險相近似，而與火災保險僅限於單一之火災事故者有異。

第二項　陸空保險之記載事項

陸空保險契約，除記載一般保險契約之基本條款外，並應載明左列事項（保八七）：

一、運送路線及方法。

二、運送人姓名或商號名稱。

三、交運及取貨地點。

四、運送有期限者，其期限。

第三項　陸空保險之保險期間

陸空保險契約之保險期間，除契約另有訂定外，關於貨物之保險，自交運之時，以迄於其目的地收貨之時爲其期間（保八六）。

第四項　陸空保險契約之效力

陸空保險契約，因運送上之必要，暫時停止或變更運送路線或方法時，除另有訂定外，仍繼續有效（保八八）。

第四節　責任保險

第一項　責任保險之概念

責任保險者，謂責任保險人於被保險人對於第三人，依法應負賠償責任，而受賠償之請求時，負賠償責任之保險也（保九〇）。責任保險之性質，與火災保險、陸空保險及人壽保險等不同：(1)就保險標的言，責任保險之標的，爲被保險人在法律上之損害賠償責任；而其他各種保險之標的，如火險水險爲財產及利益，人壽保險爲人之身體或生命。(2)就保險事故言，責任保險一方須被保險人對於第三人依法應負賠償之責任，他方又須被保險人受賠償之請求，兩者缺一不可；而其他各種保險則較爲單純，或爲財物之毀損滅失，或爲生命之生存死亡等情事。(3)就保險目的言，責任保險在塡補因偶然事件發生被保險人在法律上對第三人損害賠償責任之損失；而其他各種保險則在塡補因偶然事件發生所致被保險人自己財物或身體上所遭受之損失。又責任保險之責任，與責任保險人之責任，二者頗不相同，前者係指被保險人依民事法律上之規定或契約上之訂定，對於受害人或權利人，因侵權行爲或違約結果所致之損害，負擔賠償之責任；後者則係保險人對於要保人或被保險人因賠償保險標的之損失，所負擔之賠償責任。

第二項　保險利益之享受

責任保險契約，係爲被保險人所營事業之損失賠償責任而訂立者，被保險人之代理人、管理人或監督人所負之損失賠償責任，亦享受保險之利益，其契約視同並爲第三人之利益而訂立（保九二）。蓋代理人等係輔助被保險人經營事業，其一切職權，均由被保險人所賦予，則其在職務上之疏忽或過失，對於他方所負之損害賠償責任，被保險人應負其責，故責任保險人仍應負賠償責任，其契約並視同爲第三人之利益而訂立。

第三項　必要費用之負擔

被保險人因受第三人之請求而爲抗辯，所支出之訴訟上或訴訟外之必要費用，除契約另有訂定外，由保險人負擔之（保九一Ⅰ）。所謂被保險人因受第三人之請求而爲抗辯，指被保險人對於因損害事故發生而受害者之請求，所爲之對抗行爲而言，如應訴是。所謂訴訟上之必要費用，如訴訟費及證人到庭費是。所謂訴訟外之必要費用，如損失估計費是。此等費用之支出，應由保險人負擔者，因被保險人對第三人抗辯，實間接爲保險人爭取利益故也。又被保險人得請求保險人墊給此項費用（保九一Ⅱ），以應事實需要。

第四項　保險人之參預權

責任保險之標的，爲被保險人對於第三人之損害賠償責任，其責任範圍如何，於保險人有利害關係，故保險人得約定被保險人對於第三人就其責任所爲之承認、和解或賠償，未經其參預者，不受拘束（保九三）。所謂不受拘束，即其承認、和解或賠償，對於保險人不生效力，保險人不必依其所決定之責任範圍，負賠償之義務。

第五項　保險金額之給付

責任保險之性質，係被保險人轉嫁其損失賠償責任於保險人，故保險人於第三人由被保險人應負責任事故所致之損失，未受賠償以前，不得以賠償金額之全部或一部，給付被保險人（保九四），以免被保險人受有不當利益，並保護第三人之權利。又為謀手續便捷與避免勞費，保險人得經被保險人通知，直接對第三人為賠償金額之給付（保九五），此時第三人對保險人即有直接請求之權。

第五節　保證保險

第一項　保證保險之意義

保證保險者，謂保證保險人於被保險人因其受僱人之不誠實行為或其債務人之不履行債務所致損失，負賠償之責任的契約（保九五之一）。歐美先進國家採行保證保險制度已久，為重要險種之一。近年來政府積極推動工程保證制度，加強營繕管理，且工商業投保誠實信用保證保險者，逐年增加，故我國保險法明定保證保險，以資適用。

第二項　保證保險之特則

一、**契約記載事項**　玆分爲二，述之於左：

㈠**受僱人之不誠實行爲爲保險事故之保證保險**　以受僱人之不誠實行爲爲保險事故之保證保險契約，除記載第五十五條規定事項外，並應載明左列事項（保九五之二）：⑴被保險人之姓名及住所。⑵受僱人之姓名、職稱或其他得以認定爲受僱人之方式。

㈡**債務人之不履行債務爲保險事故之保證保險**　以債務人之不履行債務爲保險事故之保證保險契約，除記載第五十五條規定事項外，並應載明左列事項（保九五之三）：⑴被保險人之姓名及住所。⑵債務人之姓名或其他得以認定爲債務人之方式。

第六節　其他財產保險

第一項　其他財產保險之概念

其他財產保險者，謂不屬於火災保險、海上保險、陸空保險及責任保險之範圍，而以財物或無形利益爲保險標的之各種保險（保九六）。例如機械保險、汽車保險、信用保險、權利保險、竊盜保險、原子保險、天候保險、洪水保險、風害保險及輸出保險等等皆是。蓋現今社會，財產種類繁多，意外事件亦夥，因之保險之種類自亦層出不窮，法律無法一一規定，於是乃就其他財產保險特設概括性規定，俾上述四種財產保險外之各種財產保險，均得適用也。

第二項　保險人查勘保險標的物之權利

保險人有隨時查勘保險標的物之權。如發見全部或一部份處於不正常狀態，得建議要保人或被保險人修復後，再行使用。如要保人或被保險人不接受建議時，得以書面通知終止保險契約或有關部份（保九七）。

第三項　要保人保護保險標的物之責任

一、約定保護之責任　其他財產保險之要保人或被保險人有保護保險標的物之責任，如其對於保險標的物未盡約定保護責任所致之損失，保險人不負賠償之責（保九八Ｉ）。

二、鑑定增加之損失　其他財產保險在危險事故發生後，經鑑定係因要保人或被保險人未盡合理方法保護標的物，因而增加之損失，保險人亦不負賠償之責（保九八Ⅱ）。例如玻璃板保險，因意外事故其標的物小部分破損，但大部分尚可利用，而被保險人竟予委棄等是。

第四項　保險標的物部分損失之效力

保險標的物受部份之損失，經賠償或回復原狀後，保險契約繼續有效。但與原保險情況有異時，得增減其保險費（保九九）。如要保人對於增減保險費不同意時，其契約卽爲終止（保六〇Ｉ）。

第五項　火災及人壽保險規定之準用

一、**火災保險規定之準用**　關於火災保險規定準用於其他財產保險者（保一〇〇），有如左列：

㈠第七十三條至第七十五條關於保險標的物價額之規定。

㈡第七十六條至第七十七條關於超過保險及一部保險之規定。

㈢第七十八條至第八十條關於損失估計之規定。

二、**人壽保險規定之準用**　關於人壽保險規定準用於其他財產保險者（保一〇〇），有如左列：

㈠第一二三條關於保險人或要保人破產之規定。

㈡第一二四條關於責任準備金優先受償之規定。

第四章　人身保險

第一節　人壽保險

第一項　人壽保險之概念

人壽保險者，謂人壽保險人於被保險人在契約規定年限內死亡，或屆契約規定年限而仍生存時，依照契約負給付保險金額責任之保險也（保一〇一）。人壽保險之保險標的爲人之生命，而以人之生存或死亡爲保險事故。因人之生命非可以金錢衡量，保險人應支付之保險金額，無從於保險事故發生後估計，故其保險金額，應依保險契約之所定（保一〇二），無所謂保險價額，超過保險或一部保險諸問題。

第二項　人壽保險之種類

一、以保險事故爲標準分：

㈠死亡保險　即以被保險人之死亡爲保險事故之保險。其中又分爲⑴終身保險，乃以被保險人之終身，爲保險期間，不論何時死亡，保險人均有給付保險金額之義務。⑵定期保險，乃以一定期間爲保險期間，被保險人於該期間內死亡，保險人始給付保險金額。如逾期不死，契約即行終止，保險人無須給付保險金額，亦不必退還保險費。

㈡生存保險　即以被保險人在一定期間內之生存爲保險事故之保險。生存保險之保險費，有係一次交付，有係分期交付。其保險金額亦分一次給付及分期給付兩種。其分次給付者，稱爲年金或定期金。

㈢混合保險　即以被保險人在一定期間內之死亡或其期間屆滿後之生存爲保險事故之保險，亦稱養老保險。此種保險，被保險人於一定期間內死亡時，保險人固須給付保險金額，即達一定期間而猶生存時，保險人亦須給付保險金額。

二、以保險經營方法爲標準分：

㈠普通人壽保險　卽以通常方法經營之保險。此種保險，由一般人壽保險公司經營。本法所規定者，卽屬此類。

㈡簡易人壽保險　卽以簡易方法經營之保險。例如對於被保險人免驗身體，卽可訂約是。此種保險，雖亦爲營業保險，但兼有社會保險之性質。我國郵政儲金滙業局所辦之簡易人壽保險，卽屬此類。

第三項　人壽保險契約之成立

一、人壽保險契約之訂定

人壽保險契約，得由本人或第三人訂立之（保一〇四）。如爲生存保險，要保人可兼爲被保險人，又可兼爲享受契約上利益之受益人。如爲死亡保險，要保人亦可兼爲被保險人，而指定第三人爲受益人。此外，要保人亦可指定第三人爲被保險人，卽以其本身或他人爲受益人，而訂立保險契約。但要保人以第三人爲被保險人，訂立死亡保險契約時，未經被保險人書面承認，並約定保險金額者，其契約無效（保一〇五）。由第三人訂立之人壽保險契約，其權利之移轉或出質，非經被保險人以書面承認者，不生效力（保一〇六）。至以十四歲以下之未成年人，或心神喪失或精神耗弱之人爲被保險人，而訂立之死亡保險契約，無效。保險人或要保人故意違反此項之規定者，處一年以下有期徒刑、拘役或五千元以上，一萬元以下罰金；並應處保險人一萬元以上，二萬元以下罰鍰（保一〇七）。

二、人壽保險契約之內容

人壽保險契約，除記載第五十五條規定事項外，並應載明左列事項（保一〇八）：

㈠被保險人之姓名、性別、年齡及住所。

㈡受益人姓名及與被保險人之關係，或確定受益人之方法。

㈢請求保險金額之保險事故及時期。

㈣依本法第一一八條之規定，有減少保險金額之條件者，其條件。

第四項　人壽保險之受益人

人壽保險之受益人，常非要保人或被保險人，恆另有其受益人。在生存保險，其受益人，多屬被保險人本人；在死亡保險，多屬其繼承人或其直系尊親屬；在生死混合保險，則多屬被保險人本人或其親屬。茲就人壽保險契約有關受益人之規定，分述如次：

一、受益人之指定　要保人得通知保險人，以保險金額之全部或一部，給付其所指定之受益人一人或數人。但其所指定之受益人，以於請求保險金額時生存者爲限（保一一〇）。若受益人於請求保險金額前死亡者，則要保人之指定，卽失其效力，不能由受益人之繼承人繼承其權利。

死亡保險人未指定受益人者，其保險金額作爲被保險人之遺產（保一一三）。反之，保險金額約定於被保險人死亡時給付於其所指定之受益人者，其金額不得作爲被保險人之遺產（保一一二）。受益人經指定後，即使要保人破產，保險契約仍爲受益人之利益而存在（保一二三後段），以維護指定受益人之既定利益。

二、**受益人之變更**　受益人經指定後，要保人對其保險利益，除聲明放棄處分權者外，仍得以契約或遺囑處分之（保一一一Ⅰ）。所謂以契約處分其保險利益，例如要保人於指定受益人後，另與他人訂立契約，以其保險金額償還債務是。所謂以遺囑處分其保險利益，例如要保人以遺囑將其保險金額歸於另一受益人是。惟要保人行使此項處分權，非經通知，不得對抗保險人（保一一一Ⅱ）。所謂不得對抗保險人，例如保險人如仍以保險金額給付於其原指定之受益人時，要保人不能對保險人有所抗辯是。

三、**受益權之轉讓**　受益人非經要保人同意，或保險契約載明允許轉讓者，不得將其利益轉讓於他人（保一一四）。蓋要保人之指定受益人，實基於彼此間有密切關係存在，若任其自由轉讓，不僅與要保人之原意相反，且使保險利益爲不確定之第三人所享有，亦與保險之旨趣不合。

四、**受益權之撤銷**　受益人故意殺害被保險人未遂時，其受益權應予撤銷（保一二一Ⅱ），藉以維護善良風俗，防止道德之危險。

第五項　人壽保險契約之效力

一、對於保險人之效力

㈠保險金額之給付　保險金額之給付，固為保險人應負之義務，但有時保險人亦可免除其給付責任。茲列述如下：

1.被保險人故意自殺者　被保險人故意自殺者，保險人不負給付保險金額之責任（保一〇九）。保險契約載有被保險人故意自殺，保險人仍應給付保險金額之條款者，其條款二年後始生效力。恢復停止效力之保險契約，其二年期限，應自恢復停止效力之日起算（保一〇九Ⅱ）。

2.被保險人因犯罪處死或拒捕或越獄致死者　被保險人因犯罪處死或拒捕或越獄致死者，保險人不負給付保險金額之責任（保一〇九Ⅲ）。

3.受益人故意致被保險人於死者　受益人故意致被保險人於死者，無請求保險金額之權（保一二一Ⅰ）。

4.要保人故意致被保險人於死者　要保人故意致被保險人於死者，保險人不負給付保險金額之責（保一二一Ⅲ）。

㈡責任準備金之返還　責任準備金者，謂人壽保險人為準備將來支付保險金，所積存之金額也。蓋人壽保險具有儲蓄作用，保險費於交付後，雖為保險人所取得，但實際上則係由保險人代爲累積成數，將來仍須返還於要保人或其指定之受益人。此項保險費之累積，即爲責任準備金之來源。茲列舉責任準備金應返還之情形於左：

1.被保險人故意自殺者　被保險人故意自殺者，保險人應將保險之責任準備金返還於應得之人（保一〇九Ⅰ但書）。所謂應得之人，指受益人或被保險人之繼承人。

2.被保險人因犯罪處死或拒捕或越獄致死者　被保險人因犯罪處死或拒捕或越獄致死者，保險費已付足二年以上者，保險人應將其責任準備金返還於應得之人（保一〇九Ⅲ但書）。

3.受益人故意致被保險人於死者　受益人故意致被保險人於死者，如保險費已付足二年以上時，保險人應將責任準備金給付與其他應得之人（保一二一Ⅰ後段）。此應得之人，指被保險人之繼承人而言。

4.要保人故意致被保險人於死者　要保人故意致被保險人於死者，如保險費已付足二年以上時，保險人應將其責任準備金給付與應得之人，無應得之人時，應解交國庫（保一二一Ⅲ後段）。

5.保險契約終止者　保險契約終止時，保險費已付足二年以上者，保險人應返還其責任準備金（保一一七Ⅱ）。

㈢代位請求之禁止　人壽保險之保險人，不得代位行使要保人或受益人因保險事故所生對於第三人之請求權（保一〇三）。蓋人壽保險係以被保險人之生命保險標的，其因保險事故所生對於第三人之請求權，具有身分上之專屬性，故不得代位行使。

二、對於要保人之效力

㈠保險費之交付　要保人有依約交付保險費之義務。惟此義務並無專屬性，故利害關係人，均得代要保人交付保險費（保一一五）。所謂利害關係人，如受益人或被保險人是。保險人對於保險費，不得以訴訟請求交付（保一一七Ⅰ），蓋人壽保險之保險費到期未交付者，除契約另有訂定外，經催告到達後逾三十日，仍不交付時，保險契約之效力停止。保險人於此項期限屆滿後，得終止契約或依保險契約所載條件減少保險金額或年金（保一一六Ⅰ、Ⅳ，一一七Ⅱ）。惟以被保險人終身爲期，不附生存條件之死亡保險契約，或契約訂定於若干年後給付保險金額或年金者，如保險費已付足二年以上而有不交付時，保險人僅得減少保險金額或年金（保一一七Ⅳ）。保險人依上述規定或因要保人請求，得減少保險金額或年金，其條件及可減少之數額，應載明於保險契約。減少保險金額或年金，應以訂約時之條件，訂立同類保險契約爲計算標準。其減少後之金額，不得少於原契約終止時已有之責任準備金，減去營業費用，而以之作爲保險費一次交付所能得之金額。營業費用以原保險金額百分之一爲限(保一一八Ⅰ、Ⅱ、Ⅲ)。又保險金之一部，係因其保險費全數一次支付而訂定者，不因其他部分之分期交付保險費之不交付而受影響（保一一八Ⅳ）。至人壽保險，要保人交付保險費二年以上者，本法尙設有左列特別規定：

1.解約金之返還　要保人終止保險契約，而保險費已付足二年以上者，保險人應於接到通知後一個月內償付解約金。其金額不得少於要保人應得責任準備金之四分之三。償付解約金之條件及金額，應載明於保險契約（保一一九）。

2.質借　保險費付足二年以上者，要保人得以保險契約爲質，向保險人借款。保險人於接到要保人之借款通知後，得於一個月以內之期間，貸給可得質借之金額（保一二〇）。

㈡眞實年齡之告知　被保險人須將其眞實年齡，告知保險人，如被保險人年齡不實，而其眞實年齡已超過保險人所定保險年齡限度者，其契約無效。但被保險人之眞實年齡未達法定年齡之最低規定者，其保險契約，自被保險人到達規定年齡之日起生效。因被保險人年齡不實，致所付之保險費少於應付數額者，保險金額應按照所付之保險費與被保險人之眞實年齡比例減少之。因被保險人年齡不實，致保險費收取逾額者，保險人應將其逾額部份返還之（保一二二）。

㈢責任準備金之優先受償　人壽保險之要保人、被保險人、受益人，對於保險人爲被保險人所提存之責任準備金，有優先受償之權（保一二四）。

第二節　健康保險

第一項　健康保險之概念

健康保險者，謂健康保險人於被保險人疾病、分娩及其所致殘廢或死亡時，負給付保險金額責任之保險也（保一二五）。健康保險以疾病、分娩及因疾病或分娩所致之殘廢或死亡，爲其保險事故。是健康保險具有綜合保險之性質。

第二項　健康保險之特則

一、健康檢查　健康保險人於訂立保險契約前，對於被保險人得施以健康檢查。此項檢查費用，由保險人負擔（保一二六）。

二、契約記載事項　被保險人不與要保人爲同一人時，保險契約除載明第五十五條規定事項外，並應載明左列各款事項（保一二九）：

㈠被保險人之姓名、性別、年齡、職業及住所。

㈡被保險人與要保人之關係。

三、免責規定　保險人就左列事由，不負給付保險金額之責：

㈠保險契約訂立時，被保險人已在疾病或妊娠情況中者，保險人對是項疾病或分娩，不負給付保險金額之責任（保一二七）。蓋訂約時，保險標的之危險已發生，其契約無效。如在訂約時，僅要保人知危險已發生者，保險人不受契約之拘束也（保五一Ⅰ、Ⅱ）。

㈡被保險人故意自殺或墮胎所致疾病、殘廢、流產或死亡，保險人不負給付保險金額之責（

保一二八）。蓋被保險人故意所致之保險事故，含有道德危險性質，保險人自不負給付之責。

第三項　人壽保險規定之準用

關於人壽保險規定，準用於健康保險者，述之於左（保一三〇）：

一、保險金額之約定　依保險契約之所定（保一三〇、一〇二）。

二、代位請求之禁止　保險人不得代位行使要保人或受益人因保險事故所生對於第三人之請求權（保一三〇、一〇三）。

三、保險契約之訂立　保險契約得由本人或第三人訂立之（保一三〇、一〇四）。

四、保險費之代付　利害關係人，均得代要保人交付保險費（保一三〇、一一五）。

第三節　傷害保險

第一項　傷害保險之概念

傷害保險者，傷害保險人於被保險人遭受意外傷害及其所致殘廢或死亡時，負給付保險金額責任之保險也（保一三一）。傷害保險，以意外傷害及其所致殘廢或死亡，爲其保險事故。所謂意外傷害，其構成要件有三：㈠須爲身體之傷害，㈡須爲外界事故所致，㈢須爲意外事故。至其傷害行爲，由於自己之過失，或係由於第三人之故意行爲，均非所問。

第二項　傷害保險之特則

一、契約記載事項　傷害保險契約，除記載第五十五條規定事項外，並應載明左列事項（保一三二）：

㈠被保險人之姓名、姓別、年齡、職業、住所及與要保人之關係。

㈡受益人之姓名及與被保險人之關係，或確定受益人之方法。

㈢請求保險金額之事故及時期。

二、免責規定　被保險人故意自殺，或因犯罪行爲所致傷害、殘廢或死亡，保險人不負給付保險金額之責任（保一三三）。此等事由，或違背善良風俗、或違反法律規定，故保證人得免除其責任。

三、受益人故意傷害　受益人故意傷害被保險人者，無請求保險金額之權。受益人故意傷害被保險人未遂時，被保險人得撤銷其受益權利（保一三四）。

第三項　人壽保險規定之準用

關於人壽保險規定，準用於傷害保險者，有如左列（保一三五）：

一、第一〇二條關於保險金額之約定。

二、第一〇三條關於代位請求之禁止。

三、第一〇四條關於保險契約之訂立。
四、第一〇七條關於禁止為心神喪失或精神耗弱之人訂立保險契約之規定。
五、第一一〇條、第一一二條及第一一三條關於受益人之指定。
六、第一一一條關於受益人之變更。
七、第一一四條關於受益權之轉讓。
八、第一一六條關於保險費之交付。

第四節　年金保險

第一項　年金保險之意義

年金保險者，謂年金保險人於被保險人生存期間或特定期間內，依照契約負一次或分期給付一定金額之責（保一三五之一）。我國臺灣地區截至民國七十七年底六十五歲以上人口占百分之五點七四，年金保險係個人安排子女教育、養老，或企業機構配合員工退休、撫卹員工家屬等，維持其生活穩定最佳方式，並可保障社會之安定。

第二項　年金保險之特則

一、契約記載事項 年金保險契約，除記載第五十五條規定事項外，並應載明左列事項（公一三五之二）：⑴被保險人之姓名、性別、年齡及住所。⑵年金金額或確定年金金額之方法。⑶受益人之姓名及與被保險人之關係。⑷請求年金之期間、日期及給付方法。⑸依第一百十八條之規定，有減少年金之條件者，其條件。

二、年金保險之受益人

㈠年金保險之受益人於被保險人生存期間爲被保險人本人（保一三五六之一Ⅰ），俾保障其生活。

㈡年金保險之保險契約載有於被保險人死亡後給付年金者，其受益人準用人壽保險契約之受益人規定（一三六之一Ⅱ準保一一〇、一一一、一一二、一一三）。

第三項 人壽保險條文之準用

人壽保險條文，準用於年金保險者，有如左列（保一三五之三—一、一三五之四）。

㈠代位權之禁止（準保一〇三）。

㈡契約訂立之方式（準保一〇四）。

㈢第三人訂立人壽保險契約移轉出質之限制（準保一〇六）。

㈣受益人之權利。

(1)受益人之指定、變更、權利及法定受益人（準保一一〇、一一一、一一二、一一三）。
(2)受益權之轉讓（準保一一四）。
(3)保險費之代付（準保一一五）。
(4)保險費未付之效果（準保一一六、一一七）。
(5)減少保險金額或年金之辦法（準保一一八）。
(6)解約金之償付（準保一一九）。
(7)保險金額之質借（準保一二〇）。
(8)受益權之撤銷（準保一二一）。
(9)被保險人年齡錯誤之效果（準保一二二）。
(10)當事人破產之效果（準保一二三）。
(11)責任準備金之優先受償權（準保一二四）。

第五章　保險業

第一節　通　則

第一項　保險業之概念

保險業者，指依本法組織登記，以經營保險爲業之機構（保六Ⅰ）。本法所稱外國保險業，指依外國法律組織登記並經主管機關許可，在中華民國境內經營保險爲業之機構（保六Ⅱ）。就保險契約言，保險業者，乃指經營保險事業之各種組織，在保險契約成立時，有保險費之請求權，在承保危險事故發生時，依其承保之責任，負擔賠償義務之保險人（保二）。保險業之負責人，則係指依公司法或合作社應負責之人（保七）。至於保險業之管理辦法，由財政部擬定，呈請行政院核定公布（保一七五）。關於保險業之設立、登記、轉讓、合併及解散、清理，除依公司法規定外，應將詳細程序明定於管理辦法內（保一七六）。關於代理人、經紀人、公證人及保險業務員管理規則，由財政部另訂之（保一七七）。

第二項　保險業之組織

保險業之組織，以股份有限公司或合作社爲限。但依其他法律規定設立者。不在此限。例如中央信託局人壽保險處依中央信託局條例之規定，經營保險業務是。茲就保險公司及保險合作社，分述如左（保一三六Ⅰ）：

一、**保險公司**　保險公司限於股份有限公司，故除本法另有規定外，適用公司法關於股份有限公司之規定（保一五一）。所謂本法另有規定，玆分述如左：

㈠股票不得爲無記名式　保險公司之股票，不得爲無記名式（保一五二）。蓋無記名式股票轉讓手續簡單，易於爲大股東所吸收，而有操縱之流弊；且保險公司較一般之股份有限公司具有公益性，其興衰關乎大多數人之利益，故設禁止規定也。

㈡公司負責人之責任　保險公司違反保險法令經營業務，致資產不足清償債務時，其負責決定該項業務之董事長、常務董事、總經理或經理，應負連帶無限清償責任（保一五三Ⅰ），以促使其注意爲適當業務之執行。上項責任，於各該負責人卸職登記之日起滿三年解除（保一五三Ⅱ）。

㈢保險公司之登記　保險公司之營業登記、外國保險公司之申請特許及其分支機構營業登記，及其他登記，其程序，準用公司法公司設立登記、外國公司認許、外國分公司登記及其他登記之規定（保一五五）。

二、**保險合作社**　保險合作社，除依本法規定外，適用合作社法及其有關法令之規定（保一五六）。所謂本法規定，有如下述：

㈠基金之籌足　保險合作社，除依合作社法籌集股金外，並依本法籌足基金。此項基金非俟公積金積至與基金總額相等時，不得發還（保一五七）。

㈡社員之責任　保險合作社於社員出社時，其現存財產不足抵償債務，出社之社員仍負擔出社前應負之責任（保一五八），以免在合作社業務不振時，社員以退社而免除其責任。

㈢理事兼職之禁止　保險合作社之理事，不得兼任其他合作社之理事、監事或無限責任社員（保一五九），以專一其職，而利業務之進行。

㈣登記之程序　保險合作社，除先向主管機關申請為營業登記外，其他登記程序，適用合作社法合作社設立登記之規定（保一六〇）。

㈤債權抵銷之禁止　保險合作社之社員，對於保險合作社應付之股金及基金，不得以其對保險合作社之債權互相抵銷（保一六一），使保險合作社對其社員之股金及基金債權，獲有特別保障，藉以充實其資金。

㈥社員人數之限制　財產保險合作社之預定社員人數不得少於三百人，人身保險合作社之預定社員人數不得少於五百人（保一六二），以期基礎穩固，經營確實。

第三項　外國保險業

外國保險業者，不以股份有限公司組織為限。縱非公司組織，若其依外國法律組織登記並經主管機關許可，在中華民國境內經營保險為業之機構屬之（保六Ⅱ）。外國保險業若經主管機關許可，並依法爲營業登記，繳存保證金，領得營業執照後，即得開始營業(保一三七Ⅲ)。本法有關保險業之規定，除法令另有規定外，外國保險業亦適用之(保一三七Ⅳ)。

外國保險業之許可標準及管理辦法由主管機關定之(保一三七Ⅴ)。

第四項 保險業之代理人、經紀人與公證人

保險業之代理人、經紀人及公證人三者，均爲保險業之輔助人，前已敍及。玆僅就其執業上之有關事項述之：

一、**執業之登記** 保險業之經紀人、代理人、公證人，非向主管機關登記，繳存保證金或投保責任保險，領有執業證書，不得執行業務(保一六三Ⅰ)。其應繳存之保險金，由主管機關訂定，呈請行政院核定之(保一六四)。

二、**執業之限制** 保險業之經紀人、代理人、公證人，或其他個人及法人不得爲未經主管機關核准之保險業經營或介紹保險業務(保一六三Ⅱ)。

三、**執業之設備** 保險業之代理人、經紀人、公證人，應有固定業務處所，並專設帳簿記載業務收支(保一六五)，以便主管機關查核與監督。

第二節 保險業之監督

第一項　保險業設立之監督

一、營業之開始　保險業非申請主管機關核准，並依法爲營業登記，繳存保險金，領得營業執照後，不得開始營業（保一三七）。所謂主管機關爲財政部，但保險合作社，除其經營之業務以財政部爲主管機關外，其社務以合作主管機關爲主管機關（保一二）。

二、營業之限制

㈠非保險業，不得兼營保險或類似保險之業務（保一三六Ⅱ）。所謂兼營保險，即經營其他業務者，同時兼做保險業務；所謂類似保險，即形式上雖不用保險之名，而實質上則與保險相同。

得兼營財產保險及人身保險業務。但法律另有規定或經主管機關核准設立者，不在此限（保一三八Ⅰ）。例如中央再保險公司條例第五條規定，中央再保險公司可承受國內外保險業之財產人身再保險業務是。

責任保險及傷害保險，得視保險事業發展情況，經主管機關核准，得獨立經營（保一三八Ⅱ）。

㈢保險業，不得兼營本法規定以外之業務（保一三八Ⅲ）。此不僅非屬於保險業務，不得兼營；縱屬於保險業務而非本法所規定者，如簡易人壽保險業務或社會保險業務，亦不得兼營。

㈣保險合作社，不得經營非社員之業務（保一三八Ⅳ）。惟保險公司，則不受此限制。

三、營業之資金

㈠資金　保險業之資金，有資本與基金兩項。所謂資本，爲公司之股份與合作社之股金。所謂基金，爲合作社在設立時所籌足之基金（保一五七Ⅰ）。各種保險業資本或基金之最低額，由主管機關審酌各地經濟實況，及各種保險業務之需要，分別呈請行政院核定之（保一三九）。保險業得因給付鉅額保險金之週轉需要，向外借款，經主管機關核准，得以其財產提供爲債務之擔保。其因週轉需要所生之債務，應於五個月內淸償（保一四三Ⅱ）。

㈡保證金　保險業設立時，應繳存一定數額之保證金於國庫，以確保其擔保力。玆就本法有關規定，分述如次：

1.保證金之數額　保險業於設立時，應按資本或基金實收總額百分之十五，繳存保證金於國庫（保一四一）。

2.保證金之內容　保證金之繳存，應以現金爲之。但經主管機關之核准，得以公債或庫券代繳之（保一四二Ⅰ）。

3.保證金之增減　保險業認許資產減除負債之餘額，未達本法第一百三十九條所訂各種保險業資本或基金之最低數額時，主管機關應命其於限期內，以現金增資補足之（保一四三Ⅰ）。保險業認許資產之標準及評價準則，由主管機關定之（保一四三Ⅱ）。

4.保證金之發還　繳存保證金之目的，在擔保保險業者支付保險金額之能力，故在經營期間，自不得請求發還。惟若宣告停業，依法完成清算，已無繼續繳存之必要，應予發還（保一四二Ⅱ）。至以有價證券抵繳保險金者，其息金部份，在宣告停業依法清算時，得准移充清算費用（保一四二Ⅲ）。

㈢安定基金　爲保障被保險人之權益並維護金融之安定，財產保險業及人身保險業應分別提撥資金設置安定基金（保一四三之一Ⅰ）。

安定基金應專設委員會管理，其組織及基金管理辦法由主管機關定之（保一四三之一Ⅱ）。安定基金由各保險業者提撥，其提撥比例與安定基金總額，由主管機關審酌經濟、金融發展情形及保險業務實際需要定之（保一四三之二）。安定基金之動用，以左列各款爲限（保一四三之三）：

1.對經營困難保險業之貸款。

2.保險業因承受經營不善同業之有效契約，或因合併或變更組織，致遭受損失時，得請求基金予以低利抵押貸款。

3.保險業失卻清償能力後，其被保險人依有效契約所得爲之請求未能獲償之部分，得向安定基金請求償付。

4.其他爲保障被保險人之權益經主管機關核定之用途。

第二項　保險業經營之監督

一、財務之監督

㈠責任準備金之提存　保險業於營業年度屆滿時，應分別保險種類，計算其應提存之各種責任準備金，記載於特設之帳簿（保一四五Ⅰ）。所謂各種責任準備金，在人壽保險爲責任準備金及特別準備金；在其他各種保險，爲未滿期保費準備金及賠款特別準備金（保一一）。各種責任準備金比率，由主管機關定之（保一四五Ⅱ）。

㈡資金之運用　保險業資金之運用，除存款或法律另有規定者外，以左列各款爲限（保一四六）：

⑴購買有價證券。

⑵購買不動產。

⑶放款。

⑷辦理經主管機關核准之專案運用、公共投資、國外投資。

前述所稱資金，包括業主權益及各種責任準備金。前述所稱之存款，存放於每一金融機構之金額，不得超過該保險業資金百分之十。

保險業資金得購買左列有價證券（保一四六之一）：

⑴公債、庫券、儲蓄券。

⑵金融債券、可轉讓定期存單、銀行承兌滙票、銀行保證商業本票及其他經主管機關核准保險業購買之有價證券，其總額不得超過該保險業資金百分之三十五。

⑶經依法核准公開發行之公司股票及公司債，且該發行公司最近三年課稅後之淨利率，平均在百分之六以上者。但每一保險業購入之公司股票及公司債總額，不得超過該保險業資金百分之三十五；其購買每一公司之股票及公司債總額，不得超過該保險業資金百分之五及該發行股票或公司債之公司資本額百分之五。

⑷經依法核准公開發行之證券投資信託基金受益憑證，其投資總額不得超過該保險業資金百分之五及每一基金已發行之受益憑證總額百分之五。

保險業對不動產之投資，以所投資之不動產即時利用並有收益者爲限。其投資總額，除自用不動產外，不得超過其資金百分之二十五。但購買自用不動產總額不得超過其業主權益之總額（保一四六之二－一）。本法修正施行前，保險業對不動產之投資超過前項規定比例者，主管機關應命其於二年內限期調整（保一四六之二－二）。保險業不動產之取得及處分，應經合法之不動產鑑價機構評價（保一四六之二－二）。

保險業辦理放款，以左列各款爲限：

⑴銀行保證之放款。

⑵以不動產爲抵押之放款。

⑶以合於第一百四十六條之一之有價證券爲質之放款。

⑷人壽保險業以各該保險業所簽發之人壽保險單爲質之放款。

前述⑴⑵⑶之放款，每一單位放款金額不得超過資金百分之五；其放款總額，不得超過資金百分之三十五。保險業依前述⑴⑵⑶對其負責人或職員，或對與其負責人或辦理授信之職員有利害關係者所爲之擔保放款，準用銀行法第三十三條、第三十三條之一之規定。

保險業依本法第一百四十六條之一⑶對每一公司股票及公司債之投資與依本條以該公司發行之股票及公司債爲質之放款，合併計算不得超過其資金百分之十及該發行股票及公司債之公司資本額百分之十。

保險業之資金得辦理國外投資，其範圍及內容由主管機關定之（保一四六之四Ⅰ）。前述投資總額不得超過該保險業資金百分之五，但主管機關視其經營情況，得逐年予以適度調整（保一四六之四Ⅱ）。前述調整不得超過該保險業資金百分之二十（保一四六之四Ⅲ）。保險業之資金經主管機關核准，得辦理專案運用、公共投資（保一四六之四Ⅳ）。

二、業務之監督

㈠分紅保單之簽訂　保險公司得簽訂參加保單紅利之保險契約。保險合作社簽訂之保險契約，以參加保單紅利者爲限。上述保單紅利之計算基礎及方法應於保險契約中明訂之（保一四〇）。

㈡收取保費之核定　保險業收取保費之計算公式，由主管機關核定之。但健康保險及傷害保險費率中所含之利潤率，應低於其他各種保險（保一四四）。

㈢保險金額之限制　保險業對於每一危險單位之保險金額扣除再保險金額後，不得超過資本金或基金、公積金，特別準備金及未分配盈餘總和之十分之一（保一四七）。

㈣保險業務之檢查　主管機關得隨時派員檢查保險業之營業及資產負債，或令保險業於限期內報告營業狀況（保一四八）。

㈤命令改善營業　保險業經營業務，有違背法令之情事時，主管機關應視其情節輕重，分別爲左列處分（保一四九Ⅰ）：

一、限期改正。

二、限制其營業範圍或新契約額。

三、命令補足資本或增資。

第三項　保險業監理或清算之監督

保險業不遵行第一四九條第一項之處分或不依本法第一四三條增資補足者，主管機關應視其情節輕重，分別為左列處分（保一四九Ⅱ）：

一、派員監理。

二、撤換其負責人或其他有關人員。

三、限期改組。

四、命其停業或解散。

茲再就監理及清算二項分述如左：

一、監理

㈠選派監理人　監理人由主管機關選派之。（保一四九Ⅲ）

㈡監理程序　保險業收受主管機關監理處分之通知後，應將其業務之經營及財產之管理處分權移交於監理人。原有股東會、董事、監察人或類似機構之職權即行停止。

前項交接，由主管機關派員監督；保險業之董事、經理人或類似機構應將有關業務及財務上一切帳册、文件與財產列表移交與監理人。董事、監察人、經理人或其他職員，對於監理人所為關於業務或財務狀況之詢問，有答復之義務。（保一四九之一Ⅰ、Ⅱ）

㈢監理人之職務　監理人執行監理職務時，應以善良管理人之注意爲之。其有違法或不當情事者，主管機關得隨時解除其職務，另行選派，並依法追究責任。

監理人執行職務而有左列行爲時，應事先取得主管機關許可（保一四九之二Ⅱ）：

一、財產之處分。

二、借款。

三、訴訟或仲裁之進行。

四、權利之拋棄、讓與或重大義務之承諾。

五、重要人事之任免。

監理人於監理程序中發現受監理之保險業，其資產不足清償負債時，應卽報請主管機關核可，向法院聲請宣告破產。

前項破產事件，不適用破產法有關債權人開會之規定。主管機關爲全體債權人之利益，應按債權性質及分布情形，指定適當之債權人七人至十一人，代行監查人之職權（保一四九之二Ⅳ）。

㈣監理人之期限　監理之期限，由主管機關定之。在監理期間，監理原因消滅時，監理人或被監理保險業之董事或理事，均得聲請主管機關終止監理。監理期間屆滿或雖未屆滿而經主管機關決定終止監理時，監理人應將經營之有關業務及財務上一切帳册、文件與財產，列表移交與該

保險業之代表人。（保一四九之三）

㈤監理人之報酬　監理人之報酬，由主管機關依情形之繁簡酌定，並優先於其他債權受清償。（保一四九之五）

二、清算

㈠選派清算人　清算人由主管機關選派之。

㈡清算程序　依第一百四十九條爲解散之處分者，其清算程序。除本法另有規定外，其爲公司組織者，準用公司法關於股份有限公司清算之規定；其爲合作社組織者，準用合作社法關於清算之規定。但有公司法第三百三十五條特別清算之原因者，均應準用公司法關於股份有限公司特別清算之程序爲之。（保一四九之四）

㈢清算人之報酬　同監理人之報酬。（保一四九之五）

㈣繳銷營業執照　保險業解散清算時，應將其營業執照繳銷。（保一五〇）

第三節　罰　則

本法在罰則一節中所規定之罰鍰，係屬行政罰，由主管機關以行政處分爲之。經處分確定後，受罰人不遵照繳納者，得依法爲強制執行（保一七三）。玆就本節所規定者，分述如左：

一、未經核准經營保險業　未依本法第一百三十七條之規定，經主管機關核准經營保險業務者，應勒令停業，並得處負責人各新臺幣一百萬元以上，五百萬元以下罰鍰（保一六六）。

二、非保險業經營保險業務　非保險業經營保險或類似保險業務者，處一年以上、七年以下有期徒刑，得併科新臺幣三百萬元以下罰金（保一六七）。

三、經營未經核定之保險業務或資金之運用未依規定範圍　保險業經營業務違反第一百三十八條之規定，或其資金之運用，違反第一百四十六條、第一百四十六條之一、第一百四十六條之二、第一百四十六條之三第一項、第二項、第四項、第一百四十六條之四及第一百四十六條之五規定者，得處負責人各新臺幣三十萬元以上、一百五十萬元以下罰鍰，或勒令撤換其負責人。其情節重大者，並得撤銷其營業執照。

違反第一百四十六條之三第三項規定者，其行為人，處三年以下有期徒刑、拘役或科或併科新臺幣一百八十萬元以下罰金。

四、超額承保　保險業違反本法第七十二條之規定超額承保者，除違反部份無效外，得處負責人各新臺幣十五萬元以上，七十五萬元以下之罰鍰，或勒令撤換其負責人，其情節重大者，並得撤銷其營業執照（保一六九）。

五、違反強制規定　保險業違反本法強制規定時，得處負責人各新臺幣一百萬元以上，五百萬元以下罰鍰（保一七〇）。

六、未依規定簽發保單或計提準備金　保險業違反本法第一百四十四條、第一百四十五條規定，得處負責人各新臺幣二十萬元以上，一百萬元以下罰鍰，並得勒令撤換其核保或精算人員（保一七一）。

七、撤銷登記延不清算　保險業經撤銷登記延不清算者，得處負責人各新臺幣六十萬元以上，三百萬元以下罰鍰（保一七二）。

八、違反行政命令之處罰　保險業於主管機關派員監理時，其董事、監察人、經理人或其他職員有左列情形之一者，處三年以下有期徒刑，拘役得併科新臺幣三百萬元以下罰金（保一七二之一）：

一、拒絕移交或不為全部移交。

二、隱匿或毀損與業務有關之帳册、文件。

三、隱匿或毀棄該保險業之財產，或為其他不利於債權人之處分。

四、捏造債務，或承認不眞實之債務。

五、無故拒絕監理人之詢問或對其詢問不為必需之答復，致影響被保險人或受益人之權益者。